Peter-Michael Diestel

In der DDR
war ich glücklich.
Trotzdem kämpfe ich
für die Einheit

Rückblicke

Das Neue Berlin

Für Andreas

Inhalt

1. Kapitel

Im Paradies, im Land zum Leben, gleich hinter Adamshoffnung

Irgendwann schlägt die Autobahn Richtung Hamburg einen Bogen nach links, nachdem sie sich teilte. Die eine Spur geht geradeaus Richtung Rostock. Auf der bleibe ich. Ich drehe nicht ab in den Westen. Ich fahre geradlinig weiter. Irgendwann taucht am Rand ein Schild auf: »Willkommen im Land zum Leben«. Die Landschaft beginnt sich leicht zu wellen, erntereife Felder und grüne Inseln säumen die Piste, alles überspannt von einem wolkenlosen Himmel. Vor einigen tausend Jahren zog dickes Eis darüber, beim Rückzug hinterließ es Hügel und Seen und Steine, die man Findlinge nennt. Die Gegend heißt Mecklenburgische Seenplatte. Hier machen andere Menschen Urlaub. Ich lebe hier.

Im Radio verrauschen die Berliner Sender, ihre Reichweite ist erschöpft. Auch akustisch verschwindet die Region, die ich Kampfgebiet nenne. Schon immer. In Berlin und Potsdam fanden seinerzeit heftige politische Auseinandersetzungen statt, später trug ich dort juristische Verfahren aus, in der branden-

9

burgischen Landeshauptstadt führte ich eine Kanzlei. Die habe ich vor Jahren aufgegeben und an den Plauer See verlegt. Zu mir kommen jetzt die Mandanten. Ich muss sie nicht mehr suchen und zu ihnen gehen. Diesen Luxus weiß ich zu schätzen.

Ich weiß, dass die Mehrheit meiner Kollegen nicht in einer derart komfortablen Situation ist. Es gibt deren zu viele und wohl auch mehr Spreu denn Weizen. Mancher fährt Taxi, andere flüchten sich in ein politisches Mandat. Das sichert dem Einzelnen die Existenz, rettet aber nicht die Politik. Mehr als zwanzig Prozent der Bundestagsabgeordneten sind Juristen. Damit wird die kühne These, dass der Deutsche Bundestag der Spiegel der Gesellschaft sei, deutlich widerlegt. Leben vielleicht von den rund achtzig Millionen Bundesbürgern sechzehn Millionen etwa von der Juristerei? Es gibt, auch wenn's erheblich weniger sind, von ihnen dennoch einfach zu viele – im Land wie im Parlament. Im Wald sorgt der Waidmann für das Gleichgewicht und gesunde Verhältnisse. Wer besorgt es in der Gesellschaft? Der Souverän, das Volk, an der Urne? Herrliche Einfalt!

Wenn die Politik als Gewerbe betrieben wird, dann gelten dort auch die Gesetze des Marktes. Nicht der Bessere setzt sich durch, sondern der Stärkere. Und worauf gründet sich diese Stärke? Wenn es allein Intelligenz und Rhetorik wären, würde zum Beispiel mein Freund Gregor – jaja, auch ein Jurist – nicht als Hinterbänkler sein Parteidasein fristen. Zählten allein ethisch-moralische Qualitäten, machten sie diese Stärke aus, blieben viele Reihen leer. Gewiss, mancher musste seinen Hut nehmen, weil er bei seiner Doktorarbeit geschummelt hatte, aber wie viele behaupten sich dennoch, obgleich sie Millionen und Milliarden durch den Schornstein schickten? Doch auch andere Schwachmaten und Moralprediger bleiben. Mithin: Die uns bekannten Regeln sind in der Politik verabschiedet, es gelten nicht einmal die Gesetze der natürlichen Auslese, würde ich als Jäger meinen. Ja, natürlich, es gibt unter den Politikern auch anständige und ehrliche, ich schlage sie nicht alle über einen Leisten, eine pauschale Verurteilung der Zunft, wie sie Mode geworden ist, geht mir gegen den Strich. Ich anerkenne, was gewürdigt werden muss, lobe, wer oder was Zustimmung verdient. Wenn die Anlässe selten sind, muss das nicht an mir liegen.

Im Kampfgebiet bin ich heute meist als Anwalt unterwegs. Und wenn Jahrestage anstehen, bei denen ich als Zeitzeuge gefragt bin. Der Kreis jener, die 1989/90 aufgrund der obwaltenden Umstände in die Politik gerieten oder in diese drängten, schrumpft von Jubiläum zu Jubiläum. Das ist nun einmal so. Damit schwindet aber auch die Zahl jener, die die Vergangenheit berichten und erklären können. Die Deutung wird Domäne von Historikern, die so unabhängig und frei im Urteil sind wie ein Astronaut nach dem Start der Rakete. Der Schriftsteller Stefan Heym, der mir freundschaftlich zugetan war, hinterließ ein wunderbares Werk, das er den »König David Bericht« nannte. Darin ist eine Kommission hochrangiger Staatsvertreter unablässig damit beschäftigt, den »Einen und Einzigen Wahren und Autoritativen, Historisch Genauen und Amtlich Anerkannten Bericht über den Erstaunlichen Aufstieg, das Gottesfürchtige

Leben, sowie die Heroischen Taten und Wunderbaren Leistungen des David ben Jesse, Königs von Juda« zu erarbeiten. Natürlich war dies ein Gleichnis auf die insbesondere zu Lebzeiten Stalins übliche Praxis, die Geschichte so umzuschreiben und zu deuten, dass sie gleichsam als ein fortwährender Aufstieg und triumphaler Siegeszug des Einen erschien. Von dieser Neigung scheint keine Generation frei zu sein, wenn sie die Vergangenheit aufschreibt und interpretiert. Und die Expertise ist umso freier, wenn kein Zeuge mehr widerspricht, weil keiner mehr lebt, und die Geschichtsdeutung sich in Übereinstimmung mit den politisch gesetzten Bildern befindet.

Obgleich selbst ein Freund absoluter Aussagen, teile ich den Satz »Sieger schreiben Geschichte« nicht uneingeschränkt. Wäre es so, gäbe es keine Auseinandersetzung um die Geschichte. Wenn die »Sieger« das Feld so eindeutig beherrschten, würden sie nicht den Vorwurf des »Geschichtsrevisionismus« erheben können, vorzugsweise gerichtet an jene, die ihren Darstellungen widersprechen. Die Vorhaltung kann sanft geäußert werden, wie dies der Honecker-Biograf Martin Sabrow tut, indem von einer »schleichenden Entmachtung der Historikerzunft« durch Zeitzeugen spricht, oder direkter, wie es sein Kollege Wolfgang Kraushaar formulierte. Für den ist der Zeitzeuge der Feind des Historikers.

Ich reklamiere für mich Zeitzeugenschaft und bekenne mich zu solcher Feindschaft. Und ich bin auch ein Geschichtsrevisionist in dem Sinne, dass ich die seit dreißig Jahren überwiegend verbreiteten Bilder von der DDR zu revidieren oder zu differenzieren versuche. Wenn ich angerufen werde, erklingen statt des Klingeltons die ersten Takte der wunderbaren DDR-Nationalhymne. Natürlich ist das in den Ohren der meisten, die das hören, eine Provokation. Ich gebe zu: Auch darum habe ich diese Musik aufs Handy gespielt. Vornehmlich aber geschah das deshalb, um einige Dutzend Male am Tag daran erinnert zu werden, woher ich komme, was mich geprägt hat und wozu ich stehe. Das wirkt der Geschichtsvergessenheit – ein anderer Zug unserer Zeit – akustisch entgegen.

Ich war der letzte Innenminister der DDR und deren erster hieß Carl Steinhoff. Mein Vorgänger und Kollege, seit 1923 Sozialdemokrat, arbeitete zuvor als erster Ministerpräsident des Landes Brandenburg, ehe er unmittelbar nach Konstituierung der DDR am 7. Oktober 1949 nach Berlin gerufen wurde. Carl Steinhoff war ein linksliberaler Verwaltungsbeamter, den die Nazis mit Berufsverbot belegten und die Russen im Mai 1945 an die Spitze der brandenburgischen Nachkriegsverwaltung stellten. Vermutlich kannten sie ihn aus Ostpreußen, wo er in den frühen dreißiger Jahren tätig war. Bei den ersten demokratischen Wahlen im Oktober 1946 wurde Steinhoff der erste Ministerpräsident des Landes. Für sein Porträt, 1979 geschaffen vom Potsdamer Maler und Grafiker Kurt-Hermann Kühn, findet sich bis heute weder in der Staatskanzlei noch im Landtag ein Platz. (Überflüssig zu erwähnen, dass ich von Kühn ein Bild besitze.) Ein Ehrengrab für Steinhoff auf dem Friedhof in Wilhelmshorst bei Potsdam erlaube die Landessatzung nicht, wie es auf konkrete Nachfrage hieß ... Dabei

13

hat sich dieser MP um die deutsche Einheit wahrhaft verdient gemacht. Woher diese Ressentiments? Diese Vergessenheit? Auf der anderen Seite werden, angeblich um der historischen Gerechtigkeit willen, Jahr um Jahr Millionen ausgegeben, um die Schnipsel in der Stasi-Unterlagenbehörde zusammenzuleimen, nur um in Erfahrung zu bringen, wie der Speiseplan in der Betriebskantine in der Berliner Normannenstraße oder die Anweisung zum Entfernen von Hundescheiße an der Protokollstrecke ausschaute.

Nur zur Nachhilfe: Im Frühsommer 1947 lud der bayerische Ministerpräsident Hans Ehard alle deutschen Ministerpräsidenten nach München. Er wollte die – maßgeblich von den Großmächten forcierte – Spaltung Deutschlands aufhalten. Bayerns Ministerpräsident glaubte nämlich, dass es möglich sei, »durch diese Tagung den Weg zu ebnen für eine Zusammenarbeit aller Länder Deutschlands im Sinne wirtschaftlicher Einheit und künftiger politischer Zusammenfassung«. Aus dem Osten reisten fünf Ministerpräsidenten an, ihr Sprecher hieß Steinhoff. Die Franzosen untersagten zunächst die Teilnahme der in ihrer Besatzungszone regierenden Länderchefs, stimmten dann in letzter Minute jedoch zu und ließen sie nach München reisen. Gegen diese Konferenz war auch die SPD. Kurt Schumacher erklärte am 31. Mai 1947 in Frankfurt am Main vor Spitzenfunktionären, die Länderchefs, am wenigsten die der Ostzone, seien überhaupt nicht legitimiert, über politische Fragen zu reden. Wenn schon eine Konferenz stattfinden müsse, dann sollten in München allenfalls wirtschaftliche Detailfragen erörtert werden.

Aus Furcht, die SPD-Ministerpräsidenten könnten mit dieser Ansage einen Rückzieher machen, machte Ehard einen Rückzieher und setzte ausschließlich die Behandlung wirtschaftlicher und sozialer Einzelfragen auf die Tagesordnung. Die ostdeutschen Ministerpräsidenten hingegen verständigten sich darauf, auf der Münchner Tagesordnung auch den Punkt unterzubringen: »Bildung einer deutschen Zentralverwaltung durch Verständigung der demokratischen deutschen Parteien und Gewerkschaften zur Schaffung eines deutschen Einheitsstaates«. Sofern dieser Antrag von den anderen Tagungsteilnehmern nicht akzeptiert werden würde, wollte man die Konferenz verlassen, sagten sich die fünf. Denn das war die aktuelle Gretchenfrage: Wie hältst du es mit der deutschen Einheit?

Es war – zur Erinnerung – zwei Jahre nach dem Ende des Krieges. Deutschland lag in Trümmern und litt extreme Not. Die vier Besatzungsmächte jedoch hatten begonnen, gegeneinander einen Kalten Krieg zu führen. In diesen wurden zunehmend die von ihnen besetzten Zonen eingebunden. Während also ganz offensichtlich die fünf Ministerpräsidenten der sowjetischen Besatzungszone einen deutschen Einheitsstaat wollten, verfolgten die anderen Besatzungsmächte in und mit ihren Zonen andere Pläne. Und so wurden auch die West-Ministerpräsidenten für die Konferenz gebrieft.

Folgerichtig kam es zum Eklat.

Ehards Stellvertreter, der SPD-Politiker Wilhelm Hoegner, schrieb 1959 in seinen Memoiren, der Vorschlag der Ostzonenvertreter »sei nicht unbescheiden gewesen«. Die meisten Konferenzteilnehmer hätten jedoch nicht über die deutsche Einheit sprechen wollen. Ja, warum wohl nicht?

Ein allgemeines Bekenntnis zur deutschen Einheit am Ende der Konferenz, das Ehard in Aussicht stellte, genügte den ostdeutschen Länderchefs nicht. Steinhoff schrieb zwanzig Jahre nach der Konferenz, dass ein »unverbindliches und abstraktes ›ausdrückliches‹ und feierliches Bekenntnis zur deutschen Einheit natürlich kein Ersatz für unseren konkreten Antrag« dargestellt habe. Er hätte sich nicht des Eindrucks erwehren können, dass es sich beim Streit um die Tagesordnung um ein »abgekartetes Spiel« gehandelt habe. »Wir fühlten uns hinters Licht geführt, hier wird mit gezinkten Karten gespielt.«

Drei Stunden nach Beginn der Konferenz verließen die ostdeutschen Politiker grußlos die Bayerische Staatskanzlei. »Nicht wenige aus dem Kreis der westdeutschen Delegierten atmeten auf«, erinnerte sich 1964 Reinhold Maier, der erste Ministerpräsident Baden-Württembergs. »Gottlob, so hörte man, dass wir die Kommunisten los sind.« Und eine Stimme von 1971: »Das ›mystische Grauen‹ vor dem Bolschewismus«, so Ferdinand Friedensburg, damals Vize-Oberbürgermeister Großberlins, der nach der Spaltung Berlins in den Westen wechselte und seit 1952 dem Bundestag angehörte, »war jedenfalls mächtig genug, um bei den meisten Teilnehmern unverkennbar das Gefühl der Erleichterung entstehen zu lassen, als die Vertreter der Ostzone abgereist waren.« Und die *Süddeutsche Zeitung* titelte völlig wertfrei: »Gottlob, die Kommunisten sind wir los.«

Nur zum Merken: Alle Ostdeutschen gelten als Kommunisten.

Von den fünf Ministerpräsidenten war aber nicht einer in der KPD. Carl Steinhoff / Brandenburg, Rudolf Friedrichs / Sachsen und Wilhelm Höcker / Mecklenburg-Vorpommern kamen aus der SPD, Rudolf Paul / Thüringen und Erhard Hübener / Sachsen-Anhalt aus der DDP, die später zur Liberaldemokratischen Partei wurde.

Die Vermutung Steinhoffs, dass es sich um ein abgekartetes Spiel gehandelt habe, war so abwegig nicht. Bei der Ankunft der ostdeutschen Ministerpräsidenten in München lag die komplette Tagesordnung bereits gedruckt vor, alle darin angekündigten Referenten kamen ausschließlich aus den Westzonen. Der Einwand der Ostdeutschen, sie seien nicht nur zum Zuhören nach München gekommen, wurde geflissentlich überhört.

Ehard wahrte am Ende nicht einmal die üblichen Formen des Anstands. Er übersah demonstrativ die zum Abschied gereichte Hand Steinhoffs.

Trotzdem besaß dieser noch einen Funken Hoffnung, obgleich er auf der noch in der Nacht erfolgten Pressekonferenz im Hotel erklärte: »Wir sehen uns einer geschlossenen Phalanx eines Nein gegenüber. Diese Entwicklung ist ein Ausdruck der deutschen Misere – es ist eine Schande!« Und in einem Interview mit der *Thüringer Abendpost* sagte Steinhoff: »Das Wort Einheit scheint in der Westzone einen anderen Inhalt zu haben als bei uns.«

Brandenburgs Ministerpräsident unternahm am folgenden Tag einen neuerlichen Anlauf, um mit einem Kompromiss das definitive Scheitern der Konferenz doch noch abzuwenden. Er schlug vor, »unser Pepitum«, das heißt ihr Gesuch, den von den Ost-MP gewünschten Tagesordnungspunkt an die erste Stelle zu setzen, zu ignorieren. Über die deutsche Einheit müsse nicht sofort diskutiert werden, und Steinhoff ließ offen, in welcher Weise das geschehen sollte, »ob als Diskussionseröffnung oder Verlesen einer entsprechenden Erklärung oder in sonst geeigneter Form«.

Das wurde wieder abgelehnt.

Carl Steinhoff bekräftigte 1966: »Nicht durch unsere Schuld ist damals in München eine große Chance schmählich vertan worden. Die intransigente *(ablehnende – PMD)* Haltung der westdeutschen Regierungschefs und die unmögliche Verhandlungsführung des damaligen bayerischen Ministerpräsidenten Dr. Ehard haben alles verdorben.« Doch Steinhoff relativierte sogleich und zog den Rahmen weiter: »Meines Erachtens liegen die Hauptgründe in der Haltung der Westmächte, die schon damals auf eine Teilung Deutschlands abzielten.«

Brandenburgs Ministerpräsident Steinhoff konnte bei seiner Münchner Mission im Juni 1947 die deutsche Einheit nicht bewahren, das Land zerfiel 1949 in zwei Staaten. Ich fuhr Anfang Dezember 1989 in die bayerische Hauptstadt, um diese Zweistaatlichkeit zu überwinden. Mit Freunden hatte ich kurz nach dem Mauerfall die Christlich-Soziale Partei Deutschlands (CSPD) gegründet. Gemeinsam mit Hans-Wilhelm Ebeling, Pastor an der Thomaskirche in Leipzig, nunmehr Parteivorsitzender, reiste ich nach München in der Hoffnung, dort für unsere Partei Beistand zu finden. Wir suchten Verbündete im Westen, die Berater und Geld zur Verfügung stellten, damit wir in der DDR erfolgreich eine wahrhaft christliche und sozial gerechte Politik würden machen können. Perspektivisch in einer deutsch-deutschen Konföderation. Dass wir diese Idee alsbald als unrealistisch begruben und als erste Partei in Deutschland ungeschützt und wenig diplomatisch verhüllt die staatliche Einheit forderten, war zunächst kein Thema.

Warum aber ausgerechnet Bayern?

Dafür sprachen subjektive wie objektive Gründe. Der eine Grund hieß Franz Josef Strauß. Wenngleich im Vorjahr verstorben, so hofften wir in München auf dessen Erben zu treffen: strategisch denkend, souverän, unorthodox, warmherzig. Diese Haltung hatte selbst Honecker beeindruckt, den nur das politische Protokoll davon abhielt, zur Trauerfeier für Strauß nach München zu reisen, wie eben der Antikommunist Strauß, was ich erst später erfuhr, dem Kommunisten Honecker den Respekt nicht verweigert hatte. Ich bin mir ziemlich sicher, dass Strauß, wenn er denn die neunziger Jahre noch erlebt hätte, sich nicht nur aus christlicher Nächstenliebe der Honecker-Hetze verweigert hätte.

Der andere Grund, weshalb wir Ende 1989 die Bayerische Staatskanzlei ansteuerten, war die nicht unbegründete Annahme, dass die CSU – im Unterschied zu den anderen Parteien in der Bundesrepublik – kein Pendant und keinen Partner in der DDR besaß und vielleicht einen gebrauchen könnte. Schließlich hatte Strauß als Ministerpräsident und Parteichef nie nur Bayern im Blick. Als er zu Beginn der achtziger Jahre in der DDR aufkreuzte, wollte er damit nicht nur Kanzler Kohl ärgern, sondern auch demonstrieren, dass ihm der Freistaat Bayern zu klein war. Er reklamierte für das größte Flächenland der Bundesrepublik eine größere Rolle auch auf internationaler Bühne.

Schon auf der Toilette in der Staatskanzlei, um mich für das Gespräch frisch zu machen, bemerkte ich, dass ich wirklich in eine fremde Welt gekommen war. Hier hatten die Wasserhähne keine Knöpfe! Ich stand vor dem Spiegel und kämmte mich so lange, bis einer hereinkam, die Hände unter den Hahn hielt und – schon sprudelte Wasser. Aha, Fotozellen, wusste ich nun und wusch mir die Hände.

Wir konferierten in verschiedenen Runden. Auf diese Weise lernte ich Ministerpräsident Max Streibl und Vizeparteichef Edmund Stoiber kennen, der ihn schon bald als MP beerben sollte. Der CSU-Generalsekretär Erwin Huber war dabei und Otto Wiesheu, der vor ihm dieses Amt bekleidet hatte, und einige andere wichtige Personen, die mir zwar vorgestellt wurden, deren Namen mir aber nichts sagten, wie etwa Wilfried Scharnagel, Chefredakteur des *Bayernkurier*, den ich Jahre später wiederholt bei Empfängen in der russischen Botschaft in Berlin treffen sollte.

Dass man uns soviel Zeit und Zuwendung schenkte, hielt ich seinerzeit für normal. Mit dem Abstand von Jahren sehe ich das ein wenig anders. Wir waren zwei Exoten aus Sachsen, politische Amateure, die einzige Referenz vielleicht: Wir kamen aus Leipzig, das aufgrund der Montagsdemonstrationen in

Westdeutschland eine gewisse Aufmerksamkeit gefunden hatte.

Bevor wir wieder in Ebelings Fiat Mirafiori stiegen – ein Geschenk seiner West-Mutter via Genex,
jenem von Schalck-Golodkowski betriebenen West-
Ost-Geschenkdienst –, hatte ich die Preisliste studiert, die in der Suite im Bayerischen Hof auslag.
Dort waren wir zwei Naivlinge aus der DDR von der
Staatskanzlei für eine Nacht einquartiert worden. Gewiss nicht ohne Kalkül. Das renommierte Hotel war
seinerzeit auf Veranlassung von Bayernkönig Ludwig I. eröffnet worden: Er brauchte eine Nobelher-
berge für seine edlen Gäste aus adligem Hause. In
der Demokratie stiegen auch Bundeskanzler, Künstler und Nobelpreisträger ab. Und nun wir Sachsen.
Diese eine Nacht, mir verschlug's den Atem, kostete
1250 Westmark. Ich habe dort nichts angerührt: kein
Fläschchen in der Minibar, kein Obst, von dem ich oft
nicht wusste, wie es hieß und auf welche Weise man
es verzehrte. Diese braune, eiergroße stachlige Frucht
zum Beispiel hatte ich noch nie gesehen. Später, nun
ja, erfuhr ich, dass sie Kiwi hieß und aus Neuseeland
kam.

Unsere Reise nach München war erfolgreich. Man
beließ es nicht bei verbalen Bekundungen, sondern
steckte mir auch einen prall gefüllten Umschlag zu.
Den Inhalt tauschte ich in Leipzig im Verhältnis eins
zu zehn, um damit unsere leere Parteikasse zu füllen.

Unsere Mission endete also ganz anders als die
von Carl Steinhoff 42 Jahre zuvor. Das lag an verschiedenen Umständen, vornehmlich wohl an dem
einen Grund: Als die ostdeutschen Ministerpräsiden-

ten 1947 dort für die deutsche Einheit stritten, war man sich im Westen längst einig: Lieber das halbe Deutschland ganz als das ganze Deutschland halb. Vornehmlich die USA meinten »den Kommunismus« eindämmen zu müssen und glaubten in Europa mit Westdeutschland ein Bollwerk gegen die Russen zu bekommen. Die Briten erwogen sogar, den Krieg gegen den einstigen Verbündeten in der Antihitlerkoalition fortzusetzen. Erst 1998 wurde bekannt, dass Churchill im Mai 1945 die Ausarbeitung eines Kriegsplanes unter der Geheimbezeichnung »Operation Unthinkable« bei seinem Generalstab in Auftrag gegeben hatte. Unter Reaktivierung von etwa 100 000 deutschen Kriegsgefangenen sollte – gemeinsam mit den USA – die Sowjetarmee militärisch aus Zentraleuropa hinausgedrängt werden. Der Plan wurde jedoch fallengelassen, weil man der Welt schwerlich hätte erklären können, weshalb der bisherige Verbündete und Freund schon wenige Tage nach dem gemeinsamen Sieg über die Nazis der neue Feind sein sollte. Der britische Generalstabschef nannte mit Recht diesen Plan »reine Phantasterei« ohne Aussicht auf Erfolg.

Jetzt, zum Jahreswechsel 1989/90, war die internationale Lage eine ganz andere.

Die Sowjetunion war so gut wie am Ende. Sie hatte sich totgerüstet, die Menschen litten Not. Der Kommunismus, der ja eigentlich nur behauptete, einer zu sein, in Wirklichkeit nie einer gewesen ist, hatte sich erledigt. Die einstigen Verbündeten – vielleicht ist Vasallen der treffendere Begriff: Sie hatten sich ihre Führungsmacht so wenig aussuchen können wie die

Bundesrepublik und andere westeuropäische Staaten die ihre – befanden sich in keinem besseren wirtschaftlichen Zustand. Die DDR blutete seit Monaten aus, die Menschen wollten nicht mehr und verweigerten der sprachlosen Führung die Gefolgschaft. In solchen Phasen, in denen die oben nicht mehr können und die unten nicht mehr wollen, geschehen gesellschaftliche Umbrüche. Das nennt man gemeinhin Revolution. Die schien auch in der DDR herangereift. Und darum war man im Westen Emissären wie uns zugeneigt. Die Ausgangssituation war aus westlicher Perspektive erheblich günstiger als anno '47, eine Übernahme schien möglich. Davon hatte man immer geträumt und die »Einheit« in Sonntagsreden beschworen, aber nichts real geplant. Man hatte sich auch im Westen eingerichtet, die »nationale Frage« wurde allenfalls nur noch rhetorisch gestellt.

Das sehe ich heute so scharf. Damals war ich blauäugig und naiv und wollte lediglich die Zwänge, die auf uns seit Jahrzehnten lasteten, abschütteln, das Leben bunter und erträglicher machen. In der DDR. Vorerst. Und das mit Hilfe aus Bayern.

Ich hatte zunächst jedenfalls nicht den Eindruck, dass das, was in München mit uns verabredet wurde, von den Bayern mit strategischer Erwägung erfolgte. Sie schickten drei Berater, die uns bei der Ausarbeitung des Programms der Partei mit dem neuen Namen halfen. Christlich-Soziale Partei Deutschlands (CSPD) schien den Münchnern nicht zuzusagen. Wir hoben die Partei in Leipzigs »Goldener Krone« im Januar 1990 neuerlich aus der Taufe und nannten sie Deutsche Soziale Union. DSU klang wie CSU, aber auch ein wenig nationalpatriotischer. Ebeling blieb Vorsitzender, ich Generalsekretär.

Wenig Zeit ging ins Land mit vielen Veränderungen: Kein Vierteljahr später war ich Innenminister und Vize-Premier in einer Koalitionsregierung. Es war absehbar, dass ich der letzte Innenminister der DDR sein würde, dessen Aufgabe im Wesentlichen darin bestand, einerseits den inneren Frieden und die Ordnung aufrechtzuerhalten und andererseits die Schießprügel der bewaffneten Organe und deren Träger aus dem Verkehr zu ziehen. Ich wickelte auch das Ministerium für Staatssicherheit ab, das der erste Innenminister der DDR auf den Weg brachte. Carl Steinhoff hatte am 8. Februar 1950 das Gesetz über die Gründung des MfS vor der Volkskammer begründet. Die nannte sich damals noch immer provisorisch, weil man in Ostberlin unverändert nach der Einheit strebte und selbst das Parlament als Intermezzo verstand.

Zwei Jahre und sechs Tage später sollte ich in Prora auf Rügen geboren werden.

Die Begründung meines Vorgängers schien logisch und darum zwingend angesichts der nachweislichen Sabotageakte in der Ostzone. Steinhoff reflektierte darin seine eigenen Nachkriegserfahrungen als Ministerpräsident Brandenburgs und die Realität des Kalten Krieges in Deutschland. »Die hauptsächlichsten Aufgaben dieses Ministeriums werden sein, die volkseigenen Betriebe und Werke, das Verkehrswesen und die volkseigenen Güter vor Anschlägen verbrecherischer Elemente sowie gegen alle Angriffe zu schützen, einen entschiedenen Kampf gegen die

Tätigkeit feindlicher Agenturen, Diversanten, Saboteure und Spione zu führen, unsere demokratische Entwicklung zu schützen und unserer demokratischen Friedenswirtschaft eine ungestörte Erfüllung der Wirtschaftspläne zu sichern. Zur Durchführung dieser Aufgaben bildet das Ministerium in den Ländern Verwaltungen für Staatssicherheit, die dem Ministerium unmittelbar unterstellt werden.«

Carl Steinhoff konnte damals nicht ahnen, was wir heute alle zu wissen meinen, dass nämlich dieses MfS sich über die Jahrzehnte zu einem Geheimdienst entwickeln würde, dessen Hauptfeind offenkundig das eigene Volk war. Und ich hingegen konnte nicht ahnen, dass ich als demokratisch legitimierter Innenminister im Osten wie alle meine Vorgänger von westlichen Diensten observiert werden würde, wobei sie sich dabei auf einige Kollaborateure und Überläufer stützten, die über mich berichteten. Auch mir widerfuhr, wovor Steinhoff vor vierzig Jahren warnte. Auf mich wurde sogar geschossen. Es war mehr als kurios, dass der erste und der letzte Innenminister die gleichen Erfahrungen mit Westdiensten sammeln mussten. Waren ja alles Kommunisten.

Vielleicht ist das der Grund, dass der – im Unterschied zu mir – eher ruhige, zurückhaltende Steinhoff bei seinen brandenburgischen Nachfolgern einzig wegen dieses Gesetzes in Verschiss geriet. Das konnte offenbar nicht einmal der Umstand wettmachen, dass Steinhoff selbst Stalins Opfer war. Im April 1952 kam nämlich Order aus Moskau, den 60-Jährigen als Innenminister zu pensionieren und ihm an der Humboldt-Universität eine Professur für

Staats- und Verwaltungsrecht zu geben. Der Grund: Angesichts der weiteren Zuspitzung des Kalten Krieges wollte Stalin an der Spitze des DDR-Innenministeriums einen Militär, der Steinhoff nachweislich nicht war. Dieser ertrug seine Absetzung mit einer gewissen Erleichterung und einem Scherz auf den Lippen: »Man hat mir durch den Rausschmiss einen zweiten Herzinfarkt erspart ...«

Ich finde, dass Carl Steinhoff und mich mehr verbindet als die Tatsache, dass er der erste und ich der letzte Innenminister der DDR war, dass er das MfS ins Leben rief, welches ich abwickelte. Uns verbinden musische Neigungen, wir beide absolvierten Abitur und Jura-Studium mit Auszeichnung, und dass er den Krieg und die Nazis hasste wie auch ich es tue. Er aus eigener leidvoller Erfahrung, ich aus christlicher Gesinnung. Bei ihm hinterließ der Erste Weltkrieg bleibende Eindrücke, sie bestimmten nachhaltig sein Verhältnis zu Uniformen und Waffen. Bis zu seinem Tode 1981 hat er nie eine Waffe angefasst – abgesehen von einigen Jagdausflügen in den vierziger Jahren, zu denen Walter Ulbricht ihn eingeladen hatte. Allerdings war auch der kein passionierter Jäger.

Und wir teilen ein vernünftiges, partiell freundschaftliches Verhältnis zu den Russen. Steinhoff hatte vermutlich seine ersten Kontakte in den frühen dreißiger Jahren, als er Vize-Oberpräsident in Königsberg war. In seinem Nachlass fanden sich die Visitenkarten der in jener Zeit in Ostpreußen tätigen Konsuln der Sowjetunion. Und auch ich unterhielt, worüber noch zu reden sein wird, konstruktive Kontakte in meiner Amtszeit mit russischen Dienststellen, weshalb das Gerücht gestreut wurde, ich sei womöglich ein Agent des KGB.

Der einzige seiner Nachfolger im Amt des brandenburgischen Ministerpräsidenten, der Steinhoff in Maßen würdigte und ihn zumindest nicht vergessen hatte, war Manfred Stolpe. Er schenkte Steinhoffs Sohn ein Buch, das er als Ministerpräsident verfasst hatte, mit einer persönlichen Widmung: »Herrn Dr. Rudolf Steinhoff in dankbarer Verbundenheit zur Familie meines großen Vorgängers.«

Etliche Jahre später gab eben jener Rudolf Steinhoff, Sohn des »großen Vorgängers«, in der Potsdamer Staatskanzlei die von ihm herausgegebenen Erinnerungen seines Vaters Carl Steinhoff mit der freundlichen Bitte ab, man möge sie dem amtierenden Ministerpräsidenten Woidke als Ausdruck seiner persönlichen Wertschätzung für dessen Arbeit übergeben. Nach nur wenigen Tage kam das Buch mit der Post und der Erklärung zurück, der MP dürfe keine Geschenke annehmen.

Auch ohne diese Erfahrung werde ich nie in Versuchung geraten, in Potsdam ein Buch von mir in der Staatskanzlei zu hinterlegen. Die Stil- und Charakterlosigkeit hat überall Einzug gehalten. Das weiß ich. Darum muss ich nicht die Probe aufs Exempel machen …

Mein Auto frisst die Kilometer. Waldstücke und Felder fliegen vorbei, das »Kampfgebiet« ist schon lange aus dem Rückspiegel verschwunden, kein Rauschen mehr im Äther. Bei der Abfahrt Waren (Müritz) setze ich den Blinker. Wenig später passiere ich Adamshoffnung, eine winzige Siedlung, deren Straße, wenngleich aus Asphalt, derart schmal ist, dass ich einem entgegenkommenden Fahrzeug Platz machen und auf den unbefestigten Rand ausweichen muss. Später biege ich auf einen Feldweg und ziehe eine Schleppe aus Staub hinter mir her. Zwei, drei einsame Gehöfte liegen am Wegesrand, das letzte ist das meinige. Ankunft im Paradies, im Land zum Leben, gleich hinter Adamshoffnung.

Alle in der großen Runde lachten, als ich ostdeutscher Adam das Angebot des Bundeskanzlers, ein Bundesministerium in Bonn zu übernehmen, mit der Begründung ablehnte, ich hätte Heimweh.

Nur Helmut Kohl schwieg. Er hatte mich verstanden. Er war ein kluger Mann.

Erhobenen Hauptes in die SPD

Den Innenminister kannte ich nicht einmal dem Namen nach, als ich dem ersten und letzten demokratisch gewählten Ministerpräsidenten der DDR zu seiner Regierungserklärung schrieb, ich könne jedes Wort unterschreiben, was nicht einmal für die Regierungserklärungen der Bundeskanzler galt, mit denen ich gearbeitet hatte.

Während ich in Strausberg mithelfen sollte, die NVA aus dem Verband des Warschauer Paktes zu lösen, habe ich meinen Freunden in Bonn den Eindruck vermittelt, auf Diestel, dem ich noch immer nicht persönlich begegnet war, müsse man aufpassen. Er sei ein potenziell gefährlicher Mann, weil er erfolgreich dabei sei, die Riesenapparate der inneren Sicherheit mit ihren bewaffneten und informellen Mitarbeitern zu integrieren, also politisch für die CDU in Ostdeutschland zu gewinnen. Das war durchaus vergleichbar dem Bestreben von Willy Brandt. Der wollte, dass jedes Mitglied der SED, das nicht kriminell geworden war und unser Programm bejahte, »erhobenen Hauptes« Mitglied der SPD werden konnte.

Die Vorstellung nationaler Versöhnung – die Bezeichnung der inneren Einheit war noch nicht erfunden – wurde weder von der SPD noch der CDU verwirklicht, sondern PDS und Die Linke wurden Faktoren, ohne die diese Aufgabe, die noch immer steht, nicht zu lösen ist.

Egon Bahr (1922–2015), Vordenker der von Willy Brandt
begonnenen neuen Ost- und Deutschlandpolitik

Eine Distelinde.

2. Kapitel

Woher ich komme

Im Juni war's und ziemlich heiß. Und der Himmel heiter, wie man so sagt, wenn kaum ein Wölkchen den Blick ins Unendliche trübt. Ich saß im Schatten und studierte Akten. Plötzlich knallte es unvermittelt. Ohne Ankündigung. Ein gewaltiger Rumms riss meinen Blick vom Papier, ich sah in der Ferne eine Flammenkugel wie in Zeitlupe auf die Erde stürzen. Die Distanz: schwer zu schätzen, der Himmel ist ohne Koordinaten. Es konnten sechs oder zehn Kilometer sein – vor, über oder hinter Malchow im Norden. Die Vögel verstummten, es war totenstill. Vielleicht aber hatte auch nur die brütende Nachmittagshitze ihnen die Schnäbel verschlossen und ich dies zuvor nicht bemerkt. Das Tschilpen und Singen verliert sich auf Dauer wie das Rauschen der Bäume im Wald, nur unterschwellig ist es noch präsent. Erst wenn's fehlt, bemerkt man es. Man kann eben nur vermissen, was man kennt.

Schon bald stieg an verschiedenen Stellen Rauch auf. Offenkundig brannte dort der Wald. Seit es so trocken war, passierte das öfter. Jenseits der Straße war unlängst ein Baum auf die Freileitung gestürzt und hatte den Draht zerrissen, Funkenflug, und schon brannte die Wiese. Die Flammen waren rasch gelöscht, länger dauerte es, ehe wir wieder elektrischen Strom in der Kanzlei hatten.

Man musste kein Hellseher sein, um zu wissen, was da passiert war. Seit Wochen jagten Eurofighter über unsere Idylle. Jahrelang hatte hier Ruhe am Himmel geherrscht, doch damit war Schluss. Stetig nahm die Zahl der Überflüge zu. Man brauchte nur in die Zeitung oder ins Fernsehen zu schauen, um den Grund zu wissen. Es brannte an allen Ecken und Enden: Syrien, Afghanistan, Iran, Libyen, Mali, Venezuela, Palästina, Ukraine … Unlängst hörte ich im *Deutschlandfunk*, mit dem Auto unterwegs in mein Kampfgebiet, von im Baltikum stationierten deutschen Soldaten. »Den möglichen Feind nennt hier niemand beim Namen. Aber allen ist klar, dass es sich um Russland handelt. Die NATO hat vier internationale Bataillone eingerichtet – neben Litauen auch in Polen, in Lettland und in Estland, an der europäischen Ostflanke des Bündnisses also.« Deutsche Panzer an der russischen Grenze! Wie 1941. Der Gedanke war und ist mir unerträglich.

Die Bundesluftwaffe trainierte zunehmend intensiver. Um nicht aus der Übung zu kommen? Gut, Piloten brauchen Praxis. Aber weshalb flog man über besiedeltes Gelände und nicht über die offene See? Der Fliegerhorst befand sich in Rostock-Laage, dort waren zwei Dutzend Eurofighter des Taktischen Luftwaffengeschwaders 73 stationiert, was ich aus der Zeitung wusste. Mit solcherart militärischen Geheimnissen geht man heute ganz offen um, um nicht über das Eigentliche reden zu müssen. Das Geschwader war benannt nach dem Luftwaffengeneral Johannes Steinhoff, der als Jagdflieger während des Zweiten Weltkriegs mehr als 900 Einsätze flog, nicht wenige davon beim Vernichtungsfeldzug gegen die Sowjetunion. Seine Abschüsse trugen ihm etliche Ehrungen der Naziführung ein. In den fünfziger Jahren trat Steinhoff der Bundeswehr bei. In den sechziger Jahren wurde er Inspekteur der Luftwaffe, als die Starfighter zu Hunderten vom Himmel stürzten – 269, um präzise zu sein. Dabei kamen 116 Piloten der Bundesluftwaffe ums Leben, weshalb die unausgereifte US-Maschine F-104G den zynischen Beinamen »Witwenmacher« erhielt. In den siebziger Jahren war Steinhoff Vorsitzender des NATO-Militärausschusses, mithin also der ranghöchste Soldat des Bündnisses. Auch in dieser Personalie offenbarte sich eine Kontinuität, die nicht zu den rühmenswerten Seiten unseres Volkes gehört.

Meine eigene Familie nehme ich von diesem Tadel nicht aus. Ich sitze gewissermaßen im Glashaus und hüte mich, mit Steinen zu werfen. Ich kasteie mich jedoch auch nicht wegen der schwarzen Schafe. Geschichte ist Geschichte. Man kann sie nicht ungeschehen machen, wohl aber eine Haltung zu ihr haben. Und man sollte Geschichte nur aus ihrer Entwicklung heraus verstehen und sie nicht von ihrem Ende her deuten, wenn man mehr weiß als die damals Handelnden wissen konnten. Und wenn überdies von einer vermeintlich moralisch höheren Warte geurteilt wird, ist das besonders fatal und falsch. Das gilt für die kleine wie für die große Geschichte.

In meinem Jagdhaus befindet sich ein Bleiglasfenster mit einem Porträt Bismarcks und einem Zitat von ihm: »Setzen wir Deutschland in den Sattel, reiten wird es schon können.« Ein solcher Satz lässt sich heute, nach zwei Weltkriegen und anderen Katastrophen mit deutscher Beteiligung, als gutsherrisch und imperial interpretieren. Als Bismarck ihn 1867 vorm Norddeutschen Reichstag fallen ließ, konnte er wahrlich nicht ahnen, wohin das Pferd galoppieren würde – wie eben auch wir 1990, nach der Wiedervereinigung, nicht wissen konnten, wohin die Reise gehen würde. Die meisten, so auch ich, waren vom gleichen Optimismus durchdrungen, mit dem Bismarck damals die Reichseinigung vorantrieb.

Meine mecklenburgische Gutsherrenfamilie war nicht nur eine ziemlich alte, deren Geschichte sich über mehrere Jahrhunderte zurückverfolgen lässt, sondern auch eine sehr vermögende. Stets wurden Höfe und Äcker auf die Kinder übertragen, und jene, die nichts abbekamen, gingen zum Militär.

In der Familienchronik ist ein Hans Heinrich Diestel verzeichnet (offensichtlich ist es Tradition bei uns, die Kinder mit Doppelnamen auszustatten), der im 18. Jahrhundert in Ratzeburg bei einem Holzhändler als »Meisterknecht« arbeitete und die Tochter eines herzoglichen Gutspächters ehelichte. Aus dieser Verbindung gingen drei Söhne hervor. Der älteste – Johann Peter Heinrich Diestel – muss es wohl zu einigem Vermögen gebracht haben, weshalb er sich 1818 das Rittergut Cambs mit dem Vorwerk Ahrensboeck kaufen konnte, das liegt nordöstlich von Schwerin. Mein Vorfahr soll das Gut zum Blühen gebracht haben. Mitte der 1850er Jahre ließ er in Cambs eine kleine Fachwerkkirche errichten, ebenso in Langen Brütz. Die Kapelle in Cambs steht unter Denkmalschutz und war zu DDR-Zeiten sorgfälig restauriert worden; die neuerliche Einweihung erfolgte 1980 mit einem Festgottesdienst. Die Friese-Orgel kostete 950 Reichstaler und spielt noch immer. Und im Turm hängt eine Glocke mit dem Schriftzug »Soli deo Gloria« (»Allein zur Ehre Gottes«) und »J. P. H. Diestel«. Auch sie läutet noch.

Das Gut Cambs blieb drei Diestel-Generationen im Familienbesitz, 1905 wurde es verkauft. Der neue Eigentümer ließ das alte Herrenhaus und etliche Katen abreißen und verkaufte schon acht Jahre später alles wieder.

Ein anderer Diestel – geboren 1848 als Sohn des Pächters Ludwig Diestel auf dem Großherzoglichen Hausgut Plüschow, auf halber Strecke zwischen Wismar und Grevesmühlen gelegen – studierte zunächst Theologie. Doch »wegen seiner offenkundigen Begabung für die Landwirtschaft«, wie die Chronisten berichten, übernahm dieser Herrmann Diestel auf Bitte seines Vaters das Gut Keez bei Brüel. Das befand sich, welch Zufall, unweit von Cambs Richtung Osten. Richtung Westen lag Neu Zittow, diese Bauernstelle wurde mindestens bis 1850 von einem Christian Diestel bewirtschaftet, dann verlieren sich seine Spuren. Auch vom Hof ist nichts mehr zu sehen.

Ein Neffe von Johann Peter Heinrich Diestel erwarb 1854 die Rittergüter Leezen und Langen Brütz, die in der gleichen Gegend lagen. Von diesem Ludwig Diestel kennen wir die Lebensdaten, er wurde

1810 geboren und starb 1894, bei vielen anderen sind sie oft unbekannt. Warum nach der Jahrhundertwende die Diestels die Güter Cambs, Leezen und Langen Brütz verkauften und sich bürgerlichen Berufen zuwandten, vornehmlich Rechtsanwälte wurden oder eine Militärlaufbahn einschlugen, vermag ich nur spekulativ zu beantworten, es liegen keine überlieferten Zeugnisse vor. Wahrscheinlich war die Ertragslage derart unbefriedigend, dass eine Landflucht angeraten schien. Ich nahm den umgekehrten Weg und sehe aus der Familiengeschichte, woher meine tiefe Verbundenheit zur Natur und zum Land rühren. Ich kann meine Wurzeln kaum leugnen.

Friedrich Diestel aus Langen Brütz wurde im Juni 1894 von Wilhelm II., dem deutschen Kaiser, in Potsdam persönlich verabschiedet. Der Leutnant gehörte zur Verstärkung der 300-köpfigen »Schutztruppe«, die in Deutsch-Südwestafrika die einheimische Bevölkerung unterdrückte. Er hatte insofern Glück, als er im September 1894 an der Spitze einer Reiterpatrouille fiel und somit nicht an der Ermordung von Herero und Nama beteiligt war. Damals nannte man das militärische Absicherung der Kolonie, heute spricht man von Genozid. Die Menschen starben bei Kampfhandlungen und in Konzentrationslagern, man schätzt die Zahl der Opfer auf etwa 70 000. Erst im Sommer 2015 rang sich das Auswärtige Amt zum Eingeständnis durch, dass es sich um Völkermord gehandelt habe.

Dieser Friedrich Diestel soll kurz vor seinem Tode noch zum Premierleutnant, was heute ein Oberleutnant ist, befördert worden sein, und überdies habe man ihn zum Adjutanten des Reichskommissars und Landeshauptmanns ernannt. Das war Berlins Statthalter im »Schutzgebiet« und faktisch der Chef der Kolonialverwaltung und hieß seit kurzem Theodor Leutwein. (Sein Vorgänger war übrigens Heinrich Göring, der Vater des nachmaligen Nazi-Reichsmarschalls Hermann Göring.)

An Friedrich Diestel erinnert ein Gedenkstein auf dem Friedhof in Langen Brütz, eine Gedenktafel in der sogenannten Diestel-Schlucht im Südosten Namibias, in der die sechsköpfige Reiterpatrouille angeblich bei der Verteidigung einer Geschützstellung gefallen war. In der Siedlung Gurus, die keine Karte verzeichnet, vielleicht zweihundert Kilometer östlich von der Hafenstadt Lüderitz gelegen, wurden er und seine Soldaten unter einem gusseisernen Kreuz und einem Gedenkstein bestattet. Auf Fotos sieht man den guten Zustand des Grabsteins. Ich war noch nie dort, es gibt eine moralische Hemmschwelle. Aber vielleicht fliege ich irgendwann doch einmal dorthin, um meinen Frieden mit diesem Teil der Familiengeschichte zu machen. Das bedeutet nicht vergessen oder vergeben, sondern sie in Gänze anzunehmen.

Auch mein Vater war Berufsmilitär. Als Oberleutnant führte er ein Wehrmachtbataillon, als Major war er im Generalstab der 6. Armee während der Schlacht von Stalingrad. Er ging auch mit dem noch im Kessel von Hitler zum Generalfeldmarschall ernannten Friedrich Paulus in sowjetische Kriegsgefangenschaft. Dort schloss er sich dem Bund Deutscher Offiziere (BDO) an, der zum antifaschistischen Nationalkomitee »Freies Deutschland« gehörte.

In den fünfziger Jahren war Vater zunächst bei der Kasernierten Volkspolizei, danach half er die Nationale Volksarmee aufzubauen. Am Ende lehrte er – im Range eines Majors – an der Militärakademie »Friedrich Engels« in Dresden, der höchsten militärischen Lehr- und Forschungseinrichtung in der DDR. Sie überlebte die Einheit nicht, obgleich sie doch die einzige deutsche Hochschule war, an der »Militärwissenschaft« als eigenständige Disziplin gelehrt wurde. Dort erwarben ausschließlich Offiziere und Generale die höheren Weihen.

Er war ein großartiger Mann, der in Militärkreisen einen nachhaltig guten Ruf hatte. Als ich meinen Grundwehrdienst bei der NVA in Leipzig leistete, das war in den siebziger Jahren und mein Vater bereits in Rente, wurde ich seinetwegen von sämtlichen unangenehmen Diensten und Verpflichtungen freigestellt. »Genosse Diestel, Sie können stolz auf Ihren Vater sein.«

»Genosse Dienstgrad« war die Anrede in den bewaffneten Organen und kein Hinweis auf die Parteizugehörigkeit. Ich gehörte im Übrigen nicht der SED an, wovon ausgerechnet mein Vater, der selber dieser Partei zugehörte, mir abgeraten hatte. Ich kam also allein wegen meines Namens und meiner Herkunft in den Genuss von Privilegien und damit gut über die achtzehn Monate unterm Stahlhelm. So lange dauerte die in der DDR seit 1962 gesetzlich vorgeschriebene Wehrpflicht. Danach habe ich nie wieder eine Uniform angezogen – sieht man mal von Seelingstädt ab. Alle wehrdiensttauglichen Studenten in der DDR mussten nämlich eine Reservistenausbildung – in der

Regel zu Beginn des zweiten Studienjahres – absolvieren. Dazu hatte das Ministerium für Hoch- und Fachschulwesen eine militärische Ausbildungseinrichtung auf einem stillgelegten Wismut-Gelände in Sachsen errichten lassen. Wir Leipziger Studenten hausten dort in Baracken und Militärzelten und vertrieben uns unter Anleitung von Unteroffizieren mit allerlei Unfug die Zeit. Unterdessen weilten unsere Kommilitoninnen in einem Lager der Zivilverteidigung in Thüringen und legten Verbände und Kompressen an. Ich konnte dem – wie wohl die meisten meiner Studienkollegen – nichts abgewinnen. Danach setzten wir unser Studium fort.

Die vier, fünf Wochen hinterließen weder privat noch gesellschaftlich Spuren, was wohl erklärt, weshalb in der Erinnerungs- und Aufarbeitungsliteratur dieses Thema bisher ohne jede Beachtung blieb. Das Lager in Seelingstädt tauchte, wie ich amüsiert feststellte, Jahrzehnte später in einigen Diskussionsforen im Internet auf, als einige die Frage aufwarfen, ob diese Zeit dem normalen Wehrdienst gleichgestellt und bei der Rentenberechnung berücksichtigt würde. Nein, natürlich nicht. Aber der Fragesteller erhielt mitleidsvolle Kommentare wie diesen: »Als ich damals rübergemacht habe, stand die Mauer noch, und ich hatte hier im Westen so eine Art Privilegiertenstatus. Aber seit es die Mauer nicht mehr gibt, sind meine Privilegien futsch, da ich von da an keinen Flüchtlingsstatus mehr genieße, sondern ein ganz normaler Bundesbürger bin. Schade.« Woraus er schloss, »dass die Wiedervereinigung nur Chaos verursacht« habe. *(https://www.ihre-vorsorge.de/expertenfo-*

rum/archiv/detail/militaerische-ausbildung-waehrend-ddr-hochschulstudium.html) Auch das eine Sicht auf unsere Vergangenheit, die ich, wen überrascht's, natürlich nicht teile.»Nur Chaos« sieht anders aus.

Mein Vater, um diesen Gedanken abzuschließen, nahm uns fünf Söhnen in jener Zeit das Versprechen ab, dass wir keine Rückübertragung ehemaliger Familienbesitzungen fordern sollten, wie es nach der staatlichen Vereinigung üblich geworden war. Er wolle, wie er sagte, neues Unglück vermeiden.

Ich weiß gar nicht, ob irgendwo ein solcher Rechtsanspruch überhaupt vorlag, ein Großteil der Güter war bereits vor dem Ersten Weltkrieg verkauft worden. Aber auch in dieser Geste offenbarte sich mein Vater als jemand, der zeitlebens auf der Suche nach Idealen war und wiederholt enttäuscht wurde. Er fühlte sich zwei Mal schwer betrogen, aber er besaß seinen eigenen Kompass, nach dem er sich richtete, und das haben wir Söhne von ihm gelernt ...

Ich sah also den Rauch in der Ferne aufsteigen, wo Minuten zuvor die Feuerkugel zu Boden gegangen war. Ich hoffte, dass der oder die Piloten – erst wenig später las ich auf meinem Handy die News, dass zwei Maschinen zusammengestoßen seien und eine dritte unversehrt zum Fliegerhorst zurückgekehrt war – sich beizeiten mit dem Schleudersitz hatten retten können. Denn egal, ob ich diese Manöver über unseren Häuptern nun billigte oder nicht, so saßen doch in den Maschinen Menschen, die wie jeder andere Mensch auch Mitgefühl und Mitleid verdienten. »Freut euch mit den Fröhlichen, weint mit den

Weinenden«, schrieb Paulus an die Römer, wie es im Neuen Testament steht. Die Bibel lese ich jedes Jahr mindestens einmal und finde immer wieder Dinge, die ich noch nicht kenne.

Jeder Pilot hatte eine Mutter, vielleicht auch eine Frau und Kinder. Wie hatte es in unserer Nationalhymne geheißen, deren Text von Johannes R. Becher gleichsam als Verpflichtung formuliert worden war? »Wenn wir brüderlich uns einen, / Schlagen wir des Volkes Feind! / Lasst das Licht des Friedens scheinen, / Dass nie eine Mutter mehr / Ihren Sohn beweint.«

Zwei Wochen lang suchten mehrere Hundert Bundeswehrsoldaten nach Trümmerteilen, die Gegend um Nossentin und Nossentiner Hütte war zum militärischen Sicherheitsbereich erklärt und das Betreten der Absturzstellen verboten worden. Die eine Maschine lag in einem Waldstück unmittelbar neben der Straße, die zweite war in ein Roggenfeld gestürzt. Auch auf einem Schlag eines meiner Mandaten waren Trümmerteile niedergegangen.

Die Gerstenfelder der Agrargenossenschaft Malchow e.G. nahmen besonders Schaden, und wegen der gesundheitsschädlichen Substanzen, die beim Verbrennen der Karbonteile freigesetzt wurden, musste das geerntete Getreide separat gelagert und untersucht werden. Die Bundeswehr sicherte Entschädigung zu.

Die Agrargenossenschaft, hervorgegangen aus einer Landwirtschaftlichen Produktionsgenossenschaft (LPG), hebt auf ihrer Homepage hervor: »Am 20. August 1952 wurde in unserem Einzugsgebiet, in

41

Alt-Schwerin, die erste LPG gegründet«, und dass es damals »Überfälle und Sabotage« gegeben habe: Carl Steinhoff lässt grüßen. Selbstbewusst haben die heutigen Landwirte ihrer Internet-Seite vorangestellt: »Das Wissen um unsere Wurzeln zeigt unseren Weg in die Zukunft.«

Ich bin offensichtlich nicht der Einzige hier, dem die Vergangenheit wichtig ist.

Zwei Wochen nach dem Unglück nahmen die Eurofighter, wie ich den Nachrichten entnahm, ihre Übungsflüge wieder auf. Trotzdem blieb es bei uns ruhig. Die Maschinen flogen nach Norden, übers Wasser.

Ein hilfsbereiter Mensch,
der nicht gern verliert

Der Karikaturist Willy Moese kannte den neuen Innenminister, und ich wollte ihn kennenlernen. Ich dachte über einen Film nach, der von den Terroristen handelte, die verborgen in der DDR gelebt hatten und die nun, durch bundesdeutsche Behörden gesucht, von der späten Volkspolizei verhaftet worden waren. Es stand in allen Zeitungen. *(Der Film »Die Stille nach dem Schuss« kam 2000 ins Kino – PMD)*

Peter-Michael Diestel hatte nach dem Frühstück und vor der Fahrt ins Büro formlos eine halbe Stunde übrig. Er sagte mir, was er wusste, und ich leistete mir den Gedanken, dass er mir vielleicht nur sagte, was ich wissen sollte. Er musste ja wohl kraft seines Amtes auch an die kinoträchtige Welt der Geheimdienste geraten sein. Einer von denen löste sich gerade auf, so überstürzt wie zögerlich. Der Topf, in dem vieles kochte, brauchte einen Verwalter des Deckels, dachte ich.

Es war die Zeit, in der mit dem Umsturz der Verhältnisse die Gesichter getauscht wurden. Ein Pfarrer wurde Außenminister, ein anderer befehligte das Militär. Diestel war ein unverbrauchter Mann von beträchtlich athletischer Erscheinung, das sah ich, und mehr war da nicht zu sehen. Erst als wir uns viel später trafen, wieder mit Hilfe unseres gemeinsamen Freundes Willy, hörte ich von seiner ostdeutschen Vergangenheit: Abitur und Rinderzucht, Schwimmlehrer und Bademeister, und schließlich Dr. jur. mittels einer Dissertation zu den Rechtsfragen landwirtschaftlicher Genossenschaften. Das war eher bunt als geradlinig.

Inzwischen sind die neuen Gesichter gealtert. Nicht alle Pfarrer sind wieder Pfarrer geworden, aber fast alle Rechtsanwälte sind wieder Rechtsanwälte, denn das Eigentum braucht eine Menge davon. Der kurzfristige Innenminister ist ein erfolgreicher und lebensfroher Teilnehmer der Geschäftslagen. Pferde verschönern seine Koppel. Hirsch, Reh und Schwein fallen unter seinem Schuss. Er ist gastfreundlich und bringt in schöner Landschaft auf dem halben Weg von Berlin nach Hamburg gern Leute verschiedener Herkunft zusammen, die sich sonst kaum treffen würden, zum Essen, zum politischen Gespräch und zum Erzählen von Geschichten. Die meisten Geschichten haben Vorgeschichten.

Man kann den Eindruck haben, dass Diestel gern von sich reden macht. Vielleicht aber geht es ihm im Hinblick auf die Geschichte in Deutschland um etwas Stilleres, das sich nicht von selbst versteht, um mittlere Gerechtigkeit.

Wir spielen manchmal Skat. Er verliert nicht gern, doch er hält es aus. Außerdem: Er ist ein hilfsbereiter Mensch.

Wolfgang Kohlhaase, Schriftsteller, Regisseur
und einer der wichtigsten Drehbuchautoren
der deutschen Filmgeschichte

3. Kapitel

Von Hünen und Zwergen

Zum ersten Mal war ich hier vor einem halben Jahrhundert. Ich hatte eine Freundin, Gabi Zimmer, deren Eltern machten hier unweit des Plauer Sees Urlaub. Das war ein zwiefaches Schlüsselerlebnis. Erstens die Begegnung mit der Landschaft und zweitens die mit der Liebe. Willkommen im Land der Wiedehöpfe und der Wendehälse, den Zugvögeln unter den Spechten, welche es wegen ihrer bemerkenswerten Halsdrehungen als Namensgeber zu einiger Berühmtheit bringen sollten. Mir war damals gar nicht bewusst, dass meine Vorfahren aus eben dieser Gegend stammten. Aber offenkundig existierten magische Verbindungen. Ich hörte schon wiederholt Geschichten von Leuten, deren Eltern oder Großeltern aus Ostpreußen, Pommern oder Schlesien vom Krieg vertrieben worden waren. Ihre Kinder und Enkel machten sich Jahrzehnte später auf, um die Orte ihrer Vorfahren zu besuchen. Auf unerklärliche Weise, so berichten sie, habe sie ihr Gefühl an Plätze dirigiert, wo einmal das Haus der Großeltern gestanden oder sich die Wohnung der Eltern befunden hatte. Hier war es, sagte das Herz. Wie ist das möglich, was war da geschehen? Sprach da, wie manch Mystiker behauptet, die »Stimme des Blutes«? Ich kenne diese Wendung aus dem Alten Testament, als der Herr sich bei Kain nach dem Verbleib seines von ihm erschlagenen Bruders Abel erkundigt und dieser Unwissenheit vorschützt: »Soll ich meines Bruders Hüter sein?« Worauf er zu hören bekam: »Was hast du getan? Die Stimme des Bluts deines Bruders schreit zu mir von der Erde.«

Handelte es sich beim Finden von Orten um eine solche metaphysische Kommunikation? Ich weiß es nicht. Ich kam jedenfalls hierher und fühlte mich sofort heimisch. Obwohl ich noch nie zuvor hier gewesen war.

Ich wurde auf Rügen in einem Krankenhaus geboren, gebe aber immer als Geburtsort Prora an. Der Ort ist bundesweit bekannt durch einen riesigen Klotz, der vor dem Krieg in der Uferzone der Prorer Wiek errichtet worden war. Die Nazis spendeten »Kraft durch Freude«, das heißt mit sozialer Demagogie wollten sie die Menschen gewinnen und vereinnahmen. Sie richteten KdF-Heime ein, schickten KdF-Kreuzfahrtschiffe auf große Fahrt, und stampften jenes Seebad aus dem Sand, um dort etwa zwanzigtausend Menschen gleichzeitig Urlaub machen zu lassen. Doch noch ehe das Objekt fertiggestellt war, fiel die Wehrmacht in Polen und anschließend in weitere Nachbarstaaten ein, weshalb 1939 Schluss mit lustig und KdF-Urlaub auf Rügen war. Die etwa sechs Kilometer lange Riesenanlage mit den zehntausend normierten Seeblick-Zimmern – 2,25 mal 4,75 Meter groß – blieb unvollendet. Nach dem Krieg wurden drei Rohbau-Blöcke gesprengt und das Baumaterial für andere Zwecke verwandt. Fünf Blöcke jedoch, immerhin zweieinhalb Kilometer lang und sechs Geschosse hoch, blieben stehen und wurden in den frühen fünfziger Jahren für und von Angehörigen der Kasernierten Volkspolizei ausgebaut und militärisch bis zum Ende der NVA genutzt. Dann zog die Bundeswehr ein und bald danach wieder aus, seither steht der Komplex als eine der größten Hinterlassenschaften des Nazi-Regimes unter Denkmalschutz.

Ich erlebte in Prora eine fantastische Kindheit. Hinterm Haus der Wald, vorm Haus das Meer: für uns Kinder ein riesiger Abenteuerspielplatz. Es waren viele Gleichaltrige unterwegs, was der Tatsache geschuldet war, dass die meisten Militärs mit ihren Familien in diese Abgeschiedenheit hatten ziehen müssen. Allein bei den Diestels gab es fünf Jungen. Mit der Präzision eines Fünfjahrplans waren wir ins Leben getreten, den Ältesten trennten vom Jüngsten tatsächlich nur fünf Jahre. Ich war die Nummer 2.

Dieses Milieu hat uns geprägt: Wir waren sportlich und von bescheidener Intelligenz. Das ist natürlich ironisch gemeint, denn hierzulande gilt jeder mit breitem Kreuz und kräftigen Oberarmen als im Oberstübchen untermöbliert, weil doch die ganze Kraft nicht ins Köpfchen, sondern in die Muskeln gegangen ist. Ich gebe zu: Auch als Anwalt reise ich auf diesem Ticket. Es ist vor den Schranken eines Gerichts oft von Vorteil, wenn man intellektuell unterschätzt wird. Ich fürchte, dass vornehmlich auf diesem Überraschungsmoment meine Erfolge gründen, aber diese

Methode spricht sich herum und wird irgendwann unwirksam. Deshalb will ich in einigen Jahren auch meine Anwaltstätigkeit beenden.

Zu den Ärgernissen meiner Kindheit gehörte die Tatsache, dass die Familie gleichsam der Appendix meines Vaters war. Hans-Heinrich Diestel wurde häufig an einen neuen Standort befohlen. Das war Prinzip in den nationalen Streitkräften der DDR, auch das vermutlich von der siegreichen Sowjetarmee übernommen. Nie verblieb ein Offizier für immer an einem Ort, es wurde rotiert ohne Ende. Warum das so war? Keine Ahnung. Vielleicht akute Personallücken, die gestopft werden mussten, vielleicht auch Sicherheitsgründe: Ehe der Klassenfeind das Kasernenpersonal ausgespäht hatte, war es schon wieder weg. Mit Sack und Pack, was sich zunehmend als Problem für die Kaderpolitik erwies. Die Ehefrauen der versetzten Offiziere übten oft einen qualifizierten Beruf aus, den sie aber häufig oder fast immer aufgeben mussten, weil es am neuen Standort keine adäquate Tätigkeit gab, insbesondere wenn sich dieser in der tiefsten Abgeschiedenheit befand wie Eggesin oder Drögeheide bei Torgelow oder eben Prora auf Rügen. Für uns Kinder war dies nie Thema, für die Eltern aber schon. Ich vermute, dass daran auch ihre Ehe zerbrach. Es lag nicht nur an den unterschiedlichen Charakteren und Weltanschauungen. Meine Mutter war eine tiefgläubige Christin, während mein Vater, obgleich aus kirchlichem Hause kommend, während des Krieges seinen Glauben verlor. Er war konfessionslos – aber ließ uns fünf Kinder taufen. Kurios, nicht wahr? Er war Atheist und redete mit mir offen darüber, ob es einen Gott gebe oder nicht, ohne mich oder meine Brüder dabei zu indoktrinieren. Ich hatte für mich beschlossen, dass Gott existiert und dass es hilfreich ist, wenn man sich in schweren Zeiten an etwas festhalten könne. Ich habe Menschen gesehen, die mit Verlusten, Ängsten und Sorgen leichter umzugehen schienen, wenn sie denn eine Orientierung, einen Glauben besaßen. Sie hatten etwas, worauf sie ihre Wünsche, Sehnsüchte und Hoffnungen projizieren konnten. So wollte auch ich durchs Leben reisen mit der Gewissheit, dass es einen Haltegriff im Wagen gab, an den ich mich klammern konnte, wenn es in eine Kurve ging.

Natürlich blieben die häufigen Umzüge auch für uns Kinder nicht ganz folgenlos. Wir wechselten die Schule, bekamen andere Lehrer und Klassenkameraden, verloren alte Freunde und mussten neue gewinnen. Und man musste in fremder Umgebung sich durchsetzen und behaupten, um als Neuer akzeptiert zu werden. Problemlos hingegen der Unterrichtsstoff. Der war überall gleich. Es gab von der Küste bis zum Thüringer Wald ein einheitliches Bildungssystem, egal, in welchem Bezirk man zur Schule ging: selbe Schulbücher, gleicher Lehrplan, überall die üblichen Regeln.

Von Prora zogen wir nach Dresden, weil mein Vater an die dortige Militärakademie kommandiert worden war. In Elbflorenz besuchte ich zwei Schulen, die Gründe für den Schulwechsel sind mir nicht erinnerlich. In jene Zeit fiel auch meine Bekanntschaft mit der russischen Sprache. Vater beherrschte sie seit der Kriegsgefangenschaft, und er kam nun immer wieder, auch zu Hause, nicht umhin, sie intensiv zu benutzen: Uns besuchten oft Offiziere der Sowjetarmee, seine Militärkollegen oder Berater von der Akademie. So hörte und lernte ich mit. Mit russischen Kindern spielte ich, wodurch ich im Wortsinne spielend ihre Sprache lernte. Als der Fremdsprachenunterricht in der 5. Klasse begann, parlierte ich bereits fließend Russisch. Darum hatte ich später, als Innenminister, keine Probleme, mich mit sowjetischen Politikern und Militärs zu verständigen. Jahrzehnte später rieb man sich im Westen die Augen. Wieso hatten die ostdeutschen Landsleute zu den Russen ein so inniges Verhältnis? Das waren doch die Besatzer gewesen. War etwa die Vormundschaft vergessen, die die Sowjetunion stets über die DDR ausgeübt hatte? Wieso zeigte man sich mit dem Putin-Regime solidarisch und forderte das Ende der Sanktionen und vernünftige Beziehungen zu Russland? Sie konnten sich nicht erklären, weshalb die Russen gefühlsmäßig den Ostdeutschen weit näher standen als ihnen die Amerikaner. Vielleicht lag's an deren genetischem Code? Der war vielleicht mehr slawisch denn germanisch?

Ich lernte nicht nur die Sprache der Russen auf natürliche Weise, sondern auch ihre Verhaltensmuster, ihr Denken, ihre Mentalität. Ich begriff, was unter »russischer Seele«, »russkaja duscha«, zu verstehen ist. Man ahnt es mehr, als man es rational beschreiben kann, es ist eine undefinierte Mischung aus Güte, Gefühlsbetontheit, Einfachheit und Melancholie, ein Amalgam aus Dostojewskis düsteren Gestalten, Tschaikowskis Opern, »rechtgläubiger« Orthodoxie, der Weite russischer Landschaften, der melancholischen Verse von Puschkin und Ilja Repins Bildern, Balalaika-Klängen und Wodka-Nächten, dem Nationalstolz und der Liebe zu Uniformen, Untertanengeist bei gleichzeitiger Distanz zur Obrigkeit (»Der Zar ist fern und der Kreml weit«) ... All das, was diesen Mythos »russische Seele« ausmacht. Und bekanntlich sind alle Mythen wahr. Wegen dieser Gründe reise ich noch immer lieber nach Moskau als nach Washington.

Von Dresden ging es nach Warnemünde, vom Elbe- wieder an den Ostseestrand. Unsere Adresse lautete fortan Hohe Düne 9b. Das war ein Mehrfamilienhaus, eins von vielleicht zwanzig in der ersten Reihe am Strand, grandiose Lage. Dort wohnten ausnahmslos Offiziersfamilien. Jenseits der Straße lagen die Kasernen, in denen die Soldaten, also auch Vater, Dienst taten. Meist handelte es sich um seemännisches Personal, denn gleich hinter den Gebäuden befand sich der Hafen der Volksmarine. Auf der anderen Seite des großen Gewässers lagen der im Werden begriffene Überseehafen und die Warnowwerft. Wenn ich morgens im Kinderzimmer aufwachte, fiel mein Blick auf die Ostsee. Ich sah Schiffe auf Reede und davonfahrende Fähren, die Wellen rauschten, sofern Wind ging. Meist war die See aber ruhig und glatt. Im Herbst lag oft Dunst auf dem Wasser, die Typhons der Schiff waren zu vernehmen und der stete Singsang der Heultonne, der den Schiffen die Einfahrt zum Fahrwasser bei Dunkelheit und Nebel wies. Wühlte der Sturm die See auf, schickte mich Mutter am Morgen mit einer leeren Keksdose an den Strand, um Bernstein zu sammeln. Ich war ein großer Bernsteinsammler und kam selten mit einer leeren

Schachtel nach Hause. Am Strand, mit gebeugtem Nacken und den Blick zu Boden gerichtet, erwachten archaische Triebe in mir. Ich wurde zum Jäger und Sammler. Stundenlang konnte ich am Ufer auf und ab laufen, mir entging kein gelbes Steinchen. Die Bernsteinstückchen waren für mich eigentlich uninteressant, das Spannende und Wichtigste war: Sie zwischen Tang und Muscheln zu entdecken!

In Warnemünde wechselte ich aus Gründen, die mir nicht bekannt sind, einmal die Schule. Vielleicht kam man mit mir nicht klar, weil ich als Sohn eines NVA-Offiziers, der doch Mitglied der Staatspartei war, nicht der Pionierorganisation angehörte und später auch nicht Mitglied der Freien Deutschen Jugend wurde. Ich richtete mich in meinem Anderssein ein. Einerseits wollte ich, wie jeder junge Mensch, »dazugehören«, nicht aus der Gruppe ausgegrenzt sein. Andererseits machte mich eben dies stark. Mir half dabei die Gemeinschaft mit meinen vier Brüdern. Wir standen zusammen und stützten uns gegenseitig. Möglicherweise wurde ich dadurch für die Schule zu einem »schwierigen Fall«, ein Raubein, das die Faust einem zivilisierten Diskurs vorzog.

Nach der Scheidung der Eltern zogen wir Jungs mit Mutter Hildegard nach Leipzig. Der Kontakt zum Vater riss jedoch nie ab, im Gegenteil. Unser gedanklicher Austausch wurde im Laufe der Jahre intensiver. Vater empfahl mir bestimmte Bücher zu lesen, diskutierte mit mir – wie der Pfarrer in der Kirche, dem ich beim Stühlerücken und Zählen der Kollekte zur Hand ging. Beide agitierten auf unaufdringliche, aber wirksame Weise. Beide waren sich in ihrer Geradlinigkeit und Aufrichtigkeit ähnlich. Da spürte ich, dass Christentum und Kommunismus nicht soweit auseinanderlagen, wie beide Seiten jedoch behaupteten. Die einen hofften auf das Paradies im Jenseits, während die anderen es bereits im Diesseits haben wollten und meinten, dass jedes Mittel zur Erreichung dieses Ziels legitim sei. Sie wähnten sich nämlich als Heilsbringer. Selbst jene, die sich gegen solcherart Beglückung sträubten, meinten sie zu ihrem Glück dann eben zwingen zu müssen. Mit Gesetzen oder mit dem Holzhammer. Wie etwa jener Leipziger Pädagoge, der glaubte, mich beim Schulappell vorführen zu müssen: Peter-Michael Diestel, und dabei wies er mit dem gestreckten Finger auf mich, ist der einzige Junge an unserer Schule, der keine Jugendweihe erhält! Offenkundig hoffte er, dass alle mich nun strafen würden – doch das kollektive Hohngelächter blieb aus. Dem Manne schlug Schweigen entgegen. Momente wie diese stärkten mein Selbstbewusstsein.

In der Mitte der sechziger Jahre galt es als zulässig, sich sowohl kirchlich konfirmieren als auch jugendweihen zu lassen. Die 14-Jährigen freuten sich über diese liberale Praxis, weil es gleich zwei Feiern und Präsente doppelt gab. In den fünfziger Jahren sah das noch ganz anders aus. Da wurde ein regelrechter Kirchenkampf geführt, der bis auf die Anzeigenseiten der parteieigenen Kreisblätter reichte. Danksagungen der Konfirmanden für die ihnen zuteil gewordenen Glückwünsche und Geschenke durften nicht publiziert werden. Zur Entspannung hatte auf der Kirchenseite gewiss auch die Rückbesinnung auf ein

Wort aus dem Matthäus-Evangelium beigetragen. Die Pharisäer – in der Sprache der Geheimdienste kann man sie getrost als *Agents provocateurs* bezeichnen – erkundigten sich bei Jesus, warum sie denn Steuern zahlen müssten, worauf dieser eine Münze nahm und sie fragte: »Wes ist das Bild und die Aufschrift? Sie sprachen zu ihm: Des Kaisers. Da sprach er zu ihnen: So gebet dem Kaiser, was des Kaisers ist, und Gott, was Gottes ist.« Dieses Plädoyer für Toleranz und die Anerkennung der weltlichen Ordnung, in der Christenmenschen lebten, fruchtete sichtlich.

Auf der anderen Seite baute auch die weltliche Seite Brücken. Es hatte zum Beispiel ein Treffen von Thüringens Landesbischof Moritz Mitzenheim mit Staats- und Parteichef Walter Ulbricht auf der Wartburg gegeben, womit eine merkliche Entkrampfung Einzug hielt in das bis dahin ziemlich feindliche Verhältnis zwischen Staat und Kirche. Natürlich brauchte es seine Zeit, ehe dies auch »unten« ankam, und mancher Funktionär begriff es nie, dass »Kirche im Sozialismus« nicht die Aufgabe kirchlicher Grundsätze bedeutete. »Kommet her zu mir alle, die ihr mühselig und beladen seid; ich will euch erquicken« – die Botschaft aus dem Matthäus-Evangelium galt unverändert. Wenn von der sozialistischen Obrigkeit Verstoßene und Geächtete Schutz suchten, so fanden sie ihn weiterhin unter dem Dach der Kirche. Künstler, die mit Auftrittsverbot bestraft worden waren, Maler, die nicht ausstellen durften, Schriftsteller, die keine Lesungen bekamen – die Kirche bot ihnen eine Bühne.

Das wurde von manchem Staats- und Parteifunktionär als Provokation, schlimmstenfalls als Subversion interpretiert. Doch eben dies war es nicht. Es handelte sich im weitesten Sinne um christliche Seelsorge und Mitgefühl.

Das verstand manches ideologisch trainierte Schmalspurhirn nicht. Ich hörte von einem 1. Sekretär einer SED-Kreisleitung, der sich damit brüstete, noch keine Kirche seines Territoriums von innen gesehen zu haben, und wenn es aus bündnispolitischen Erwägungen dann doch einmal zu Begegnungen an geweihter Stätte kam – von ihm abfällig als »Ringelpietz mit Anfassen« bezeichnet –, so entsandte er seinen 2. Sekretär, um sich nicht selbst in die Höhle des Löwen begeben zu müssen. Er hütete die vermeintliche Reinheit der Lehre, aber war nichts anderes denn kulturlos und dumm.

Als sehr aktiver Sportler träumte ich davon, auf die KJS zu kommen. Die Kinder- und Jugendsportschulen, von denen es im ganzen Land etwa zwei Dutzend gab, nahmen talentierte Kinder auf und führten sie an den Leistungssport heran. Abstrakt formuliert: Diese Einrichtungen bildeten die Basis für die sportlichen Erfolge der DDR. Aufgenommen wurde, wer sehr gute sportliche Leistungen in der Schule brachte und die intellektuellen Voraussetzungen fürs Abitur besaß. Das empfand ich als ideale Kombination, die mir sehr behagte. Denn den Zug zum Höheren verspürte ich schon immer. Ich wollte die Hochschulreife erwerben und Leistungssportler werden, ohne genau zu wissen, was ich studieren und welche Sportart ich betreiben wollte. Ich war in jeder Hinsicht offen und nicht festgelegt.

Zum Glück, wie sich herausstellte. Denn es gab noch ein drittes Kriterium, nach dem man künftige Kader der KJS auswählte: Zuverlässigkeit. Und genau diese konnte ich nicht bieten. Allerdings kann ich leider an dieser Stelle keine Opferlegende zum Besten geben. Ich wurde nicht ausgemustert, weil ich kein Halstuch und kein Blauhemd trug oder weil ich regelmäßig meine Hände faltete, sondern weil ich ein Hallodri war, ein Halbstarker, ein pubertierendes, testosterongesteuertes Kraftpaket. Ich war in jeder Hinsicht undiszipliniert und schwer zu bändigen. Mit dem Abstand von Jahren und der Gelassenheit des Alters würde ich meinen: Es machte sich das Fehlen der harten Hand eines Vaters bemerkbar. Der Freiraum, den die alleinerziehende Mutter zwangsweise uns fünf Jungs ließ, tat nicht immer gut. Und die KJS sah sich nicht als Einrichtung, in der sich Halbwüchsige wie ich die Hörner abstoßen sollten.

Ich war also nicht festgelegt und offen für verschiedene Optionen, nachdem klar war, dass ich nach dem Besuch der Zehnklassigen Polytechnischen Oberschule (POS) mich selbst kümmern musste, um das Abitur zu kriegen. Ich kümmerte mich schon seit meinem 13. Lebensjahr um mich selbst. Wir waren arm, sehr arm, ich verdiente mir mein Essen, indem ich bei in der Kronen-Brauerei Bruno Ermisch Bierfässer reinigte, im Gefängnis in der Bernhard-Göring-Straße sauber machte und auf dem Leipziger Schlachthof Lämmer keulte. Dafür hatte ich meinen Schülerausweis gefälscht und mich von 13 auf 14 Jahre »gealtert«. Als das rauskam, wurde ich ins Wurstauslieferungslager versetzt.

Vor den Toren Leipzigs, in Markkleeberg, fand alljährlich, und das seit 1952, die zentrale Gartenbau- und Landwirtschaftsausstellung der DDR statt. (Die Gartenbauausstellung zog zu Beginn der sechziger Jahre weiter nach Erfurt, wurde international und nannte sich dann *iga*.) Die Landwirtschaftsausstellung in Markkleeberg hieß doppeldeutig »Universität im Grünen«, weil sie erstens in einem neunzig Hektar großen Landschaftspark lag und zweitens mit Seminaren, Vorlesungen und Vorführungen in rund neunzig Hallen und Pavillons tatsächlich eine Art Fortbildungsstätte darstellte. Auf der *agra* wurde dem Fachpublikum des In- und des Auslandes die Entwicklung und Leistungsfähigkeit der hiesigen Landwirtschaft anschaulich demonstriert. Doch nicht nur UNO-Vertreter und Fachleute aus hundert Staaten schauten vorbei, sondern auch ganz normale Menschen. Im Schnitt zählte man in Markkleeberg eine halbe Million Besucher im Jahr.

Ich gehörte zu ihnen. Und 1968 entdeckte ich ein Plakat: »Werde jetzt Melker mit Abitur!« In drei Jahren sollte man im Volkseigenen Gut (VEG) Wachau in Markkleeberg sowohl zum Facharbeiter ausgebildet werden als auch die Hochschulreife erwerben können.

Nun schien mir die Vorstellung nicht sonderlich verlockend, täglich durch Kuhscheiße waten zu müssen. Ich war ein Stadtkind, hatte nie auf einem richtigen Dorf gelebt, und die Profession meiner Mecklenburger Vorfahren war mir so unbekannt wie die Diestel-Agrarier selbst. Es gab über achttausend Ausbildungsberufe in der DDR, warum sollte ich ausgerechnet diesen wählen? Ein Stallleben zwischen

Gülle, und Gestank war das Letzte, wovon man als 16-Jähriger träumte. Aber, und das ließ mich dann doch zustimmen: In drei Jahren hätte ich das Abitur! Zudem lag der Landwirtschaftsbetrieb, der die Ausbildung anbot, vor den Toren Leipzigs, auf dem Gelände der *agra*. Ich konnte ins Lehrlingswohnheim ziehen und mich bei der Pension Mama abmelden. Die praktische Berufsausbildung erfolgte in der LPG, die Theorie sollte in einer Berufsschule in Leipzig vermittelt werden.

Dort begegnete mir Gabi.

Natürlich lernte ich die klassische Methode zu melken: einbeiniger Schemel unterm Arsch, Eimer zwischen die Knie und dann – strip, strap, strull – mit warmen Händen und viel Gefühl die Zitzen von der Wurzel her nach unten streichen. Eine Viertelstunde etwa, dann war das Euter leer. Das war anstrengende Handarbeit und ging nicht ohne Training. Natürlich wurde auch mit Melkmaschinen gemolken, da dauerte es nur fünf bis zehn Minuten, doch die Rinder mussten aufs automatische Abpumpen vorbereitet und die Saugnäpfe mit der Hand aufgesetzt werden. Heute besorgen das automatische Melksysteme, quasi Roboter, die sensorgesteuert die Zitzenbecher aufsetzen und abnehmen, und die Kuh entscheidet selbst, wann und wie oft sie in den Melkroboter geht. Zu meiner Zeit wurde am Morgen und am Nachmittag gemolken. Das bedeutete für mich (und meine Kollegen) zwischen drei und vier Uhr in der Früh aufstehen, um dann im Stall zwischen fünf und acht etwa vier Stunden im VEG-Stall zu melken. Dann haute man sich für ein paar Stündchen aufs

Ohr, um zwischen vierzehn und achtzehn Uhr die zweite Runde zu drehen.

Trotz dieser blöden Arbeitszeit, die die Tiere und nicht der VEG-Vorsitzende und das Politbüro vorgaben, bereitete mir der Job Genugtuung und Freude. Das merkten auch meine Ausbilder. Nach einem Jahr bereits bekam ich meinen Facharbeiterbrief ausgehändigt, wurde fortan wie ein Melker bezahlt und durfte bald Funktionen ausüben, die ich gar nicht hätte übernehmen dürfen: Ich arbeitete mitunter sogar als Meister und Schichtleiter. Am Monatsende stimmte die Kasse, und ich spielte schon mit dem Gedanken, in diesem Gewerbe zu bleiben, denn woanders verdiente man auch nicht besser. Außerdem hatte ich an diversen Berufsausscheiden und Wettbewerben erfolgreich teilgenommen, sammelte Trophäen und wurde als »Aktivist der sozialistischen Arbeit« ausgezeichnet. Einzig die Arbeitszeit störte mich, diese dämliche Zerteilung des Tages.

Und um ehrlich zu sein: Was wollte ich studieren? Ich dachte zunächst an Medizin, doch ich hatte nachweislich Probleme mit Zahlen, und Mathe war auch beim Medizinstudium gefragt. Als ich mich bewarb, wies man tadelnd auf die Vier auf meinem Zeugnis: Die muss weg! Ich habe mich angestrengt und daraus eine Drei auf dem Abitur-Zeugnis gemacht, doch in Physik langte es nur für eine Zwei. In allen anderen Fächern stand eine Eins auf dem Reifezeugnis. Damit hätte man mich 1974, nach der »Fahne« – so nannte man den Dienst in der NVA –, durchaus zum Medizinstudium zugelassen. Doch ich besann mich, auch auf Zureden meines Vaters, eines Besseren: Ich bewarb mich für ein Jura-Studium an der Leipziger Karl-Marx-Universität. Das sollte über vier Jahre gehen, danach war man Diplomjurist. An der KMU wurde Wirtschaftsrecht gelehrt, an den Universitäten in Berlin und Jena bildete man vorrangig Richter, Rechtsanwälte und Staatsanwälte aus. Wirtschaftsrecht kam mir sehr entgegen, ich war ökonomisch durchaus interessiert und talentiert (sieht man mal von dem Problem mit den Zahlen ab). Hätten wir damals bereits Kapitalismus gehabt, wäre ich mit Sicherheit Unternehmer geworden. Ich hatte und habe bei Geschäften ein gutes Näschen und eine glückliche Hand.

Im November 1972 rückte ich in der Olbrichtstraße beim Artillerieregiment 3 ein. Es trug den Namen Alfred Frank, das war ein Leipziger Maler und Grafiker, der von den Nazis im Januar 1945 hingerichtet worden war, weil er sowjetischen Zwangsarbeitern und Kriegsgefangenen geholfen und heimlich Nachrichten des Senders »Freies Deutschland« verbreitet hatte. Ich trug vielleicht bereits drei Wochen den Stahlhelm, als ich zum Regimentskommandeur bestellt wurde, diese Begegnung erwähnte ich bereits. Es war mehr als ungewöhnlich, dass ein Rekrut zum obersten Chef gerufen wurde.

Der Genosse Oberst erkundigte sich nach Hans-Heinrich Diestel, ob ich den kenne.

Na klar doch, antwortete ich, das ist mein älterer Bruder, der dient im Moment im Viertelsweg. Das war ein NVA-Objekt in Leipzig-Gohlis.

Neenee, sagte der Oberst, ich meine einen anderen. Der ist viel älter als Ihr Bruder. Er könnte Ihr Vater sein.

Dann ist es auch mein Vater, entgegnete ich stolz, der heißt auch Hans-Heinrich.

Ob der mal in Dresden Dozent an der Militärakademie gewesen sei, wollte der Alte, der auf die sechzig zuzugehen schien, schließlich wissen.

Das konnte ich bestätigen, worauf sich das Gesicht des Kommandeurs in freundliche Falten legte. Er habe, fuhr der Oberst mit einer gewissen Leichtigkeit in der Stimme fort, bei ihm Vorlesungen an der Akademie gehört. Was ich von ihm halte?

Nur das Beste, sagte ich, mein Vater sei mein Vorbild.

Da grinste der Regimentskommandeur. Hans-Heinrich Diestel sei zwar ein moralisch bedenklicher Lebemann gewesen, ich könne mir gewiss denken, was er meine, aber als Militär habe er an der Akademie trotzdem höchste Achtung genossen. Nicht zuletzt deshalb, weil er es als junger Wehrmachtoffizier bis in den Generalstab von Paulus und zu hohen Auszeichnungen gebracht hätte. Im Kessel von Stalingrad habe er wohl noch das Ritterkreuz bekommen, alle Achtung.

Nun war es an mir, ein wenig verwirrt zu schauen. Nicht dass mir Vaters Eskapaden und seine Militärlaufbahn unbekannt gewesen seien. Mich irritierte, dass ein NVA-Oberst einem hochdekorierten Wehrmachtoffizier Respekt zollte. So nach dem Motto: Militär ist Militär. Gab es da nicht doch einen gewissen Unterschied, fragte ich mich. Dieser merkwürdige Korpsgeist an diesem Ort verstörte mich etwas.

Von da an hatte ich eine gute Zeit. Ich bekam reihenweise sogenannte Verpisserjobs zugeteilt, für die ich von den üblichen Diensten freigestellt wurde. Ich war in der Küchenkommission, wurde Regimentsfotograf, man stellte mich zu Sportwettkämpfen ab, bei denen ich es bis zum Regimentsmeister in verschiedenen Schwimmdisziplinen brachte. Ich saß die achtzehn Monate, wie man im Soldatenjargon sagte, auf einer Arschbacke ab.

Ich habe persönlich in jenen anderthalb Jahren viel fürs nachfolgende Leben gelernt, weshalb ich diese Zeit keineswegs missen möchte. Daraus kann man schließen, dass dort mein unverkrampftes Verhältnis zu den bewaffneten Organen entstand, was mir später als Innenminister und auch dem Land nützte. Und neben der Lebenserfahrung erwarb ich auch ganz praktische Dinge. Ich »machte« den Rettungsschwimmer, also absolvierte eine Ausbildung, die mich befähigte, etwa in Bädern oder an der Ostsee als Lebensretter oder Schwimmmeister eingesetzt zu werden. In den sommerlichen Semesterferien während des Studiums habe ich dies reichlich getan und genossen. Von Juni bis September saß ich am Strand von Warnemünde mit dem Fernglas auf dem Hochsitz. Und am Abend stand ich mit meinem breiten Kreuz am Eingang von irgendwelchen Diskotheken und Tanzschuppen und sorgte für Ordnung. Ich hatte Spaß und besserte zudem mein Stipendium beträchtlich auf. Für Nachgeborene und Wessis: In der DDR war ein Hochschulstudium nicht nur gratis, sondern es gab auch eine monatliche, nicht rückzahlbare Zuwendung, die sich Stipendium nannte. Sie betrug zu meiner Zeit 180 Mark, aber wenn man weiß, dass ein Zimmer im Studentenwohnheim lediglich zehn Mark und die Fahrt mit der Straßenbahn zum Hörsaal zwanzig Pfennig kostete, in der Mensa das Essen mit ein, zwei Mark zu Buche schlug, waren 180 Mäuse zwar nicht eben viel, aber ausreichend. Man musste nicht zwingend jobben und, wie heute die Regel, dadurch zwangsläufig das Studium verlängern. Oft kam noch ein Leistungsstipendium von vierzig und mehr Mark hinzu, wenn man sich nicht zu dämlich anstellte, und hatte man zuvor seinem Vaterland drei Jahre in Uniform gedient, also mehr, als der Grundwehrdienst verlangte, gab es noch achtzig Mark obendrein. Das kann man gern als Ausdruck von Ungerechtigkeit gegenüber den Kommilitoninnen interpretieren.

In meiner NVA-Dienstzeit machte ich auch den Führerschein für Lastkraftwagen, womit es mir fürderhin auch erlaubt war, Autos und Motorräder zu steuern. Auf diese Weise sparte ich mir Ausgaben für Fahrausbildung und -prüfung. Mithin: Ich profitierte in verschiedener Hinsicht von meiner Armeezeit, was mich rasch deren unangenehme Seiten vergessen ließ. Denn die gab es auch.

Warum, wird mancher fragen, verweigerte ich als Christ nicht den Dienst mit der Waffe? Schließlich gibt es das Fünfte Gebot. Klare Antwort: Ich war mir ziemlich sicher, nie in die Lage zu kommen, töten zu müssen. Nicht mit dieser Armee, ich war ja nicht bei den Grenztruppen. Und so ist es auch gekommen. Die NVA verabschiedete sich 1990 aus der Geschichte als einzige deutsche Streitmacht, die nie an einem Krieg oder einem militärischen Einsatz im Ausland beteiligt gewesen ist.

Viel spannender ist doch die Antwort auf die Frage, ob es denn eine waffenlose Alternative zum Wehrdienst überhaupt gegeben hätte? In der DDR bestand – wie damals auch in der Bundesrepublik – eine Wehrpflicht für junge Männer. In der BRD konnte man sich dem Dienst durch Flucht nach Westberlin entziehen oder als anerkannter Kriegsdienstverweigerer ersatzweise einen Zivildienst leisten. In der DDR bestanden diese Möglichkeiten nicht. Seit 1962 gab es ein Wehrpflichtgesetz, bis dahin war die 1956 gegründete NVA eine Freiwilligenarmee. Wer dem Gesetz nicht nachkam, hatte mit Konsequenzen zu rechnen. Aber: Seit September 1964 konnten alle, die aus christlicher Überzeugung oder anderen Motiven den Dienst mit der Waffe verweigerten, als Bausoldaten dienen. Die Spatensoldaten – »Spatis« genannt – waren einmalig im Ostblock. Sechs Jahre später (!) setzte erstmals die UNO-Menschenrechtskommission das Thema Militärdienstverweigerung auf die Tagesordnung, und am 29. Juni 1990, als ich Innenminister der DDR war, empfahl die Kopenhagener Nachfolgekonferenz der KSZE, »die Einführung verschiedener Formen des Ersatzdienstes zu erwägen, die mit den für die Verweigerung geltend gemachten Gewissensgründen vereinbar sind«. Die DDR musste das nicht »erwägen«, und zwar nicht, weil ihre Tage gezählt waren, sondern weil sie bereits seit 26 Jahren diesen Ersatzdienst »grundsätzlich ziviler Natur« anbot. In der mir eigenen Bescheidenheit muss ich hinzufügen, dass die Kopenhagener Erklärung ohne mein Zutun erfolgte. Der zeitliche Zusammenhang war zufällig, mir aber keineswegs unsympathisch.

Im September 1974 begann offiziell das Studium, inoffiziell vier Wochen später, weil im September immer die Herbstmesse stattfand und dafür die Studenten aller Sektionen – früher hießen sie Fakultäten – ihre Internatsbetten für Messegäste und -personal räumen mussten. Das zweite Studienjahr schickte man unterdessen ins Militär- oder Zivildienstlager. Jene Kommilitonen jedoch, die anderweitig Quartier in Leipzig hatten, konnten sich auf der Messe verdingen und dort in einer der vielen Hallen auf dem Gelände der Technischen Messe in Probstheida beispielsweise Nachtwache schieben. Das waren lukrative Jobs, weil nicht alle Kojen versperrt waren und sich oft etwas abstauben ließ: Kekse, Cognac und Konfekt. Man durfte es nur nicht übertreiben.

Ich hatte mich schon vor geraumer Zeit daheim abgenabelt und der mütterlichen Fürsorge entzogen. Noch während der Melkerlehre bezog ich eine eigene Wohnung mit anderthalb Zimmern in der Mölkauer Straße in Leipzig-Südost. Die Bude war winzig, aber mein Reich, in welchem immer Sturmfreiheit herrschte. Das ist in jener Lebensphase, in der junge Männer vor Kraft kaum laufen können, von unschätzbarem Wert. Mehr ist dazu nicht zu sagen.

Das gilt im Prinzip auch für das Studium. Es war eine schöne Zeit, ohne größere Probleme oder Schwierigkeiten. Ich genoss die Leichtigkeit der Jugend in vollen Zügen, schlug mich im Hörsaal wie auf dem Sportplatz wacker. Die Juristen und die Journalisten hatten gemeinsam Sport in Connewitz, meist spielten wir Fußball, und das mit ganzem Körpereinsatz. Bei einem Zusammenprall knackte es heftig, das Schlüsselbein war gebrochen. Nicht das meinige, sondern das meines Gegners. Das konnte schon mal passieren, war aber kein Drama.

Niemand nahm daran Anstoß, dass ich weder der FDJ noch einer Partei zugehörte. Erst als ich dem Diplom einen Doktor hinzufügen wollte, gab es ein Veto. Bekanntlich konnte man dem regulären Studium ein dreijähriges bezahltes Forschungsstudium anschließen, um in dieser Zeit seine Dissertation zu erarbeiten und zu promovieren. Nein, eine Aspirantur wollte man mir dann doch nicht geben. Vermutlich galt ich als unsicherer Kantonist ohne parteipolitische Einbindung, vielleicht passte diesem oder jenem meine Nase nicht, weil ich sie angeblich zu hoch trug. Überheblich und arrogant waren vernichtende Argumente, im fein abgestimmten und austarierten Belobigungs- und Bestrafungssystem stand dieser Vorwurf kurz vorm Todesurteil. Naja, fast. Die DDR drückte jeden ans Herz, aber stieß ihn auch wieder von sich, der nicht lauthals bekundete, wie wohl er sich an der breiten Brust des Vaterlandes fühlte. Ich war so ein Typ, dem die Obhut durchaus behagte, aber sobald der Griff enger und die Luft zum Atmen weniger wurde, befreite ich mich aus der Umklammerung.

Ich mochte die DDR mehr aus der Ferne. Und nun, wo sie weg ist, liebe ich sie, weil die Gefahr ihrer Wiederkehr ziemlich gebannt ist. Ich kenne niemanden, der diesen Staat, so wie er am Ende verfasst war, zurückhaben möchte. Dennoch bin ich froh, dass es ihn gegeben hat und wir unsere Erfahrungen machen konnten. Kapitalismus ist, nüchtern betrachtet, nämlich auch ganz schön langweilig: Die Schuhe sind ziemlich ausgelatscht.

Aber, und das war nun auch wieder typisch DDR, es gab natürlich wie immer ein Hintertürchen. Die Sektion signalisierte mir, ich könne durchaus meinen Doktor machen. Als Externer. Also tagsüber dem Broterwerb nachgehen und abends forschen und an der Dissertation arbeiten.

Und damit das auch funktionierte, verschaffte mir – einem ausgebildeten Melker – die Sektionsleitung eine Anstellung auf dem Lande: bei der Agrar-Industrie-Vereinigung Delitzsch. Das war eine Organisationsstruktur, die man vor wenigen Jahren erst erfunden hatte: eine geschlossene organisatorische Kette von der Produktion und der Verarbeitung landwirtschaftlicher Erzeugnisse bis hin zu deren Verkauf. Eine solche Holding, AIV genannt, vereinte mehrere juristisch selbständige Betriebe unterschiedlicher Eigentumsformen – Landwirtschaftliche oder andere Produktionsgenossenschaften, Volkseigene Betriebe oder Güter. Auf diese Weise wollte man ökonomisch effektiver produzieren und verkaufen. Unmittelbar nach dem Studium, im September 1978, fing ich dort an zu arbeiten, und da der Betrieb erst noch im Entstehen begriffen war, meinte man, dass ich eine Rechtsabteilung aufbauen sollte. Schließlich war die AIV ein rechtsfähiges Organ mit wirtschaftsleitender Funktion gegenüber den kooperierenden Betrieben und eigener Rechnungsführung. Das tat ich. Ich baute eine Rechtsabteilung auf und leitete sie auch.

In den ersten fünf Jahren meiner Tätigkeit in Delitzsch-Zschortau, wenige Kilometer nördlich von

Leipzig gelegen, entstanden im ganzen Land vierzehn solcher Agrar-Industrie-Vereinigungen. Sie sollten sich jedoch nicht als Erfolgsmodell erweisen, weil parallel dazu in der Agrarpolitik reichlich experimentiert wurde. Es gab Spezialisierungen in der Pflanzen- und in der Tierproduktion, überdimensionierte Ackerschläge und Riesenstallungen produzierten nicht nur ökologisch Probleme (wohin mit der vielen Gülle?), sondern erwiesen sich auch als wachsende infrastrukturelle Überforderung von Mensch und Natur. Mit fortschreitender Erkenntnis erfolgten Kurskorrekturen, der sukzessive auch AIV zum Opfer fielen. Aber sie boten mir auch den Stoff für meine Promotion. Ich arbeitete an meiner Abhandlung vornehmlich nachts, von zwei bis sechs Uhr, weil es dann ruhig im Hause war.

Mein Doktorvater war Richard Hähnert, ein namhafter Jurist der Karl-Marx-Universität, der selbst schon zum Thema Rechtsformen der Kooperation in der Landwirtschaft publiziert hatte. Er wurde mir ein menschliches Vorbild, ein sympathischer Zeitgenosse, dem ich die Freiheit der Forschung dankte. Ich konnte unter seiner Anleitung mein überschaubares intellektuelles Vermögen konzentrieren und etwas hervorbringen, was mir weder vorher gelungen war noch später gelingen sollte. Diese Leistung betrachte ich als meine wichtigste Qualifikation und damit auch als Höhepunkt, zu dem mich Hähnert getrieben hatte.

Ich konnte mit der Häme des *Spiegel* leben, empfand jedoch dessen abfälliges Urteil gegenüber meinem Doktorvater als unflätig.

1990 gab es nur schwachbrüstige Rechner und folglich keine Computerprogramme, die Dissertationen auf Plagiate überprüften, was bekanntlich 2011 zum Volkssport werden sollte, als man *VroniPlag Wiki* installierte und fortan reihenweise vornehmlich Politiker um ihre akademischen Titel, ihren Ruf und damit oft auch um ihr Amt brachte. 1990 aber gab es auch schwachbrüstige Journalisten, die den in der DDR erworbenen Doktortitel meinten in den Dreck ziehen zu müssen. So las man unter der Überschrift »Großmeister des Genitivs« im Hamburger Nachrichtenmagazin in der Woche vor der deutschen Einheit – Ausgabe 40/1990 – eine saftige Verhöhnung der DDR-Akademiker. »Im Ost-Berliner Parlament *(gemeint war die Volkskammer – PMD)* drängeln sich mehr Doktoren als weiland 1848 in der Paulskirche.« Was für ein genialer Vergleich! »Nur wer sich – wie beispielsweise der Jurist und Noch-Innenminister Peter-Michael Diestel – durch ›vorbildliches gesellschaftliches Verhalten und eine bewusste Parteinahme für die sozialistische Entwicklung der DDR‹ auszeichnete, wurde der Doktorweihe teilhaftig. Der ›Aspirant‹ musste nachweisen, dass er seine ›marxistisch-leninistischen Kenntnisse erfolgreich vertieft‹ hatte, ordentlich Russisch sprach und willens war, seine staatstragenden Thesen auch öffentlich zu verteidigen. Beim Doctor scientiae juris Diestel (Leipzig, 1986) bestand die Wissenschaft vor allem darin, Zitate und Erkenntnisse von Marx, Engels, Lenin und Honecker mit den Neuigkeiten aus dem DDR-Bauernecho *(das war die Tageszeitung der Bauernpartei DBD – PMD)* zusammenzurühren, fertig war das Doktorwerk. Sein

Titel: ›Die rechtliche Gestaltung der Kooperationsbeziehungen der LPG, VEG und anderer Kooperationspartner unter den Bedingungen der Zusammenarbeit in einer Agrar-Industrie-Vereinigung‹. Das Opus (150 Schreibmaschinenseiten) handelt von Diestels Erfahrungen in der sozialistischen Landwirtschaft des sächsischen Kreises Delitzsch.« Und: »Das Volk nahm davon keine Kenntnis. Konnte es auch nicht, weil Diestels Doktorarbeit sofort als geheim (›Nur für den Dienstgebrauch‹) klassifiziert wurde.« Deshalb hatten die westlichen Journalisten die Arbeit nicht einsehen dürfen, weshalb sie erkennbar knietschig waren.

Nun, dieses dämliche Urteil – was auch anderen DDR-Doktoren zuteil wurde – hatte die Qualität dessen, was meine LPG-Kühe zwischen ihre Beine fallen ließen, gerührt, nicht geschüttelt. Es bereitete solchen Verdikten den Boden, die vorzugsweise Arnulf Baring bald in Interviews, Talkshows und Publikationen nicht müde wurde zu wiederholen: »Das Regime hat fast ein halbes Jahrhundert die Menschen verzwergt, ihre Erziehung, ihre Ausbildung verhunzt. Jeder sollte nur noch ein hirnloses Rädchen im Getriebe sein, ein willenloser Gehilfe. Ob sich heute einer dort Jurist nennt oder Ökonom, Pädagoge, Psychologe, Soziologe, selbst Arzt oder Ingenieur, das ist völlig egal: Sein Wissen ist auf weite Strecken völlig unbrauchbar. In den meisten Fällen fehlt heute vom Fachlichen her eine Berufsperspektive in den Bereichen, in denen man ausgebildet wurde. Wir können den politisch und charakterlich Belasteten ihre Sünden vergeben, alles verzeihen und vergessen. Es wird nichts nützen; denn viele Menschen sind wegen ihrer fehlenden Fachkenntnisse nicht weiter verwendbar. Sie haben einfach nichts gelernt, was sie in eine freie Marktgesellschaft einbringen könnten.« So erstmals gesagt in einem 1991 erschienenen Gesprächsband von Dirk Rumberg und Wolf Jobst Siedler, jenem Westberliner Verleger, dem wir, das nur nebenbei, namentlich den Abriss des Palastes der Republik und die Wiedererstehung des Hohenzollern-Schlosses an eben jener Stelle zu danken haben.

Das »hirnlose Rädchen im Getriebe« Dr. Peter-Michael Diestel ist unverändert stolz auf seinen Titel und die Menschen, die ihm bei seiner wissenschaftlichen Arbeit behilflich waren, allen voran Richard Hähnert, ein geistiger Hüne und Mann von Charakter.

In Delitzsch war ich bis 1989 und nebenbei anwaltlich tätig. Bis auf Strafrechtsverfahren, die mir versagt wurden, durfte ich alles andere bearbeiten: Zivilrecht, Scheidungen und Erbschaftssachen, Arbeitsrecht und Sozialrecht. Einzig Strafrecht war Sache der rund 600 zugelassenen Anwälte, die die DDR hatte. Ihnen durfte ich mich nicht zugesellen. Heute gehöre ich zu den rund 165 000 zugelassenen Anwälten in Deutschland. Über sie lässt sich sagen, was *Die Welt* schon am 22. Juni 2014 schrieb: »In Deutschland gibt es viel zu viele Rechtsanwälte. Sie sind oft schlecht ausgebildet und eine Gefahr für Mandanten. Von miserabler Beratung bis Betrug kommt alles vor. Ein Berufsstand im Niedergang.« In dieser Hinsicht kann ich Baring sogar zustimmen. Hier sind wirklich Zwerge unterwegs, die in die freie Marktgesellschaft nichts einbringen können. »Deutschland ist das einzige Land in Europa mit einem nahezu unbeschränkten Zugang zum Jurastudium«, klagte die *Welt* im Jahr 25 nach der deutschen Einheit. »Das hat zur Vermassung und zu der wirtschaftlichen Misere in weiten Teilen des Berufsstandes geführt.«

Meine zwölf Jahre in Delitzsch zähle ich mit zu den glücklichsten in meinem Leben. Ich hatte gestalterische Freiräume, lebte ohne große Sorgen, lernte viele interessante Menschen kennen. Etliche Verbindungen erwiesen sich als belastbar und bestehen noch heute. Anders als meine damals geschlossene Ehe. Gabriele war Agraringenieurin. Wir hatten drei Söhne und eine Tochter miteinander.

1983 jedoch brach erstmals richtiges Unglück über uns herein. Einer der Jungs, Wolf, starb an plötzlichem Kindstod. Schrecklich. Ich litt unsäglich an dem Verlust, den ich als Lebensniederlage empfand. Mein schwerster Gang war der hinter diesem kleinen weißen Sarg. Auch als 2006 der Vater starb, musste ich trauern. Aber auf andere Weise. Bei meinem Söhnchen krampfte sich mir das Herz zusammen, der Schmerz ist tief, wenn die Kinder vor den Eltern gehen. Das war ein Einschnitt in meinem Leben, der mich in gewisser Weise hart und auch einsichtig machte: Der Tod gehört zum Leben und das Leben zum Tod, auch wenn ich meinte, dass es schlimmer nicht mehr kommen könnte. Und ich machte die lebenserhaltende Erfahrung, dass Weinen helfen kann.

Noch während des Studiums hatte ich für uns ein Haus An der Märchenwiese erworben. Auf Rentenbasis. Die Eigentümerin, eine Konditorenwitwe, durfte wohnen bleiben. Eine feine, kluge Frau, von der ich viel gelernt habe. Wir bezogen das Obergeschoss, sie beschränkte sich auf die untere Hälfte. Wir lebten noch ein, zwei Jahre unter einem Dach mit ihr, dann ging sie in die andere Welt. Nun gehörte das schöne Haus mit der Tiefgarage uns, es war meine erste Immobilie: 7030 Leipzig, Nickelmannweg 2. Das Haus behielt ich bis weit in die neunziger Jahre, dann habe ich es verkauft. Wenn man ein Haus nicht selbst bewohnen kann, egal, wie ideal die Wohngegend und wie annehmbar das Gebäude ist, muss man es weitergeben.

Zugegeben, das war für einen Studenten völlig untypisch, bereits im dritten Studienjahr Hausbesitzer zu sein. Der 353er Wartburg, der auch bald dazu kam und mit dem ich nach Delitzsch-Zschortau zur Arbeit fuhr, war auch untypisch für Berufsanfänger, doch meine Frau und ich waren fleißig. Dann kamen noch ein paar »Schubbergeschäfte«. So hießen in Sachsen kleine Schiebereien, heute würde man sagen: Ich habe gehandelt, getauscht und gedealt, wobei mich weniger der mögliche Gewinn interessierte, sondern mehr das Handeln und Feilschen. Das hatte etwas Sportives. Ich bekam im Laufe der Jahre einen sicheren Blick für werthaltige Gegenstände. Und ich lernte beizeiten: Wenn man billige Konsumgüter kauft, erwirbt man am Ende etwas Teures – weil man es immer wieder neu kaufen muss, da es nicht lange hält. Das ist bei mir zu einer Lebenseinstellung geworden.

Bereits während des Studiums begann ich beispielsweise Erstausgaben von vielen in Leipzig gedruckten Jugendstil-Büchern zu kaufen. Ich bin durch die Antiquariate gezogen und habe diese Bücher, deren Einbände und Illustrationen kitschig-schön

Träger des Silber-
Distel-Ordens.
Cirsium heterophyllum

waren, aber niemand haben wollte, für kleines Geld
erworben. Jugendstil war verpönt, keine eigenständige Epoche in der Kunstgeschichte, kleinbürgerliche
Dekadenz um die Jahrhundertwende, hieß es damals
nicht nur in der DDR. Diese Beurteilung änderte sich
später. Und dann habe ich nicht etwa verkauft, sondern mich gefreut, dass ich Gewinn gemacht habe.
Der war zwar nur virtuell, aber er gab mir ein gutes Gefühl. Es stärkte meine elsterhafte Ader. Einige
Doubletten habe ich später verkauft – aus 30, 40 DDR-
Mark wurden mitunter einige tausend Euro.

Ich würde nie in ein Geschäft gehen und ein Bild
kaufen, für das man etwa 5000 Euro verlangte, weil
der Preis willkürlich ist. Selbst wenn mir das Bild ge-

fiele und ich das Geld hätte. Ich gehe lieber zu Auktionen, wenn Nachlässe oder Fundstücke versteigert werden. Da entdeckt man mitunter Sachen – der Rahmen ist falsch, das Bild ist verdreckt, keiner will's deshalb haben, weil niemand den wahren Wert erkennt. Dann schlage ich zu. O, denke ich, das gefällt mir, das hat was. Ich erwerbe es, lasse es aufarbeiten, es in einen passenden Rahmen fassen, hänge es an eine Wand und freue mich, dass ich auf diese Weise aus vielleicht tausend Euro zehntausend gemacht habe. Nur virtuell, ich verkaufe solche Erwerbungen nie. Ich mache es auch nicht gewerbsmäßig, sondern ausschließlich weil ich mich an der Kunst erfreue. Wenn ich dann aber noch ein schöneres Bild vom gleichen Maler entdecke, sagen wir Max Schwimmer, ein bedeutender Maler aus Leipzig, dann hänge ich das andere ab und schenke es Stefanie, Friedrich oder Jan mit der Maßgabe: Das musst du bei dir aufhängen! Da bin ich ein wenig diktatorisch. Und meist akzeptieren meine Kinder es wohl auch, weil sie wissen, dass der Alte in dieser Hinsicht etwas drauf hat.

Ich habe zu meinen Kindern ein gutes Verhältnis, auch wenn sie in ihrer wichtigsten Zeit, in der Kindheit und Jugend, wo sie mich gebraucht hätten, nicht viel von ihrem Vater hatten. Jetzt haben sie auch eine wichtige Zeit, und sie wissen: nun ist der Vater für sie da – und das empfinden beide Seiten als schön.

Fels in der Brandung

Für einen, der nur privat im Muckistudio trainiert, hat Diestel beachtliche Kraft. Er hat es mir im Armdrücken wirklich nie leichtgemacht. Seither verbindet uns eine gute Freundschaft. Vor allem auch deshalb, weil ich Menschen mag, die nicht abgehoben durchs Leben gehen und ihre Haltungen und Überzeugungen nicht hinter Beliebigkeit und Phrasen verstecken. Der Diestel ist einer, der sagt deutlich, was er denkt, und wenn andere dann über ihn herfallen, dann fällt er nicht um, sondern bleibt sich und seinen Freunden treu. Für manchen in Not ist Diestel ein Fels in der Brandung.

Udo Beyer, Olympiasieger im Kugelstoßen 1976,
Unternehmer

4. Kapitel

Einstieg in die Politik

Das Häuschen im Grünen und eine beruhigende Vermögenslage, Muckis und Mäuschen, Kinder und Kirchgang, Wartburg und Wandern, Juristerei und Jubel zu Feiertagen: Sollte das wirklich schon alles gewesen sein? Ich legte mir diese Frage nicht nur vor, weil die Hälfte des Lebens drohte, was bekanntlich bei den Satten in den Industriestaaten zur Midlife-Crisis führt. Wobei ich mir habe sagen lassen, dass nicht die bittere Erkenntnis, von nun an gehe es bergab, zur Krise führe, sondern eine falsche Antwort auf die Frage: Was tun? Noch einmal was Neues anfangen oder alles beim Alten belassen? Die Unzufriedenheit darüber, nichts geändert zu haben, obwohl man es wünschte, löst die Krise aus. Es sollte schon ein gewisser Bruch erfolgen. Nicht nur der Ehebruch. Ja, auch ich verstieß gegen das zehnte Gebot in Tateinheit mit dem sechsten. Du sollst nicht begehren deines Nächsten Weib, Knecht, Magd, Vieh noch alles, was dein Nächster hat, trugen uns Moses Tontafeln auf. Desgleichen »Du sollst nicht ehebrechen«. Die Versuchung begleitete mich permanent.

Dieser archaische Moralkodex schien mir nicht mehr zeitgemäß. Der Seitensprung galt im juristischen Sinne als Kavaliersdelikt, war eine Bagatelle und also lässliche Sünde, wie ich meinte. Man durfte sich nur nicht erwischen lassen.

Aber das war nicht der eigentliche Grund meiner sich ausbreitenden Unzufriedenheit, die Wurzel meiner Suche nach einer neuen Herausforderung. Denn schneller, als der Hormonspiegel sank, stieg mein Unmutspegel. Die Gesellschaft, in der ich lebte, steckte spürbar in einer Sackgasse, das Land drohte unterzugehen in einem Meer ungelöster Probleme. Die Fressen der Funktionäre waren so grau wie die Fassaden der Häuser. Sie verwalteten den Mangel und das Defizit an Demokratie. Reichlich vorhanden hingegen waren Argwohn und Misstrauen. Sie wohnten in den Büros der Behörden wie in den Redaktionsstuben. Um keinen falschen Schritt zu machen, blieb man lieber stehen. Wer seine Nase neugierig reckte, bekam eins auf die Mütze. Vorsichtshalber. Vorsicht war nicht nur die Mutter der Porzellankiste, sondern auch die vornehmste Übung von Vater Staat. Keine Experimente! Fuhr ich mit dem Wartburg von Delitzsch nach Leipzig, benutzte ich Straßen, die diese Bezeichnung kaum mehr verdienten, weil sich Schlagloch an Schlagloch fügte. Ich passierte Häuserzeilen, die Ähnlichkeiten aufwiesen mit den Milchzahnreihen meiner Kinder: So viele Lücken gab es inzwischen. Der Verfall fraß sich bis in die Innenstadt. Und nicht nur hier. Die Bauarbeiter und Handwerker des ganzen Landes mussten in die Hauptstadt, um das Schaufenster des Sozialismus auszustatten, und fehlten in der Provinz mit katastrophalen Konsequenzen. Jedoch: Es gab auch Überfluss. Die meisten Menschen besaßen sehr viel Geld und wurden es nicht los, sie horteten es zwangsweise auf der Sparkasse, weil es kaum Gelegenheit gab, es auf den Kopp zu kloppen. Autos, Reisen, Immobilien: Das Angebot war überschaubar. Hilflos der Versuch des Staates, mit überteuerten Waren in Exquisit- und Delikat-Läden Kaufkraft abzuschöpfen, wie das im Amtsdeutsch hieß ...

So ging es nicht weiter.

Ich besuchte gelegentlich den Gottesdienst in der Leipziger Thomaskirche, die einen berühmten Chor hatte und einst einen noch berühmteren Kantor, dessen Standbild in Bronze auf einem Denkmalsockel vorm Gotteshaus thronte. Mit seiner Geschichte stand es auf der Agenda jedes auswärtigen Besuchers, der als Staatsgast die DDR bereiste und die Messestadt aufsuchte. Deshalb erfreute sich die Kirche einschließlich ihrer Leitung einer gewissen Aufmerksamkeit durch die Obrigkeit.

Ich war und bin ein gläubiger Christ. Dadurch besaß und besitze ich auch immer einen Notausgang oder eine Wand, an die ich mich lehnen kann. Ich ging und gehe jedoch sehr selten zu Gottesdiensten, aber ich kann die Hände falten, wenn's mal eng wird, wo auch immer ich mich aufhalte.

In meiner Leipziger Wohngegend lernte ich Rudolf Kaiser kennen, sein Bild steht in einem Silberrahmen auf meinem Schreibtisch. Kaiser war ein bedeutender DDR-Unternehmer, der eine eigene Firma aufgebaut hatte: Brücol – Lacke, Beize, Farben. Das

Unternehmen wurde in den früheren siebziger Jahren zum Kommissionsbetrieb gemacht, das heißt der Staat stieg zwangsweise in das Unternehmen ein. So wurde sukzessive daraus der VEB Brücol-Chemie. Kaiser war ein bürgerlicher Kopf, der mit Pfarrer Ebeling von der Thomas-Kirche bekannt war und viel für das Gotteshaus getan hat. Zum Beispiel finanzierte er die Restaurierung des Bachfensters. Dort ist ein Täfelchen eingelassen, was kaum einer sieht: »Dieses Fenster stiftete der Leipziger Kaufmann Rudolf Kaiser. Im gleichen Jahr starb Walter Ulbricht.« Das war 1973. Der Unternehmer Rudolf Kaiser unterrichtete mich, wie man in der bürgerlich-kapitalistischen Welt geradeaus läuft. Er war mein kaufmännischer Lehrer, und er brachte mir auch Umgangsformen und Manieren bei. Ich weiß, dass sich dies bis heute bei mir ein wenig verwachsen hat.

Kaiser wohnte bei mir um die Ecke, im Nixenweg an der Märchenwiese. Er hatte ein sehr schönes Haus, konnte aber nicht Autofahren, ich habe ihn gelegentlich kutschiert. So kamen wir uns näher, und daraus wurde eine väterliche Freundschaft. Er hatte einen exklusiven Bekanntenkreis, in den er mich einführte. So lernte ich bei ihm sehr interessante, sehr unterschiedliche Menschen kennen, einigen stand ich schon in den achtziger Jahren juristisch bei. Auf diese Weise kam ich beispielweise in Kontakt zu einer Firma in Jena, die seit 1879 Grabmale machte. Und über Steinmetz Späte bin ich mit der Fuchsturm-Gesellschaft zusammengekommen, deren Präsident er war. Dieser Jenenser Geschichts-, Heimat-, Natur- und Umweltschutzverein existierte seit 1861 ... Mein

Bekanntenkreis wuchs nach dem Schneeballprinzip. Heute nennt man das Netzwerk.

Immer wenn ich an Kaiser denke, erinnere ich mich der vielen klugen alten Männer, denen ich begegnete und von denen ich viel gelernt habe: von Stefan Heym, von Egon Bahr, von Stephan Hermlin, von Manfred Krug, von Eberhard Esche, Markus Wolf, Alexander Schalck-Golodkowski, Walter Zimmer … Ich habe viele Gespräche mit klugen, lebensweisen, krisenerprobten Menschen gehabt und vieles nicht nur angehört, sondern auch angenommen. Da häufte ich ideelles Kapital, also richtigen Reichtum, an, von dem ich seit Jahrzehnten zehre.

Kaiser war, was mir erst sehr viel später bewusst wurde, eine Schlüsselfigur in meinem Leben. Ebenso Walter Zimmer, mein Schwiegervater, ein Opernregisseur, der eng mit Walter Felsenstein zusammengearbeitet hat. Ein kluger, hochgebildeter Mann und zugleich ochsig, poltrig, aufbrausend wie ich zuweilen, mit einer fantastischen Frau. Die Trennung von Gabi fiel mir darum doppelt schwer – ich trennte mich ja auch von meinen Schwiegereltern.

Diese Leute haben mir damals das Anderssein leicht gemacht. In der Zeit, als Gleichaltrige politische Karriere in der DDR machten, habe ich Vermögen gebildet. Die wollten mich ja nicht. Vermögen macht unabhängig und frei. Zuviel Vermögen macht aber auch wieder unfrei. Als ich in die Politik ging, war ich insofern frei: Ich hatte eine ordentliche finanzielle Basis, die Bestand hatte. Und ich hatte mehrere solide Berufe und Ausbildungen. Egal, was passierte, ich war abgesichert: Melker, Bademeister, Advokat.

Wenn ich heute sehe, wie Politiker und Parlamentarier uns meinen erklären zu können, was links und was rechts ist, wo das Licht angeht und wie es wieder ausgeschaltet wird, Studienabbrecher und Leute ohne Bildung darunter, dann empfinde ich es nicht nur als peinlich, sondern auch anmaßend. Und ich stehe darüber.

Ebeling, den ich durch Kaiser kennenlernte, war ein bürgerlicher Kopf, stockkonservativ, was mich anzog, und wahrlich kein Revolutionär, weshalb man ihm nachtrug, dass er die Thomaskirche für bestimmte politische Aktivisten geschlossen hielt. Für ihn war die Kirche ein Hort des Friedens und der Theologie, kein Ort der Auseinandersetzung mit den bestehenden gesellschaftlichen Verhältnissen. Ich verstand das. Es ging ihm um Seelsorge, nicht um Aufrüstung. Auch in der DDR hatte die Kirche seelsorgerliche Aufgaben.

Wir waren vielleicht dreißig, vierzig Leute, die bei Ebeling in der Thomaskirche zusammenkamen. Georg Christoph Biller, der Leiter des Gewandhaus-Chores, der 1992 Thomaskantor werden sollte, war dabei, Kaiser, Theologen aus dem Umfeld der Kirche, Handwerker. Der Kreis wollte mich als Juristen dabei haben, um nicht die Grenzen zu überschreiten, die der Staat gesetzt hatte. Was konnte man sagen, was schreiben, denn manchmal saßen Leute mit dabei, die ich oder die wir nicht kannten.

Seit Mitte der siebziger Jahre war Hans-Wilhelm Ebeling Hirte an der Thomaskirche, ein kleiner Mann mit einer imposanten Glatze und viel zu langen Haaren am Hinterkopf, still und bescheiden, kein Volkstribun oder gar Rebell. Er steuerte sein Kirchschiff mit Ruhe und Bedacht durch die Zeit, keine Reibung mit und an der Obrigkeit. Ende September 1989 lud er erstmals ins Pfarrhaus, dabei war auch Kurt Masur, dessen Gewandhaus-Orchester Freitag und Samstag in der Thomaskirche spielte.

Einige Leute steckten die Köpfe zusammen und maulten über die Gegenwart, ohne damit eine bestimmte Absicht zu verfolgen, außer jener, ihrem Herzen Luft zu verschaffen. Keine biblische Andacht, eher eine Art pseudopolitischer Stammtisch unterm Dach der Thomaskirche, die nicht einmal bei der Staatssicherheit unter Verdacht stand, ein Hort des Aufruhrs und des Widerstandes zu sein. Anders etwa die Nikolaikirche, wo Pfarrer Führer seit Jahren an jedem Montag seine Friedensgebete gegen das Wettrüsten abhielt und Antragsteller in einem Gesprächskreis »Hoffnung für Ausreisewillige« betreute.

Der Seelsorger Ebeling mit dem sanften Blick war eine Seele von Mensch, der weder einer Fliege noch dem Staat ein Leid antun konnte. Er hatte, Mitglied der FDJ, seinem Maschinenbaustudium in Dresden ein Theologiestudium an der Karl-Marx-Universität folgen lassen, und war nach einem reichlichen Jahrzehnt von einer Pfarrei in einer brandenburgischen Kleinstadt an dieses bedeutende Gotteshaus in der sächsischen Bezirksstadt gekommen. Zur Renitenz schien er so wenig zu neigen wie ich zur Opposition. Aber zugegeben: Ich riss auch in diesem Kreis das Maul weiter auf, als es Ebeling lieb war. Am Ende musste er wie der sprichwörtliche Hund zur Jagd getragen werden, als ich ihm im Herbst '89 vorschlug, eine Partei zu gründen und deren Vorsitz zu übernehmen, ich würde ihm als General zur Seite stehen. (Jahre später schrieb Ebeling sich die Idee selbst zu. »Masur unterstützte mich auch, als ich den verrückten Vorschlag brachte, eine neue Partei zu gründen«, erklärte er in der *Rheinischen Post* 2002. Und warum machte Ebeling diesen »verrückten Vorschlag«? »Ich hatte sehr schnell eingesehen, dass man mit einer reinen Diskussionsgruppe nicht sehr viel erreicht. Wer nicht bereit ist, sich eine Struktur zu geben, der kann sofort wieder aussteigen. Damals, in den letzten Monaten der DDR, gab es nur zwei Gruppierungen, die sich öffentlich darstellen konnten. Das waren zum einen die alten SED-Funktionäre. Die konnten reden. Und das waren zum anderen die Pfarrer. Die konnten auch reden. So wurde ich gebeten, den Vorsitz der Christlich Sozialen Partei Deutschlands zu übernehmen. Ich nahm das Ehrenamt an, denn ich wollte auch vor meinen Kindern nicht als einer dastehen, der sich in einer weichenstellenden Phase deutscher Geschichte zurückgezogen hat.«)

In Wahrheit hatte ich die Idee, die Christlich Soziale Partei Deutschlands (CSPD) aus der Taufe zu heben. Warum? Das weiß ich heute noch viel weniger als damals. Ich war kein »Widerstandskämpfer«, als die sich etwa Bohley, Lengsfeld, Gauck und andere sahen und sehen. Wenn mich jemand in diese Reihe einsortierte, würde ich dagegen juristisch vorgehen. Mich störte das Graue, das Bedrückende, die Enge der DDR und deren Vormundschaft – nicht aber die

DDR als Ganzes. Wir wollten durchaus hier leben, aber nicht mehr so wie bisher.

Mit den Montagsdemonstrationen in Leipzig und schließlich mit dem Sturz Honeckers brachen alle Dämme. Was jahrzehntelang unmöglich gewesen war, schien nun machbar. Vereine, Organisationen und Parteien wurden gegründet, die Menschen formten sich ihre Institutionen, in denen sie den lange angestauten Unmut artikulieren konnten. Als hätte man sie vom Maulkorb befreit, den sie hatten tragen müssen. Wobei zunehmend auch erkennbar war, dass nicht wenige von den grauen Mäusen rasch zu pfeifenden Ratten mutierten. Oder um ein anderes Bild zu bemühen, das jeder kennt, der jemals eine Schleuse mit Schiff oder Boot passiert hat: Sobald das Tor sich öffnet, reißt das herausströmende Wasser den am Boden liegenden Unrat mit sich, Müll und Dreck werden nach oben gewirbelt. Doch schon nach kurzer Zeit sinkt der hochgespülte Kehricht wieder zu Boden, und das Wasser gewinnt seine saubere, glatte Oberfläche zurück. In der DDR waren die Schleusen geöffnet worden.

Warum eine neue Partei gründen und keine alte nehmen? Eine neue Partei trug die Unschuld im Namen und nicht die Last einer Vergangenheit. Alle in der DDR bestehenden Parteien waren befleckt und für mich nicht annehmbar, die führende ebenso wie die anderen Blockparteien. Einer von diesen, der CDU, hatte ich in den siebziger Jahren für kurze Zeit angehört und sie rasch wieder verlassen. Dann schon eher das Original und nicht der müde Aufguss, dachte ich damals, wobei das Original für mich noch viel weniger infrage kam: Die atheistische SED war für einen gläubigen Christen wie mich keine politische Heimat.

Und nicht nur unbefleckte Empfängnis und Geburt einer Partei hatten ihren Reiz. Auch die Tatsache, dass man selbst an der Wiege stand, eröffnete Optionen. Trug man in Moskau einen toten Generalsekretär zu Grabe, so konnte man unter den Leichenträgern den Nachfolger ausmachen. Der marschierte immer vorn und meist rechts vom Sarg. Hob man jetzt eine Partei aus der Taufe und stand nah an der Fünte, gehörte man automatisch zum künftigen Führungspersonal. Für mich kam immer nur die erste Reihe in Betracht, nicht die zweite oder dritte. Mir fehlt einfach das Gen für den Parteisoldaten. Am Beckenrand standen damals – neben Ebeling und mir – Prof. Hansjoachim Walther, ein Mathematiker aus Ilmenau, Volkmar Weiss, ein Sozialhistoriker und Genealoge, und der Physiker Joachim Hubertus Nowack. Andere Namen sind aus meinem Gedächtnis und aus der Geschichte verschwunden.

Wie es dann weiterging und dass aus der CSPD die DSU wurde, erwähnte ich bereit. Ebeling wurde am 20. Januar in der »Goldenen Krone« geheim und mit einer Gegenstimme zum Parteivorsitzenden gewählt, wobei ich nicht mit Sicherheit ausschließen kann, dass diese Stimme von ihm selbst kam. Mich setzte er als Generalsekretär ein.

Hier will ich nur nachreichen, was aus dem Parteivorsitzenden wurde. Denn so rasch, wie er auf der politischen Bühne erschienen war – ich bin so unbescheiden zu behaupten, dass ich ihn dorthin expediert hatte –, so schnell verschwand er auch wieder von ihr. Ohne mein Zutun. Ebeling wurde als DSU-Vorsitzender im März '90 in die Volkskammer gewählt und Minister für wirtschaftliche Zusammenarbeit. Bis zum Ende der DDR verblieb er im Kabinett von Lothar de Maizière. Der *Spiegel* setzte vor der Volkskammerwahl die Zahl 40 000 in die Welt, andere – ich nicht – bezweifelten, dass die DSU jemals so viele Mitglieder zählte, realistisch sei vielleicht ein Fünftel davon gewesen. In dieser kurzen Zeit eine solche Struktur aufzubauen, schien vielen unmöglich, selbst wenn sich Ende Januar 1990 in der »Goldenen Krone« in Connewitz Abgesandte aus diversen Gruppierungen zur DSU-Gründungsversammlung zusammenfanden, was ja auf eine breite Streuung deutete: die Christlich-Demokratische Soziale Union (CDSU), die Christlich-Soziale Partei Deutschlands (CSPD), die Christlich-Soziale Union (CSU), die Christlich-Soziale Vereinigung (CSV), die Deutsche Friedensunion (DFU), die Freie Deutsche Union (FDU), die Freie Demokratische Union Deutschlands (FDUD), die Freiheitliche Volkspartei (FVP) und die Fortschrittliche Volkspartei. Die anwesenden beiden Vertreter der Deutschen Forumpartei (DFP) besaßen kein Mandat, die DSU mitzugründen, weshalb sie dafür aus ihrer Partei ausgeschlossen wurden.

Allein schon die Parteinamen verraten die freigesetzte Kreativität. Auf solche Benennungen musste man erst einmal kommen.

Die bayerische CSU versuchte in Leipzig mit uns einen Ableger zu etablieren, was aber nicht gelang, woran nicht zuletzt die CDU-Spitze in Bonn Schuld trug. Kohl achtete darauf, dass die in der Union einst getroffene Verabredung weiter galt – die CDU geht nicht nach Bayern, dafür dehnt sich die CSU nicht in die anderen Bundesländer aus. Nun war die DDR kein Bundesland, weshalb der CSU-Vorstand meinte, dass eine Expansion nach Osten durchaus möglich sei. Das sah man in Bonn ganz anders. Und damit allen klar war, dass die DSU nicht Bein vom Bein der CSU war, reisten zur Gründungsversammlung neben Theo Waigel, Erwin Huber, Jürgen Warnke und Otto Wiesheu aus München auch Wolfgang Schäuble aus Bonn und Klaus Landowsky aus Westberlin an, die die CDU vertraten.

Pfarrer Ebeling, der unbedingt das C im Parteinamen unterbringen wollte, fand dafür keine Mehrheit. Was Wunder: Das genau hätte den Konflikt mit der CDU West provoziert, den niemand von uns wollte.

Das Scheitern seines Vorschlags »CSU« offenbarte zwei Dinge. Zum einen war Ebeling wirklich kein Politiker, der die Fallen bereits sah, bevor er in den Wald ging. Zum anderen glaubten zum damaligen Zeitpunkt – Mitte Januar 1990 – die meisten Parteigründer und Freunde im Westen, dass der DDR noch ein längeres Leben beschieden sein würde. Ein von Ebeling und mir fünf Tage vorm Gründungsparteitag abgezeichnetes Flugblatt forderte einen Staatenbund DDR/BRD, der durch einen Volksentscheid demokratisch legitimiert werden sollte. In der DDR sollte eine Verwaltungsreform erfolgen und aus den fünfzehn zentralistisch geführten Bezirken eine Föderation mit fünf Ländern werden, wie sie bereits bis 1952 bestanden hatte. Und drittens schließlich richteten wir an

die Bonner Adresse den Appell, dass die BRD endlich und endgültig die Oder-Neiße-Grenze als Polens
Westgrenze ohne Wenn und Aber anerkennen sollte.
Perspektivisch wollten wir natürlich die Zweistaatlichkeit beenden, aber nicht sofort.

Das angenommene DSU-Parteiprogramm fußte
auf dem der West-CDU, was schon ein einfacher Text-
vergleich bestätigt. »Die DSU ist die neue politische
Kraft, die die breite demokratische Mitte des Volkes
vertritt und uns alle zur Einheit Deutschlands in
Wohlstand und Freiheit führen wird«, hieß es dort.
Dort war allerdings kein Zeitpunkt für die Beendi-
gung der Zweistaatlichkeit genannt.

Nachdem am Runden Tisch am 28. Januar der
Termin für die Volkskammerwahl auf den 18. März
1990 festgelegt worden war und selbst Hans Modrow, der amtierende Ministerpräsident – vormals
SED, jetzt stellvertretender Vorsitzender der Partei
des Demokratischen Sozialismus (PDS) – sich für
»Deutschland, einig Vaterland« erklärt hatte, wurden
wir jedoch radikaler und führten den Wahlkampf
offensiv mit der Parole: »Wählen Sie DSU! Nach Zu-
sammentreten der neuen Volkskammer werden wir
die sofortige Vereinigung mit der Bundesrepublik
beschließen.« Auf Kundgebungen und bei Demonstrationen wurde skandiert: »Die Einheit im Nu – mit
der DSU!«

Die CSU leistete für die DSU logistische Wahlkampfhilfe, schickte Millionen und Menschen herü-
ber. In jedem sächsischen Dorf hingen die grün-wei-
ßen Plakate der DSU, was den nicht ganz falschen
Eindruck vermittelte, die DSU sei der sächsische Able-

ger der bayerischen CSU. Das missfiel den Parteistrategen der CDU in Bonn aus verschiedenen Gründen.

Auf dem DSU-Gründungsparteitag in Leipzig hatte Wolfgang Schäuble neben mir gesessen. Ich kannte die Aversion von Kohl und seinem General Rühe gegen die Ost-CDU. Für sie war es unmoralisch, dass sich christliches Denken freiwillig unter die Kuratel der kommunistischen Weltanschauung begeben hatte. Das war in ihren Augen pervers. Selbst wenn der Parteivorsitzende Lothar de Maizière hieß und nicht mehr Gerald Götting, so war doch die Basis die alte geblieben. Insofern hielt Bonn mit Recht die DSU für die einzige »reine« konservative Kraft in der DDR, auf die man sich konzentrieren sollte. Auch in der Bevölkerung nahm man uns als unbefleckt und unbelastet wahr, Umfragen sahen uns zwischen 20 und 25 Prozent. Damit jedoch gewann man keine Wahlen.

Ich sprach also mit Schäuble, von dem ich wusste, dass er das Ohr des CDU-Vorsitzenden hatte. Auch wenn ich weit davon entfernt war, die Ost-CDU zu mögen, wusste ich: Sie besaß einen intakten, funktionierenden Apparat mit erfahrenen Leuten. In jedem Kreis war die CDU präsent. Deshalb signalisierte ich Bonn: Wir brauchen die CDU-Infrastruktur. Die DSU und Schnurs Demokratischer Aufbruch können das nicht annähernd leisten. Wenn die Konservativen nach den Wahlen in der DDR regieren wollen, dann müssen wir – ob uns das passt oder nicht – mit der Ost-CDU gehen.

Das hatte der Bundesinnenminister sofort verstanden. In der Folge setzte ein Umdenken in Bonn ein.

Bereits zwei Wochen nach unserem Gründungsparteitag in Leipzig trafen sich CDU-Chef und Bundeskanzler Kohl mit den Parteivorsitzenden de Maizière (CDU), Ebeling (DSU) und Schnur (DA) in einem Gästehaus der Bundesregierung in der Pücklerstraße in Westberlin. Gemeinsam hoben wir das Wahlbündnis »Allianz für Deutschland« aus der Taufe. Kohl sicherte die volle Unterstützung der Union zu. Auftrag der Allianz: Herstellung der deutschen Einheit über die Vorstufe Währungs- und Wirtschaftsunion zwischen der DDR und der Bundesrepublik.

Das war am 5. Februar.

Zwei Tage später beschloss ein von Kohl geleiteter Kabinettsausschuss »Deutsche Einheit«, sofort mit der DDR über eine »Währungsunion mit Wirtschaftsreform« zu verhandeln. Bundesbankpräsident Karl Otto Pöhl und andere sahen das kritisch.

Ich habe meine Partei, die DSU, gänzlich undemokratisch in die Allianz getrieben. An der Basis wurden Ausschlussanträge gegen mich gestellt, wir würden uns mit der verlogenen CDU, diesem SED-Ableger, ins Bett legen, lautete der Verweigerungsvorwurf. Die mich rauswerfen wollten, hatten nicht begriffen, dass wir den Pakt mit der DDR-CDU nur aus taktischen Erwägungen geschlossen hatten, nämlich um die Wahlen am 18. März zu gewinnen.

Lothar de Maizière lernte ich nun auf Kundgebungen mit Kanzler Kohl kennen, uns verband eine innige Hassliebe. Diese Abneigung sollte später zu der Verabredung zwischen dem CDU-Vorsitzenden und seinem Generalsekretär Martin Kirchner führen, mich nach gewonnener Wahl auf den Posten des

Innenministers zu hieven, dort werde das Großmaul Diestel scheitern und aus der Politik verschwinden. Ich sollte mir an der Auflösung des Stasi-Komplexes entweder die Hörner abstoßen oder die Zähne ausbeißen. Sie hatten in der Annahme recht, dass das MfS – formal zwar bereits in Auflösung begriffen – aufgrund seines geheimdienstlichen Wissens durchaus noch über Einfluss verfügte, was schon bald bewiesen wurde. Schnur, der sich auf einer Wahlkundgebung mit Kohl vorm Erfurter Dom als künftiger Ministerpräsident der DDR präsentierte, erklärte am Zentralen Runden Tisch vollmundig, er werde alle Offiziere in den bewaffneten Organen der DDR ab Major entlassen. Am nächsten Tag war er enttarnt und erledigt. Wir brauchten aber den Demokratischen Aufbruch, auch wenn kluge Köpfe wie Friedrich Schorlemmer und Daniela Dahn, die anfänglich dabei waren, sich inzwischen abgewandt hatten. Es gab jedoch noch Leute wie Rainer Eppelmann, Günter Nooke, Angela Merkel und andere im DA. Der von mir später nicht mehr »Demokratischer Aufbruch«, sondern »Demokratischer Auswurf« genannte DA existierte auch ohne Schnur.

Bei den fünf, sechs Treffen der Allianz mit Kohl in der Villa in der Westberliner Pücklerstraße manifestierte sich meine Abneigung gegenüber de Maizière und Kirchner. Kohl musste bisweilen dazwischengehen, wenn meine Emotionen mit mir durchgingen. Monate später, in der Regierung, kitteten wir das Porzellan, das ich damals zerschlagen hatte. Weil de Maizière und ich begriffen hatten: Es ging nicht nur um uns. Es entstand eine Freundschaft im Graben, wie Psychologen das nennen. Auch mit Kirchner habe ich mich gut verstanden, bis im August 1990 auch er als IM enttarnt werden sollte. Ich war froh, dass ich meine anfängliche Feindschaft überwand, die im Februar/März vorhanden war und nur durch reines politisches Kalkül gedämpft wurde: Wir müssen miteinander die Wahlen gewinnen! Und danach würde es um das andere, das größere Ziel gehen.

Wer den Namen »Allianz für Deutschland« erfand? Keine Ahnung, bestimmt nicht ich. Ich hätte es Bündnis oder Gemeinschaft genannt. Bei uns in der DDR gab es keine Versicherung mit diesem Namen, darauf wäre ich also nie gekommen. Aber die Initiative für dieses Wahlbündnis ging zweifelsfrei von mir aus. Ich reklamiere für mich, selbst wenn man mich dafür heute prügelte, dass die DSU als erste Partei in ihrem Programm die deutsche Einheit gefordert hat und dass zweitens die strategische Überlegung von mir kam, trotz aller Aversion gegen die DDR-CDU mit ihr ein Bündnis einzugehen, um eine Mehrheit bei den Wahlen für die Einheit zu bekommen.

Am 10. Februar, eine Woche vor unserem Wahlparteitag und fünf Tage nach Bildung der »Allianz für Deutschland«, schickte der CDU-Vorstand Heiner Lueg zu uns nach Leipzig. Der Stellvertretende Bundesgeschäftsführer, dort verantwortlich für den Bereich Politische Programme und Analysen, sollte uns auf Bonner Linie bringen. Er schlug vor, den Wahlkampf unter die Losung zu stellen: »Eine Mehrheit für die Einheit!«

Nun weiß jeder, der die in Parteien üblichen Mechanismen und Regeln kennt, dass Führungsgremien nicht nur »Vorschläge« machen, sondern auch das

Geld verteilen. Daher werden »Vorschläge« von oben stets als Direktiven verstanden. Unausgesprochen schwingen immer die Konsequenzen mit, die eine Nichtannahme eines »Vorschlags« nach sich ziehen.

Parteivorsitzender Ebeling hielt also brav am 18. Februar auf dem Wahlparteitag die Rede, die ihm Lueg entworfen hatte. Die zentrale Botschaft lautete: Die deutsche Einheit wird noch 1990 durch den Beitritt gemäß Artikel 23 kommen.

Am Abend jenes Sonntags fand auf dem Platz vor der Leipziger Oper eine Kundgebung der DSU statt, zu der nach Schätzungen etwa 70 000 Menschen ins Leipziger Stadtzentrum geströmt waren. Sie schwenkten grün-weiße Sachsenfahnen und Schwarzrotgold und jubelten frenetisch, als Ebeling die Kernaussage wiederholte: Die deutsche Einheit kommt noch in diesem Jahr!

Am 18. März errang die Allianz einen furiosen Erfolg, Freudentaumel allenthalben, nur die DSU haderte mit sich. Wir hatten gehofft, die CDU zu überrunden, doch die einstige Blockflöte hatte überall die Nase vorn. Selbst in unseren Hochburgen im Vogtland und im Erzgebirge. In Görlitz hatte zwar jeder Vierte DSU gewählt, doch die CDU war auf 40 Prozent gekommen. Selbst in Leipzig hatten am 18. März 1990 drei Mal mehr Menschen CDU als DSU gewählt.

Zwar zogen ich und 24 weitere Parteifreunde ins Berliner Parlament ein, Ebeling und ich bekamen Ministerämter in der Koalitionsregierung mit fast zwei Dutzend Ressortchefs. Doch in der DSU machten sich Ernüchterung breit und eine rechtsradikale Tendenz. Heute würde man von einer Parteikrise sprechen. Die

Herrn
Dr. Peter-Michael Diestel

Berlin

Werter Herr Dr. Diestel!

Zu Ihrer Wahl zum Mitglied des Ministerrates durch
die Volkskammer der Deutschen Demokratischen Republik
spreche ich Ihnen meine Glückwünsche aus und berufe
Sie zum

     Stellvertreter des Ministerpräsidenten
     und Minister für Innere Angelegenheiten

Ich bin davon überzeugt, daß Sie Ihre ganze Kraft
für das Wohlergehen unseres Volkes in Frieden
und Freiheit, für eine humane und demokratische
Gesellschaft, für Rechtsstaatlichkeit und soziale
Sicherheit sowie die Einheit unseres deutschen
Vaterlandes einsetzen werden.

Bei der Erfüllung der vor uns liegenden Aufgaben
wünsche ich Ihnen von Herzen Erfolg, Schaffenskraft
und persönliches Wohlergehen.

           Mit vorzüglicher Hochachtung

Berlin, den 12. April 1990

Basis begann zu bröckeln. Für die Kommunalwahl am 6. Mai hatten wir kaum ausreichend Kandidaten, die Zahl unserer Wähler halbierte sich folgerichtig. Am Abend wurde ich dazu im Fernsehen befragt. Ich machte aus meinem Parteiherzen keine Mördergrube und nahm, wie von mir gewohnt, kein Blatt vor den Mund. Das heutige Desaster habe gezeigt, erklärte ich, dass die Partei vermutlich keine Zukunft habe, deshalb halte ich einen Zusammenschluss mit der CDU für eine sinnvolle Perspektive.

Mein Bruch mit der Partei erfolgte auf dem 1. Ordentlichen Parteitag am 30. Juni in Leipzig, als der sogenannte Volkspartei-Flügel und jene Kräfte, die ihr Wählerpotential rechts von der CDU zu finden hofften, sich wechselseitig und nicht immer stubenrein attackierten. Durch den Eintritt in die »Allianz für Deutschland« habe man die Ost-CDU reingewaschen, wir – also der Parteivorsitzende, der Generalsekretär und andere Führungsmitglieder – hätten die DSU auf dem Altar der deutschen Einheit geopfert, lauteten die kruden Vorwürfe. Das musste ich mir nicht antun. Ich trat aus.

Damit musste ich im Weiteren auch nicht mehr die Auftritte der schreienden Dummköpfe in der DSU-Volkskammerfraktion billigen und verteidigen, welche regelmäßig den Beitritt forderten. Ohne Verhandlungen, ohne Verstand. Wirrköpfe. Ebeling und ich waren mit Regierungsaufgaben überlastet und hatten keinen Einfluss mehr auf die Fraktion. Wir wollten auch in die deutsche Einheit eintreten, aber uns nicht unterwerfen. Wir wollten einen gleichberechtigten Zusammenschluss aushandeln.

Die DSU verschwand alsbald in der Bedeutungslosigkeit. Bei den Landtagswahlen am 14. Oktober 1990 überwand sie nicht einmal in Sachsen die Fünf-Prozent-Hürde. Und bei den Wahlen zum ersten gesamtdeutschen Bundestag am 2. Dezember bekam sie läppische 0,2 Prozent. Die Partei tanzte nicht mal einen Sommer. Für mich war dieses Kapitel nach sechs Monaten beendet. Die rechte Sekte konnte man getrost vergessen.

Hans-Wilhelm Ebeling, Ex-Pfarrer und Ex-Parteivorsitzender, ging 1991 in den Vorruhestand – als Mitarbeiter der CDU-nahen Konrad-Adenauer-Stiftung und verdienstvoller Mann. Seine Ärmelschoner waren für das Politikgeschäft einfach zu dünn gewesen.

Ach, fast vergaß ich zu erwähnen: Friedrich Merz kreuzte im Januar 1990 meinen Weg. Die Fraktion der Europäischen Volkspartei, deren Mitglied er war, lud bei Gelegenheit einer Sitzung in Berlin konservative Oppositionspolitiker zu einem Abendessen ins Kempinski. Zwei Rostocker plünderten die Minibar in ihrem Hotelzimmer, was mit 349,50 DM zu Buche schlug. »Ich möchte Ihnen offen sagen, dass Sie damit unsere Gastfreundschaft doch nicht unerheblich überstrapaziert haben« tadelte der Unionspolitiker am 12. Februar in einem persönlichen Brief. »In Anbetracht der Tatsache, dass wir schon während des Abendessens nicht gerade dursten mussten, wäre nach meiner Auffassung bei dem anschließenden Nachttrunk doch etwas Mäßigung angezeigt gewesen.« Ich fand später bestätigt, dass Rochefoucauld Recht hatte: »Wer sich zu viel mit kleinen Dingen abgibt, wird gewöhnlich unfähig zu großen.«

Ein Mann ohne politische Verhärtung

Peter-Michael Diestel hat mir in seiner Funktion als letzter Innenminister nie feindlich und boshaft gegenübergestanden. Er hat sich als verlässlicher Mann gezeigt, der, soweit es in seiner Macht stand, mit dafür gesorgt hat, dass Menschen integriert und nicht ausgegrenzt werden. Das rechne ich ihm hoch an, und deshalb zähle ich ihn zu meinen Freunden. Und ich schätze ihn als einen Mann, der ohne politische Verhärtung dafür gesorgt hat, dass es in einem hochsensiblen Spannungsfeld wie dem der deutsch-deutschen Geheimdienste zu Entspannung kam.

Alexander Schalck-Golodkowski (1932–2015),
Staatssekretär, deutsch-deutscher Unterhändler
und Wirtschaftsmanager

5. Kapitel

Ich will aber Minister werden

»Ich will aber nicht Minister werden«, heißt der erste
Satz in Hermann Kants Roman »Das Impressum«.
Seine Held hatte sich vom Laufburschen hochgedient
zum Chefredakteur einer DDR-Zeitung und bekam
nun ein Angebot, das er ablehnen möchte. »In diesem Land herrscht Diktatur. Wir stöhnen hier unter
dem Zwangsregime der Wissenschaft. Hier wird
man mit der Leselampe gefoltert. Die Despotie presst
uns in die Gelehrsamkeit. Der Druck bedient sich des
Buchdrucks. Qualifizierung – das Wort schon sagt es.
Theorie ist die Praxis hiesigen Terrors. Forscher zim-
merten unser Joch. Lehrer bewachen unsere Schritte«,
lässt Kant 1972 das Alter Ego in seinem Buch mono-
logisieren. »Wir führen ein Hirnzellendasein. Für
Denken gibt es ein Soll. Wir sind die kybernetisch
besetzte Zone. Wir sind ein einziges Schweigelager:
Ruhe, Vater muss lernen, und nochmals Ruhe, Mutter
auch! Nun gut, ich habe mich gebeugt und bin ein
Chef mit Diplom, aber mein Argwohn spricht: Ein
Minister geht nicht mehr lange ohne Doktorhut.« Was
Kant ironisch meinte, war für mich bitterer Ernst. Ich

wollte das Joch abwerfen, und mein Argwohn war von anderer Natur: Ich war ja bereits Doktor.

Sechs Tage vor den Volkskammerwahlen tagte zum sechzehnten und letzten Male der Zentrale Runde Tisch. Er war am 7. Dezember 1989 erstmals im Dietrich-Bonhoeffer-Haus in der Berliner Ziegelstraße zusammengekommen, einer Einrichtung der evangelischen Kirche. Überall im Land fanden sich nach den Jahren der Sprachlosigkeit solche Gremien zusammen. Am Zentralen Runden Tisch diskutierten Regierungsvertreter, Kirchenleute, Abgesandte von oppositionellen Organisationen und Parteien. Sie stellten eine Art Überregierung des Übergangs dar, obgleich eigentlich dazu gar nicht demokratisch legitimiert. Ihre Legitimation war einzig die Tatsache, dass zumindest ein Teil von ihnen sprachlos gehalten wurde und die bisher Stummen sich auf diese Weise Gehör verschafften.

Der DSU war nach ihrer Gründung ein Beobachterstatus am Zentralen Runden Tisch zugestanden worden. Das Wort dort führten einerseits die etablierten, also alten politischen Parteien und Massenorganisationen, und andererseits die neuen politischen Kräfte – von »Demokratie jetzt!« über »Neues Forum« und »Unabhängigen Frauenverband« bis zur »Vereinigten Linken«. Die stärkste Welle schob die Sozialdemokratische Partei der DDR (SDP), weil sie sich Chancen auf einen Wahlsieg ausrechnete. Die Partei vertraten am Runden Tisch Martin Gutzeit und Ibrahim Böhme, der sich offenkundig schon als nächster Ministerpräsident sah. Und so trat der ehemalige Bibliothekar und Kulturhausleiter auch auf.

In Zeiten des Umbruchs wie diesen sind auch immer die Denunzianten und Geschäftemacher unterwegs. Der Kapitalismus leuchtete am Horizont, bald schon würde seine Sonne auch über diesem Landstrich erstrahlen. Und im Kapitalismus ist bekanntlich alles Ware. Auch Informationen, Nachrichten und verräterische Papiere. Deren Wert bemisst sich am Schaden, der damit angerichtet werden kann. Je höher die Fallhöhe, desto höher auch das geforderte Honorar. Der selbstbewusste, eloquente Böhme hatte als Galionsfigur der Ost-SPD im Februar schon eine sehr beachtliche Fallhöhe.

So nahm es nicht Wunder, dass bald auch Nachrichten auf dem Markt waren, die möglicherweise von Überläufern aus dem MfS gestreut worden waren. Die Lichtgestalt der ostdeutschen Sozialdemokraten sei ein ehemaliger inoffizieller Mitarbeiter des Nachrichtendienstes, ging das Gerücht. Einer meiner Berater flüsterte es mir, damit ich es als Munition im Wahlkampf benutzte. Der Böhme heiße gar nicht Ibrahim, sondern Manfred, und sein Lebenslauf: eine reine Erfindung – von wegen jüdischer Waisenjunge unbekannter Herkunft, mehrere Haftstrafen in der DDR aus politischen Gründen, diverse Studienabschlüsse und so weiter. Der eitle Böhme sei ein Felix Krull, ein Hochstapler. Zudem habe Böhme über zwanzig Jahre lang für die Staatssicherheit gearbeitet, DDR-Schriftsteller und Kirchen-Oppositionelle bespitzelt. Wenn das publik werde, sei er erledigt, sagte mir ein Mann aus Bayern, dem offensichtlich jeder Dreckbatzen recht war, den man auf die politische Konkurrenz werfen konnte. Meine Bedenken und Skrupel teilte er ganz und gar nicht. Mann, sagte er, die Ost-SPD liegt seit den jüngsten Erhebungen bei 44 Prozent. Wenn die jetzt keinen Dämpfer bekommen, holen die Sozen die absolute Mehrheit. »Da können Sie die deutsche Einheit in diesem Jahr vergessen.«

Ich hatte ihn verstanden und teilte dennoch seine Überlegungen nicht, auch wenn mir der selbstgefällige Böhme ziemlich auf den Zünder ging. Aber wurde man nicht selber zum Denunzianten, auch wenn man einen Denunzianten denunzierte? Schon Hoffmann von Fallersleben, Dichter des Deutschlandliedes, wusste: »Der größte Lump im ganzen Land, das ist und bleibt der Denunziant.«

Nein, so tief wollte ich nicht sinken.

In einer Sitzungspause des Runden Tisches suchte ich die Toilette auf. Plötzlich stellte sich Böhme neben mich, die brennende Zigarette zwischen den Lippen – er rauchte Kette und hatte davon gelbe Finger, mit denen er an seiner Hose nestelte. Ich tat so, als sehe ich ihn nicht und schaute geradeaus auf die Fliesen vor mir. »Manfred«, sprach ich zu der Wand, »Manfred, den Strahl immer schön flach halten in diesen revolutionär bewegten Zeiten.«

Das Wasser rauschte im Pissoir, ich drehte mich um und ging. Und ließ einen verstörten Böhme zurück, der nun gewiss darüber nachsann, woher ich seinen tatsächlichen Vornamen wusste. Oder hätte ich ihn »Maximilian« nennen sollen, als der er vom MfS geführt worden war? IM »Maximilian«.

Nein, Manfred sollte genügen, um ihm deutlich zu machen, dass sein Geheimnis keines mehr war.

Offenkundig hatte der *Spiegel* die angebotenen Akten gekauft, denn am 24. März, eine Woche nach der Volkskammerwahl, ließ das Hamburger Nachrichtenmagazin die Bombe platzen. Ich weiß nicht, ob sie Böhme ebenfalls enttarnt hätten, wenn er statt Lothar de Maizière mit der Regierungsbildung beauftragt worden wäre. Nach einer Woche Gezerre in den Kulissen trat Böhme von allen Ämtern zurück. Wohl aus Trotz wählten ihn ein halbes Jahr später die Delegierten des Vereinigungsparteitages in den SPD-Vorstand. Doch als der von Böhme observierte Reiner Kunze zum Ende des Jahres 1990 die Dokumentation »Deckname Lyrik« publizierte, war Böhme politisch erledigt. Die SPD schloss ihn wegen »schweren parteischädigenden Verhaltens« aus. Er starb 1999 nach mehreren Schlaganfällen, vergessen und verarmt.

Böhmes Schicksal machte mir bewusst, in welch eine kalte, finstere Schlangengrube ich mich begeben hatte. Hier kämpfte jeder gegen jeden, und der Einzelne stand mitunter allein gegen alle. Freundschaften gab es offenbar in der Politik nicht, jede Beziehung wurde mit Kalkül geknüpft oder beendet. Vor allem aber war für mich bald erkennbar, dass die meisten westdeutschen Politiker und Parlamentarier weitaus stärker ideologisiert waren als wir, ihre ostdeutschen Kollegen. Bei den Wessis hatte einer allein schon deshalb Unrecht und wurde attackiert, weil er das falsche Parteibuch besaß. Dieses Prinzip war ehern und wurde allenfalls aus machtpolitischen Erwägungen zeitweise ignoriert.

Einen solchen Umgang kannten wir Ossis nicht. Da ging man davon aus, dass man gemeinsam das

Gleiche wollte, nämlich das Land verbessern. Man stritt über Wege und Methoden, nicht aber über das Ziel. Im Prinzip verhielten sich die beiden politischen Lager im Osten, die Konservativen und die Linken, wie Don Camillo und Peppone in dem Buch von Guareschi. Der Pfarrer und der kommunistische Bürgermeister in dem kleinen italienischen Dorf Brescello trugen ihre ideologisch motivierten Scharmützel aus. Aber sie mussten miteinander klarkommen und waren sich darin einig, gemeinsam für die Gemeinde Gutes tun zu wollen und zu müssen. Das war eine vernünftige und solide Geschäftsgrundlage. Und irgendwie war und ist sie es auch für die Ostdeutschen. Wir raufen uns, wo nötig, stehen aber auch zusammen, wo es erforderlich. So konnte ich mit Kohl und kann ich mit Krenz umgehen, weil ich weiß, der trägt keinen Dolch im Gewande. Bei meinen westdeutschen Kollegen war und bin ich mir da nie so sicher. Da gehörten Intrigen zum Handwerk.

Nach dem 18. März begannen sofort die Gespräche. Lothar de Maizière hatte den Auftrag zur Regierungsbildung. Nun gebe ich zu, dass ich nicht frei von Vorurteilen war. Ich hatte mir die Haltung des CDU-Bundesvorstandes in Bonn zu eigen gemacht. Der CDU-Vorsitzende und sein Generalsekretär hatten sich intern wiederholt skeptisch bis abfällig über die DDR-CDU geäußert, bevor sie sich entschlossen, sie als Bundesgenossen zur Übernahme der Macht im Osten an ihr Herz zu drücken. Die Blockflöten hatten sich mit der SED ins Bett gelegt, monierte man am Rhein und begründete damit die Distanz. Volker Rühe hatte in einem Rundfunkgespräch noch zu Beginn des Jahres öffentlich erklärt: »Es gibt eine Partei unseres Namens drüben, die aber nicht unsere Schwesternpartei ist.« Und noch deutlicher wurde er im kleinen Kreis, als er das Bild eines Misthaufens bemühte. Wenn man daneben stünde, beginne man selbst bald zu stinken.

Dabei übersahen die rheinischen Christdemokraten geflissentlich, dass der Begriff »Union« im Parteinamen eine genuin ostdeutsche Erfindung war. In ihrer katholischen Selbstgefälligkeit und Selbstgerechtigkeit wussten sie das vermutlich nicht einmal. Die sowjetische Besatzungsmacht hatte schon am 10. Juni 1945, also vier Wochen nach Kriegsende, die Bildung von Parteien in ihrer Zone gestattet. Am 26. Juni trat eine überkonfessionelle Sammlungspartei neuer Art ins politische Leben: die Christlich-Demokratische Union (CDU). Zu den Unterzeichnern des Gründungsaufrufs gehörten Andreas Hermes, ehemals Reichsminister des Zentrum, Walther Schreiber, der Gewerkschafter Jakob Kaiser und der ehemalige Liberale Ernst Lemmer sowie Konservative wie Theodor Stelzer und Paul Graf Yorck von Wartenburg – Persönlichkeiten, die später in der westdeutschen Union eine wesentliche Rolle spielen sollten. Sie hatten keine explizit braune Vergangenheit, weshalb die westdeutsche Geschichtsschreibung kühn behauptete, dass weit mehr als die Hälfte der Gründungsaufrufer den Widerstandskreisen gegen Hitler zuzurechnen gewesen seien. Sie hätten ähnliche Parteigründungen überall in der sowjetischen Zone unterstützt.

In den Westzonen hingegen zog sich die Bildung einer solchen christlich-konservativen Partei hin. Es gab wohl regionale Gründungen im bürgerlichen Lager, aber der Bundesverband wurde erst im Oktober 1950 auf einem Parteitag in Goslar gegründet, also nach den ersten Bundestagswahlen und dem Beginn der Kanzlerschaft Konrad Adenauers. Bei der Konrad-Adenauer-Stiftung heißt es zu diesem Abschnitt der Geschichte der CDU lapidar und reichlich unpräzise: »In Köln fiel im Juli 1945 mit dem Aufruf für die Gründung einer Christlich-Demokratischen Partei (CDP) zugleich eine Vorentscheidung gegen die Wiedergründung der katholischen Deutschen Zentrumspartei. Bis zum Frühjahr 1946 war die Phase der Neugründung in allen vier *(! – PMD)* Besatzungszonen auf Stadt-, Kreis-, Land- oder anderer Verwaltungsebene abgeschlossen. Auf einem Reichstreffen am 14.-16. Dezember 1945 in Bad Godesberg hatten sich die Delegierten mit Ausnahme der bayerischen CSU auf den Namen CDU geeinigt. Die neue Partei nannte sich zur Abgrenzung von herkömmlichen Parteien Union.«

Die CDU im Osten, die als erste und unter diesem Namen ins Leben getreten war, wurde mit einem Satz in dieser Selbstdarstellung aus der deutschen Geschichte hinausgeschrieben: »Die bis Ende 1947 eigenständige und erfolgreiche Partei in der SBZ (über 200 000 Mitglieder) wurde bis 1952 zu einer ›einschränkungslos-sozialistischen Partei‹ der DDR und zu einer Blockpartei (Otto Nuschke) transformiert.«

Diese Wurzeln der Union waren mir seinerzeit nicht bekannt, ich urteilte vom Ende der Geschichte und nicht aus deren Verlauf. Die CDU in der DDR, wie ich sie erlebt hatte, war zum Davonrennen. Aber zur historischen Wahrheit gehört nun mal auch die Benennung der Wurzeln der Union. Und die befanden sich zweifellos hier, im Osten. Darüber spricht man jedoch heute, wenn überhaupt, allenfalls ziemlich verschwiemelt. Indem man sich die Vergangenheit zurechtbiegt, revidiert man Geschichte.

Der Rechtsanwalt Lothar de Maizière war seit dem 10. November 1989 Vorsitzender der DDR-CDU und nicht unbedingt der Favorit der Christdemokraten am Rhein: ein hugenottischer Feingeist, Synodaler der Berlin-Brandenburgischen Kirche. Zwar Neffe von Ulrich de Maizière, der in der Reichswehr, der Wehrmacht und der Bundeswehr gedient hatte und zuletzt dort Generalinspekteur gewesen war, aber trotzdem kein Mann fürs Grobe. Doch Lothar d.M. war nun mal demokratisch an die Spitze der Partei gewählt worden, die die größte in der »Allianz für Deutschland« war, und folglich ging der Auftrag zur Regierungsbildung an den 50-jährigen. Ich kannte ihn bis dahin nicht, wenngleich er seit November im Kabinett Modrow als Vizepremier und Minister für Kirchenfragen tätig war und Regierungserfahrungen gesammelt hatte. Dort schien er auch etliche politische Tricks gelernt zu haben, weshalb die später von Bayerns Ministerpräsident Max Streibl erhobene Behauptung, bei der Ostberliner Regierung handele es sich um eine Laienspielschar, auf Lothar de Maizière ganz gewiss nicht zutraf. Clever holte der den Verlierer SPD mit ins Boot, um sich prophylaktisch vor Vorwürfen aus diesem Lager zu schützen, er habe dies falsch oder zu spät oder überhaupt nicht getan: In Koalitionen kann man dies immer mit Verweis auf den grundverschiedenen Partner erklären, also sich selbst entschuldigen.

Sodann musste er sich als Premier einerseits qualifiziertes Personal suchen, das zugleich die politischen Strömungen und Intentionen der von ihnen repräsentierten Parteien abbildete. Andererseits musste er mit diesen Leuten nicht nur Sachfragen und Tagesaufgaben lösen, sondern auch das strategische Ziel erreichen: die selbstbewusste Überwindung der deutschen Zweistaatlichkeit, dass heißt keine Selbstaufgabe oder Unterwerfung.

Nun gibt es in jeder Regierung »harte« und »weiche« Aufgabenbereiche, oder wie de Maizière sie nannte »Lob- und Dankministerien« wie etwa Arbeit und Soziales, und Prügelministerien wie Finanzen, Wirtschaft und Innenpolitik. Vor allem Letzteres war nicht sonderlich begehrt, denn bei der Durchsetzung oft unpopulärer Gesetze und Maßnahmen – vor allem in Zeiten gesellschaftlicher Umbrüche – richtete sich der öffentliche Unmut in erster Linie gegen den Innenminister, der sie mit staatlicher Gewalt durchzusetzen hatte.

Entsprechend dem Quotenschlüssel sollten drei der 24 Ministerposten an die DSU gehen, der DA bekam nur aus optischen Gründen einen Minister zugebilligt. Mit 0,9 Prozent und vier Abgeordnetenmandaten stand ihm formal eigentlich kein Platz am Kabinettstisch zu. Pfarrer Ebeling sollte Stellvertreter des Ministerpräsidenten und Entwicklungshilfeminister werden. Ich war als Justiz- oder Innenminister vorgesehen. Gegen die Personalie Ebeling regte sich heftiger Widerspruch ausgerechnet bei seinen Amtsbrüdern in der SPD. (Nur nebenbei: Neun der vorgesehenen Minister und sieben Staatssekretäre kamen aus dem Kirchenbereich. Das war schon eine ziemlich pfäffische Runde und aufgrund der dominierenden Gutmenschenmentalität, mit der sich kaum Politik machen ließ, nicht zu beherrschen – de Maizière vermochte dies und hatte allein dafür meine Bewunderung.)

Ebeling war für die jungen Theologen aus der SPD im Koalitionsausschuss – Meckel, Hilsberg, Gutzeit und der Nicht-Theologe Harald Ringstorff – eine Hassfigur, sie lehnten ihn als Vizepremier ab. Er habe sich als Pfarrer der Thomaskirche, anders als Bruder Führer an der Nikolaikirche, falsch verhalten. Wenn schon die DSU Anspruch auf das Ministeramt als Vizepremier erhebe, dann solle es Diestel machen, erklärten sie. So bekam ich mit den Stimmen der SPD zwei Ministerämter, das des Stellvertretenden Ministerpräsidenten und das des Innenministers.

Dieser Vorschlag fand auch den Beifall der beiden CDU-Generale, Volker Rühe im Westen und Martin Kirchner im Osten. Mich begleitet bis heute der Verdacht, dass beide darauf setzten, mich auf diese Weise entsorgen zu können. Ich schien ihnen offenbar zu wenig steuerbar. Vornehmlich im Westen wollte man Politik im Osten wie ein Schachspiel betreiben. Jede Figur hatte einen klar fixierten Handlungsspielraum, und die Führung erfolgte von außerhalb des Schachbretts. In der nun geplanten Konstellation war ich wohl so etwas wie die Dame, und die konnte bekanntlich geschlagen werden, ohne dass dadurch das Spiel endete. Das war erst zu Ende, wenn alle Bauern geopfert und die Figuren abgeräumt und der König Schachmatt, das heißt der Vereinigungsvertrag geschlossen war.

Soweit hatte man mich schon kennengelernt, dass mir inzwischen das ostdeutsche Hemd näher war als der westdeutsche Rock. Und deshalb passte ich nicht in das Raster. Mein persönliches Scheitern würde also für einen eleganten Abgang sorgen.

Da jedoch sollten sie mich unterschätzt haben.

Ich wollte Innenminister werden und fürchtete die Herausforderung nicht. »Gelobt sei, was hart macht! Ich lobe das Land nicht, wo Butter und Honig fließt«,

die provisorische
Regierung

schrieb Nietzsche in falscher Grammatik, aber richtiger Überlegung. Auch der Mensch Diestel würde mit seinen Aufgaben wachsen.

Pfarrer Hans-Wilhelm Ebeling wurde Hausherr im neu geschaffenen Ministerium für Wirtschaftliche Zusammenarbeit. Denn kurioser Weise gab es bis dato in der zentralistisch geführten DDR keine zentrale Führungsstelle für die entwicklungspolitischen Beziehungen zu mehr als 100 Ländern. Die hießen »solidarische Hilfe« und bestanden aus Ausbildung von Ausländern in der DDR und Entsendung von Ausbildern und Fachkräften in diese Länder, in medizinischer und materieller Hilfe, in der Gewährung günstiger Kredite, Investitionen und Realisierung von Handelsabkommen zu Präferenzpreisen. Aufgrund der verschiedenen Komplexe lief das bis dahin über mehrere Ministerien und Dienststellen. Regierungschef de Maizière installierte ein eigenes Ministerium und damit zugleich für den DSU-Chef einen Arbeitsplatz, wo er keinen großen Schaden anrichten konnte und auch nicht überfordert war.

Irrtum

Peter-Michael Diestel: einer, der gekonnt gegen den Strich bürsten kann, ideenvoll und faktenreich. Was er als richtig erkannt hat, vertritt er nachdrücklich – auch gegen eine Übermacht.

Solche Typen mag ich, besonders wenn sie – wie er – Kunst lieben, joggen, reiten, Gewichte heben, Politik und Wirtschaft durchschauen, die Leistungen der Vordenker in der Vergangenheit achten und ihre Erdentage nicht als Asketen durchwandern.

Mich lässt der Gedanke nicht los: Es ist ein Glück für uns Linke, dass seine Partei ihm oft nicht zuhört und ihn deshalb nicht versteht.

Roland Wötzel, SED-Funktionär und einer der Leipziger Sechs,
die im Herbst 1989 zur Gewaltlosigkeit
bei den Montagsdemonstrationen aufriefen,
Freund und Rechtsanwalt

6. Kapitel

Amtsantritt mit Aberglauben

Am 12. April, am Donnerstag vor Ostern – im Kirchenkalender als Tag des letzten gemeinsamen Abendmahls von Jesus mit seinen Jüngern ausgewiesen –, wurde ich Minister. Anderntags, am Karfreitag, wurde Jesus bekanntlich ans Kreuz geschlagen. Über die Nacht zuvor erzählt die Bibel einige Geschichten, die auf vielen bekannten historischen Gemälden, die in den Galerien der Welt gezeigt werden, verewigt sind: die schlafenden Jünger im Garten Gethsemane, die den Heiland nicht vor den Häschern schützten, der Kuss des Judas, mit dem er ihn verriet, wie auch der Verrat von Petrus, als er Jesus drei Mal verleugnete: »Du bist auch einer von denen, denn deine Sprache verrät dich.« Worauf er log: »Ich kenne den Menschen nicht.«

Am Gründonnerstagabend empfingen wir im Haus des Ministerrates am Berliner Molkenmarkt unsere Ernennungsurkunden. Und es war, wie ich heute weiß, viel von bevorstehendem Verrat und Intrige im Raum, die Runde hatte viel von Gethsemane. Nun hieß der Ministerpräsident nicht Jesus, und die Minister und Staatssekretäre waren nicht seine Jünger, aber es gab Judasse und Petrusse unter uns, wie sich bald zeigen sollte, Heuchler und Pharisäer nicht minder.

Ich bestieg nach der Zeremonie und der ersten Sitzung meinen neuen Dienstwagen – es war der alte von Erich Honecker. Ich weiß nicht, nach welchem Prinzip die Zuteilung aus dem Fuhrpark erfolgt war, ich tippe auf Zufall und Zweckmäßigkeit. Honecker war immer in diesem umgerüsteten Citroën CX mit Panzerverglasung gefahren, wie ich aus dem Fernsehen und von Protokollbildern wusste. Außerdem folgten mir mehrere Personenschützer, die früher dem Ministerium für Staatssicherheit unterstellt waren. Beides schmeichelte meiner Eitelkeit, aber gab mir auch zu denken. Hatte man mir absichtsvoll diese Bonzenschleuder mit Entourage verpasst, damit die unverändert kochende Volksseele ihr Mütchen an mir kühlte? Politik braucht immer Symbole, Autos waren in der DDR ein Statussymbol.

Andererseits: Die Zahl der Personenschützer bedeutete nicht nur mehr Sicherheit, sondern signalisierte auch die Bedeutung der Person, die sie schützten. Und das gefiel mir natürlich auch. Wohl wissend: Wenn's mal anders käme und das Rad der Geschichte rückwärts liefe, wären sie diejenigen, die mich als Konterrevolutionär an den Haken nehmen würden. Fürchtete ich mich davor? Nein, die Entwicklung war unumkehrbar, seit die Russen ihr Plazet gegeben und Gorbatschow die Beantwortung der deutschen Frage vor zwei Monaten in deutsche Hände gelegt hatte. Schon im Herbst vergangenen Jahres waren die in der DDR stationierten sowjetischen Truppen in den Kasernen geblieben. Erst später erfuhr ich, dass es auch hätte anders kommen können. 1997 erklärte Ex-Sowjetbotschafter Kotschemassow in einem *Spiegel*-Gespräch: »In der dramatischen Phase haben unsere Generäle im Oktober und November 1989 einen militärischen Einsatz erwogen und angeboten.« Staatsratsvorsitzender Krenz hatte dieses Angebot nicht nur nicht angenommen, sondern inständig darum gebeten, dass die sowjetischen Einheiten in ihren Kasernen blieben und auf die geplanten Herbstmanöver verzichteten. Eine Wiederholung des 17. Juni 1953 war dadurch ausgeblieben, und es würde auch keiner mehr stattfinden. Der Punkt war überschritten, wir befanden uns bereits jenseits des Rubikon.

Gegen 22 Uhr fuhr ich in der Mauerstraße vor. Hier saßen alle Innenminister der DDR: Steinhoff, Stoph, Maron, Dickel und zuletzt Ahrendt. Den würde ich, so meine Überlegung, zu meinem Berater machen, weil er sich mit den Innereien des Innenministeriums auskannte. Zwar sagte der Volksmund, dass man die Frösche nicht fragen solle, wenn man den Teich trockenlegen möchte. Doch Volkspolizei, Zoll, Strafvollzug und Staatssicherheit waren weder Teich noch Sumpf, sondern legitime und notwendige Instrumente des Staates, die man unverändert brauchte. Die Polizei hatte nach wie vor für Ruhe und Ordnung zu sorgen, sie musste allenfalls umstrukturiert und entpolitisiert werden. Verurteilte Verbrecher hatten im Gefängnis zu verbleiben und mussten bewacht werden. Denn entgegen später verbreiteten Ansagen saßen keineswegs nur Menschen aus politischen Gründen hinter Gittern. In der DDR hatte es wie in jedem anderen Land Mord und Totschlag gegeben, Raub und Diebstahl, Sexualdelikte und Sachbeschädigung und andere Straftaten. Die Täter waren rechtsgültig verurteilt worden und mussten ihre Strafe in einem DDR-Gefängnis absitzen. Schon von daher war der später aufgebrachte Begriff »Unrechtsstaat« absoluter Schwachsinn. Wenn er dies gewesen wäre, dann hätten zum Beispiel am 3. Oktober 1990 alle Gefängnistore weit geöffnet und alle Inhaftierten entlassen werden müssen. Aber, und dies sollte auch so im Einigungsvertrag fixiert werden, Urteile aus DDR-Zeiten wurden weiter vollstreckt. Ich teilte die Auffassung meines temporären Chefs Lothar de Maizière, der noch zwanzig Jahre später erklärte, der Begriff »Unrechtsstaat« unterstelle, dass alles, was in der DDR im Namen des Rechts erfolgt war, Unrecht gewesen sei.

Was die Staatssicherheit betraf: Es hatte unter MP Modrow einen Anlauf gegeben, einen Verfassungsschutz und einen Auslandsnachrichtendienst ins Leben zu rufen, also auch den Geheimdienst zu reformieren. Doch damit war er am Zentralen Runden Tisch gescheitert. Der Zorn auf das MfS war groß wie die Furcht, dass die selben Hasspersonen weitermachen würden. Der Repressionsapparat musste zerschlagen, die dortig tätigen Staatsdiener ausgemustert werden. Das erwies sich zunehmend als Problem. Zwar lautete eine der gängigsten Losungen bei den Demonstrationen: »Stasi in die Produktion!« Doch als die abgebauten MfS-Mitarbeiter anklopften, wollte man sie dort nicht haben. Die meisten Betriebe kämpften ums Überleben und versuchten erst einmal ihre eigenen Leute zu retten, bevor sie sich neue Personalprobleme an den Hals holten. Fast hunderttausend Hauptamtliche in einer schwindenden Wirtschaft unterzukriegen, war aussichtslos, aber für mich ein reales Problem. Ich hatte das Bild der marodierenden Freikorps nach dem Ersten Weltkrieg vor Augen. Die heimkehrenden Soldaten fanden keine Arbeit und schlossen sich zu terroristischen Vereinigungen zusammen. Sie bedrohten die junge deutsche Demokratie. Man erinnere sich an den Kapp-Putsch 1920 oder den Marsch auf die Münchner Feldherrnhalle 1923. Nun waren die abzuwickelnden Staatsdiener der DDR nicht mit den ausgemusterten Reichswehrsoldaten zu vergleichen, da lagen Welten und mehrere Zivilisationsstufen dazwischen. Aber das Problem war nicht zu unterschätzen. Die Auflösung und deren Kontrolle – einschließlich das Einsammeln der Waffen – war zur Aufgabe des MdI erklärt worden.

Die Offiziere im Ministerium hatten offenkundig ausgeharrt, um den neuen Dienstherrn zu begrüßen. Den nunmehrigen Ex-Innenminister Ahrendt hatte ich am Vormittag telefonisch gebeten, dass ich heute Abend das Kollegium begrüßen möchte. Nun standen die Generale und Obersten da. Schweigend. Gesichter wie Verschlusssachen. In ihren Blicken glaubte ich gleichzeitig Distanz und Ablehnung, Neugier, Erwartung und Schicksalsergebenheit zu erkennen.

Sie wussten: Mein Überschreiten der Schwelle bedeutete eine Zäsur. Armeegeneral Friedrich Dickel, Spanienkämpfer und als Spion der sowjetischen Militäraufklärung in Japan während des Weltkrieges inhaftiert, war seit 1963 Innenminister und Chef der VP und damit fast drei Jahrzehnte Hausherr gewesen. Vor fünf Monaten erst hatte ihn Ahrendt im Amt abgelöst, aber er war zuvor jahrelang Dickels 1. Stellvertreter, er besaß das, was mir fehlte: Stallgeruch. Jetzt kam erstmals einer von außen. Ein Zivilist wie Steinhoff. Noch dazu mit einem Parteibuch, das man hier gewiss nicht mochte, wie auch die damit zu erwartende Gesinnung nicht. In ihren Augen war ich Beelzebub, Luzifer, der Gehörnte, welcher mit Feuer und Schwert in ihr bisher klar strukturiertes Refugium einfiel.

Ahrendt führte mich in sein Büro, das künftig das meine sein würde. Ihm folgten seine Stellvertreter stumm. Abwartend. Ich war innerlich nicht minder erregt. Worauf hatte ich mich da nur eingelassen? Wäre ich mal besser in meinem Leipzig geblieben.

Im Vorzimmer erhoben sich zwei Sekretärinnen und legten wortlos die manikürten Hände an die Rocknaht. »Rühren«, sagte ich lächelnd, was charmant klingen sollte, aber an diesem Ort gewiss albern war.

Im Büro bildeten sie einen Kreis, mit dem Rücken zur Wand und nahe dem Ausgang. »Mein Herren«, sagte ich, und meine Stimme klang nicht unbedingt so fest, wie ich es mir wünschte, »wir stehen vor großen und schwierigen Aufgaben, die nur gemeinsam zu lösen sind.« Die Skepsis, so schien mir, wich nicht aus den Gesichtern. Wie auch. Auch Atheisten kannten den Spruch des Evangelisten Johannes, selbst wenn sie die Bibel noch nie in der Hand gehalten hatten: »An ihren Taten sollt ihr sie erkennen!«

Ich musste erst liefern.

Ich bekräftigte meinen Gedanken, dass ich mit allen kollegial und fair zusammenarbeiten wolle und sie daher auffordere, in ihren Funktionen zu verbleiben. Lothar Ahrendt, ihren bisherigen Chef, würde ich als meinen ersten Berater verpflichten, damit er mir helfe, Durchblick zu gewinnen und keine unvernünftigen Entscheidungen zu treffen. Das geschehe auch im Einvernehmen mit dem Bundesinnenminister.

Ich biss mir auf die Lippe. Das war blöd. Als wenn ich in Bonn um Erlaubnis hätte fragen müssen. Natürlich hatte ich nicht bei Schäuble wegen dieser und anderer Personalien im MdI nachgefragt. Und auch wenn jeder im Raum wusste, wohin die Reise gehen würde, sollte ich nicht so tun, als wären wir schon jetzt eine Außenstelle des Bundesinnenministeriums und ich der Statthalter Bonns. Die Beamten von drüben würden schon früh genug kommen, um unsere Posten zu übernehmen. Auch den meinen, da hatte ich keine Illusionen. Auch ich war nur ein Mann des Übergangs. »So, meine Herren, auch wenn uns einige unruhige Tage und Wochen bevorstehen, wünsche ich Ihnen ein angenehmes Osterfest. Sie wissen ja: Am Sonntag ist Jesus Christus auferstanden von den Toten, und es begann ein neues Zeitalter ...«

Die Generale und Offiziere lachten, wenn auch leicht gequält. Aber sie lachten. Niemand wusste, wie lange dieses »neue Zeitalter« dauern würde.

»Nach Ostern möchte ich mich allen Mitarbeitern des Hauses in großer Runde vorstellen. Ich bitte Sie, dies zu arrangieren.«

Langsam zerstreute sich das Kollegium, ich sah die Hacken gewienerter Stiefel und schwarzer Halbschuhe.

»Herr Ahrendt, auf ein Wort …«

Der Mann war ein wenig älter als ich. Aber erkennbar Militär, auch wenn er Zivil trug. Der Anzug war von der Stange, ich trug einen maßgeschneiderten Zweireiher. Der Preisunterschied machte den Klassenunterschied aus und teilte sich auch optisch mit, was ich eigentlich nicht beabsichtigt hatte. Ich sah mich auch an diesem Ort als Primus inter pares. Das wollte ich Ahrendt wissen lassen.

»Ich brauche Sie«, sagte ich. »Ohne Ihre Hilfe weiß ich nicht einmal, wo hier das Klo ist.«

Ahrendt lächelte und öffnete eine kaum erkennbare Tür. Dahinter sah ich ein Separee mit Liege und Sitzgruppe. Er wies auf eine Tür an der Stirnseite in diesem Raum. »Dort.«

Ich nickte und machte eine einladende Handbewegung. Er folgte mir in den Ruheraum des Ministers und nahm in einem Sessel Platz.

Meine Frage, ob es hier Cognac oder dergleichen gebe, beantwortete er mit einem Kopfschütteln.

Ich musterte ihn skeptisch.

»Wir haben aufgeräumt …«

»Ah, verstehe. Das war aber nicht nötig.«

Wir lachten beide. Das Eis war gebrochen.

Womit beginnen? Damit, dass er, der Generalleutnant, schon bald mit einem Kleintransporter Essen der Volkssolidarität würde ausfahren müssen, um seinen Lebensunterhalt zu bestreiten? Nein, das konnte ich ihm nicht sagen, weil das zu diesem Zeitpunkt niemand wissen konnte. Offen gestanden: Wenn mir das damals ein Hellseher prophezeit hätte, wäre er von mir übler kommunistischer Propagandalüge bezichtigt worden. Wir lebten schließlich in einem zivilisierten Land, das sich mit einem anderen zivilisierten Land zu vereinen beabsichtigte. Nie und nimmer würde man die einstigen Staatsdiener nur deshalb an den sozialen Rand drängen, weil sie ihrem Land treu gedient hatten. Der Rechtsstaat sicherte Rechtssicherheit zu. Schon aus Gründen des Selbstschutzes galt in der Bundesrepublik ein Rückwirkungsverbot, das heißt jeder Staatsdiener konnte generell darauf vertrauen, dass sein in der Zeit rechtmäßiges Handeln später einmal, wenn sich die politischen Verhältnisse ändern sollten, sich nicht nachteilig für ihn auswirkte. Wenn dies zu befürchten stünde, würden sich die Beamten und Staatsbediensteten heute nicht für den Staat, dem sie dienten, engagieren und dessen Gesetze durchsetzen. Die Bundesrepublik baute auf dieses Grundvertrauen, das war das Korsett des Staates. Nicht anders in der DDR. Polizisten, Richter, Grenzer, Militärs und andere auf die Verfassung der DDR vereidigte Amtspersonen hatten auf Treu und Glauben gehandelt. Nur wenn sie gegen das geltende Recht verstoßen hätten, müsste man sie juristisch verfolgen. (Was nach meiner oberflächlichen Kenntnis auch schon vor 1989 geschehen war.)

Dieses sogenannte Rückwirkungsverbot hatte dafür gesorgt, dass man einen Großteil der Beamtenschaft, der Berufssoldaten und Staatsdiener des Dritten Reiches in den Staatsdienst der Bundesrepublik Deutschland übernahm. Das war gemäß Artikel 131

GG zwar zunächst ausgeschlossen, wurde dann aber durch ein Bundesgesetz, das sogenannte 131er, korrigiert. So kamen etwa eine halbe Million Beamte, Militärs, Hochschullehrer und Richter, die am 8. Mai 1945 mit dem Untergang des Nazi-Reiches arbeitslos geworden waren, in Lohn und Brot. Sämtliche bundesdeutschen Verwaltungen wurden zudem verpflichtet, mindestens zwanzig Prozent ihrer Planstellen aus diesem Personenkreis zu besetzen ...

Ich täuschte mich. So sollte es eben nicht kommen. Die DDR-Bürger hatten zwar die Mauer von Osten eingetreten und sich dem Westen angeschlossen. Doch der behandelte uns wie eine Eroberung und verhielt sich wie ein Sieger und stellte die Geschichte auf den Kopf. Wir waren allein deshalb »schuldig« und »belastet«, weil wir Ostdeutsche waren. Das hielt ich damals, im April 1990, für ausgeschlossen, und Prophezeiungen dieser Art wies ich als Schwarzmalerei aus der kommunistischen Gerüchteküche zurück. Nein, nie und nimmer würde geschehen, dass man die Ostdeutschen wie Bürger zweiter Klasse behandeln und sie über den Löffel balbieren würde.

So führte ich denn das Gespräch in der Nacht zu Karfreitag anno 1990 offen und zugleich naiv, und würde Ahrendt mir heute vorhalten, ich habe ihm damals Sand in die Augen gestreut, hätte ich Mühe, ihm dies auszureden: Die Folgen sprechen nicht für meine Unschuld.

Ahrendt willigte nach kurzer Bedenkzeit ein, mir loyal zur Seite zu stehen, was ich mit Dank quittierte. Demnächst werde auch eine Gruppe Berater aus Bonn einfliegen, mit denen wir alle Fragen erörtern würden, sagte ich. Und damit das zwischen uns klar sei: Es gehe nicht darum, den Westdeutschen zu gefallen, sondern dass wir unsere Probleme im Interesse unseres Landes, so lange dieses noch bestehe, und für unsere Bürger gelöst bekommen. Die Wessis liefern das Knowhow, womöglich auch die Kohle, aber wir bleiben Herr des Geschehens, erklärte ich im Brustton der Überzeugung. Die Frage, wer Koch und wer Kellner ist, sei beantwortet.

Ahrendt lächelte hintersinnig, so richtig schien er mir nicht zu glauben.

Dochdoch, bekräftigte ich und reckte meine Brust: »Wir lassen uns nicht hinter die Fichte führen!«

Eine Stimme, die gebraucht wird

So wie ich ihn gemalt habe, so ist er: ein Mensch mit einem großen menschlichen Volumen, man muss erst mal herankommen, sich Respekt verschaffen. Insofern ist er auch den großen Persönlichkeiten nicht entfernt, welche ich in meinem Leben kennenlernen durfte. Manchmal ist das auch mit gewissen Eitelkeiten und Übertreibungen verbunden, was ich von mir selbst kenne und deshalb verstehe. Peter Diestel hält Widersprüche und Widerspruch aus. Er lebt und schätzt ihn auch letztlich. Er ist eine unglaublich gastfreundliche, naturverbundene Natur, allseitig gebildet und unterwegs, ich bin froh, ihn als Freund zu haben! Seine Stimme wird in Deutschland in der heutigen Zeit lauter vernehmlich gebraucht.

Albrecht Gehse, Maler
Schöpfer des Diestel-Porträts
und des Kohl-Bildes im Bundeskanzleramt

7. Kapitel

Der Stasi-Komplex

Nach diesem ersten Gespräch mit meinem künftig wichtigsten Mann warf ich mich ins Auto und ließ mich mit der »Zitrone«, wie Honeckers Dienstwagen im Volksmund hieß, nach Leipzig fahren. Dieses Privileg nahm ich mir. Erstens war Ostern und zweitens wollte ich meiner Familie die neue Errungenschaft vorführen.

Kurz hinter Drewitz, dem einstigen Grenzübergang Dreilinden, schlief ich durch das monotone Rauschen des Fahrtwindes ein. Der Chauffeur gab ordentlich Gas und raste mit vielleicht zweihundert Sachen Richtung Süden. Er machte nicht nur Tempo, damit ich schnell nach Hause käme, sondern trat auch aus Sicherheitsgründen aufs Gaspedal. Vor wenigen Monaten erst, am 30. November, hatte es einen Mordanschlag auf den Chef der Deutschen Bank in Bad Homburg gegeben. Die Bombe detonierte genau neben Alfred Herrhausens gepanzerter Limousine – ausgelöst durch eine Lichtschranke. Die Personenschützer des MfS hatten, wie sie mir erzählten, in den achtziger Jahren weltweit die Attentate studiert, in

Kallinchen im Brandenburgischen nachgestellt, um die Sicherheitslücken zu erkennen und diese in ihrem eigenen Job nicht zuzulassen. Es waren echte Profis, wie mir bald auch von westdeutscher Seite wiederholt bestätigt werden sollte. Ein Polizeipräsident a. D. aus Baden-Württemberg, Dr. Alfred Stümper, einer der vielen Berater, die man mir schon bald ins Haus schickte, ließ ich mit einem unserer Generäle die Polizeistrukturen in der DDR studieren. Nach seiner Rundreise kam er fasziniert wieder. Herr Minister, sagte er, sicherheitspolitisch und polizeilich ist das perfekt organisiert – davon können wir im Westen nur träumen. Stümper war ein kluger und erfahrener Mann, ehrlich und aufrichtig. Er wurde mir Freund. Auch Bayerns Innenminister Edmund Stoiber bestätigte mir diesen positiven Eindruck. Ich hatte Offiziere und Generale des MdI nach München zur »Weiterbildung« geschickt. Er war von denen sehr angetan. Was habt ihr nur für tolle Leute, sagte er anerkennend.

Meine Personenschützer hatten also die Sache mit der Lichtschranke als jüngste Anschlag-Option ausgemacht. Nun gab es zwar keinerlei Indizien, zumindest hatte man mir nichts vorgetragen, was auf ein besonders hohes oder gar gewachsenes Sicherheitsrisiko in der DDR verwiesen hätte. Doch Risiko bestand immer und darum auch ein natürliches Sicherheitsbedürfnis. Und die kräftigen Jungs im Begleitfahrzeug meinten, man sollte auf eine gewisse elektrische Trägheit setzen, sollte heißen: Je schneller man mit dem Fahrzeug durch eine mögliche Lichtschranke fegte, desto größer sei die Chance, nicht getroffen zu werden. Ich wusste zwar nicht, ob das eine Milchmädchenrechnung zur Beruhigung des Reisenden war, aber recht war mir die Raserei schon: umso früher war ich daheim bei meinen Lieben im Nickelmannweg 2. Außerdem: Ich war auch der oberste Verkehrspolizist, mich blitzte keiner. Und wenn, dann blieb's ohne Folgen.

Plötzlich jedoch stürzte ich unsanft in meiner Dienstsänfte vom Polster. Ich flog von der Rückbank gegen die Vordersitze und war hellwach. Der Fahrer hatte eine Vollbremsung vorgenommen. Vornehmen müssen, denn durch die Windschutzscheibe sah ich, nachdem ich mich berappelt hatte, zwei quergestellte Fahrzeuge mit Blaulicht.

In meinem Rücken sprangen die Personenschützer mit gezogener Waffe aus dem Begleitfahrzeug. Ein Überfall?

Im Scheinwerferlicht der »Zitrone« erschien ein Mann in Polizeiuniform und kam auf unser Fahrzeug zu. Wie sollte ich mich verhalten? Ministeriell abwarten oder wie ein normaler Mensch reagieren?

Ich öffnete die zentnerschwere Tür und stieg aus. Der Polizeioffizier trat auf mich zu. Riss die Hand an die Mütze und hieß mich an der Stadtgrenze von Leipzig als der Chef der BDVP – der Bezirksbehörde der Volkspolizei – herzlich willkommen. »Keine besonderen Vorkommnisse, Gen … äh, Herr Minister.« Wenn mich meine Erinnerung nicht täuscht, muss es Generalmajor Gerhard Straßenburg gewesen sein. Er hatte gemeinsam mit dem amtierenden Bezirksparteichef Helmut Hackenberg am 9. November den Befehl zum Rückzug gegeben.

Das hatte ich inzwischen gelernt. Die Meldung an Vorgesetzte, und das war ich nun wohl, endete stets mit dieser Formel. Und gab's mal ein Vorkommnis, so wurde gleich im vorderen Teil der Meldung darüber Mitteilung gemacht. Die Kleingeister im Westen hatten sich darüber amüsiert, als Bundespräsident Richard von Weizsäcker nach dem Mauerfall auf dem Potsdamer Platz in der DDR war. »Ich ging auf die Ost-Baracke zu, die Tür öffnete sich und heraus trat der dienstführende Oberstleutnant. Er ging auf mich zu, machte eine wunderbare Ehrenbezeugung und sagte: ›Herr Bundespräsident, ich melde, keine besonderen Vorkommnisse.‹ Dann gab er mir die Hand, und wir haben noch ein wenig gesprochen. Ich hätte ihn, der verantwortungsvoll allein so gehandelt hatte, nach seinem Namen fragen sollen.« Der Bundespräsident war von dieser Begegnung im November '89 derart angetan, dass er sie wiederholt zum Besten gab. Auch wenn er später gelegentlich behauptete, er sei allein und ohne Personenschützer über den menschenleeren Platz gegangen, so stimmte das nicht ganz: Die Fotos, die anderntags in der Tagespresse zu sehen waren, zeigten Unmassen an Menschen, die von einer gemeinsam von DDR-Grenzern und Westberliner Polizisten gebildeten Kette zurückgedrängt werden mussten.

Auch das, formal gesehen, war wie die Maueröffnung ein Verstoß gegen den Viermächte-Status der Stadt: Der Bundespräsident durfte nicht offiziell in Berlin auftreten, und schon gar nicht auf dem Territorium der DDR. Aber wen interessierte das im Augenblick noch? Es blieb das anrührende Bild einer einzigartigen menschlichen Begegnung zwischen dem Staatsoberhaupt der Bundesrepublik Deutschland und einem Grenzoffizier der Deutschen Demokratischen Republik, der seine Meldung machte, wie er es gewohnt war: »Keine besonderen Vorkommnisse.« Fotos wie diese suggerierten, dass alles normal sei, dass nun alles seinen – wie man in der DDR sagte – sozialistischen Gang gehen werde. Keine besonderen Vorkommnisse, keine Vorurteile, keine Berührungsängste, kein Argwohn und Nachtreten. Schön wär's gewesen …

In den folgenden Wochen fielen die Berater wie Heuschrecken in unsere Ministerien ein. Einige hatte ich selber geholt, die meisten boten uns ungebeten ihre Dienste an und meldeten sich zum »Fronteinsatz«. Die CSU – vermutlich aus Sorge, zu kurz zu kommen – kommandierte gleich eine ganze Truppe mit dem Auftrag, sie solle Diestel helfen, »das Verständnis für die Sicherheitsprobleme des Landes wieder zu wecken«. Bei mir musste nichts wiedererweckt werden. Ich glaube, die wollten was ganz anderes.

Das merkte ich auch an dem Politprofi, den mir Wolfgang Schäuble geschickt hatte. In den kopflosen ersten Amtstagen war ich nach Bonn geflogen zu meinem Amtskollegen. Schäuble war zehn Jahre älter als ich und seit einem Jahr Bundesinnenminister. Als Chef des Bundeskanzleramtes hatte er Honeckers Staatsbesuch in Bonn 1987 vorbereitet, weshalb ich bei ihm eine gewisse Ostkenntnis vermutete. Ich sagte, er solle mir seinen besten Mann geben zur Abwicklung des Ministeriums für Staatssicherheit – in meiner Blauäugigkeit nicht ahnend, dass es bei diesem Thema durchaus eigene Interessen in Bonn gab. Das MfS war ja nicht nur der Repressionsapparat, es bestand aus Abwehr und Aufklärung, und wie die westlichen Dienste ihre Spione und Zuträger im Osten hatten, so gab es sie auch im Westen. Und eben diese hatten auch ihrem Staat gedient: Dafür musste man sie nun nicht unbedingt ans Messer liefern. Aber es gab am Rhein offenkundig ein großes Interesse an ihrer Enttarnung. Bereits bei meinem ersten Besuch in Bonn wurde mir ein Zettel mit sechs Namen zugeschoben, die ich nicht kannte. Wie man mir erklärte, handelte es sich um sechs wichtige Leute von der DDR-Aufklärung. Mit denen würde man sich gern einmal unterhalten, sagte man mir.

Ich übersah damals den gesamten Stasi-Komplex noch nicht in seiner Totalität mit all seinen Einzelfragen. Ich hatte nur den gesellschaftlichen Auftrag, diesen Apparat so schnell wie möglich zu beerdigen, den Ostdeutschen die Furcht vor Überwachung und Kontrolle zu nehmen. Deshalb hatte ich bei Schäuble angeklopft.

Er habe da einen exzellenten Mann in seinem Alter, der sei schon seit fast zwanzig Jahren im Innenministerium und habe in verschiedenen Funktionen ordentliche Arbeit geleistet. So sei er in der Fachaufsicht über das Bundeskriminalamt und für das Bundesamt für Verfassungsschutz sowie in mehreren Krisenstäben im Kampf gegen die Rote Armee Fraktion (RAF) tätig gewesen.

Wie sich zeigte, verhielt sich Dr. Eckart Werthebach mir gegenüber nicht nur loyal und hilfreich, im Verkehr mit den DDR-Institutionen und deren Exponenten erwies er sich als eloquent. Erst später sickerten Details seiner Nebentätigkeit in Berlin durch, die mir erklärten, weshalb er nach dem Abschluss seiner Arbeit im MdI mir beglückt ins Ohr flüsterte, die Monate im Innenministerium der DDR seien »das größte Abenteuer« seines Lebens gewesen.

Was er damit gemeint haben konnte, wurde mir bewusst, als er am 1. März 1991 Präsident des Bundesamtes für Verfassungsschutz wurde. Er hatte beispielsweise versucht, in jener Zeit einige hochrangige DDR-Aufklärer anzubohren, um deren West-Kontakte in Erfahrung zu bringen. Die schwiegen eisern und waren nur bereit, ihr Wissen preiszugeben, wenn er dafür eine juristische Gleichbehandlung der Spione aus dem Osten wie aus dem Westen im vereinten Deutschland sicherstellen würde.

Diese Verabredung aber kam nie zustande.

Details erfuhr ich von Oberst Bernd Fischer, der faktisch als letzter Chef der Hauptverwaltung Aufklärung des MfS mit deren Abwicklung beauftragt worden war. Nach Markus Wolf und Werner Großmann war er der dritte Mann an der Spitze der HV A. Er und seinesgleichen waren bestrebt, und diese Intentionen teilte ich, dass jene, die für die Auslandsaufklärung der DDR gearbeitet hatten, nicht enttarnt wurden. Und jenen, die aufflogen, sollte beigestanden werden. Einige konnten sich beizeiten und unerkannt in die Sowjetunion absetzen, und Fischer sorgte in Moskau dafür, dass mit entsprechenden Zuwendungen aus der DDR ihre Existenz gesichert werden konnte. Das kann ich jetzt verraten, denn Bernd Fischer – der später und viele Jahre lang ein umsichtiger Büroleiter in meiner Kanzlei war – verstarb im April 2018 und ist dadurch von juristischer Nachstellung befreit. In meiner Kondolenz, die an seinem Grabe verlesen wurde, hatte ich unmissverständlich erklärt: »Dass die über vierzig Jahre dauernde geheimdienstliche Tätigkeit in der Zeit des Kalten Krieges und der Wiedervereinigung uns nicht auf die Füße gefallen ist, ist auch ein Verdienst meines Freundes Bernd Fischer.« Fischer war ein kluger, umsichtiger, verlässlicher Ratgeber, stellte nie seine Überzeugung zur Disposition, er übte weder Verrat noch lief er über. Mit »uns« meinte ich sowohl die letzte DDR-Regierung, insbesondere mich als Innenminister, und die vielen unerkannten und erkannten Mitarbeiter der DDR-Auslandsaufklärung. Ihnen allen leistete Bernd unschätzbare Dienste. Ich erinnerte mich gern der vielen Gespräche mit ihm über ein Gebiet, »das sein Metier war, und das mir bis zum heutigen Tage auf das Herzlichste unsympathisch erscheint. Bernd Fischer hat sich in diesem Metier immer anständig und ritterlich verhalten, so dass auch seine Gegner mit höchstem Respekt über ihn sprachen. Er war für mich ein stiller Held. Ein Held, wie ihn die andere Seite nicht hatte.«

Ein nicht geringerer Held war für mich Markus Wolf, Generaloberst a. D. seit 1986. Ohne ihn hätte der zunächst bei der Aufklärung wie auch beim MfS vorherrschende Argwohn mir gegenüber nicht abgebaut werden können. Wenngleich Wolf schon lange nicht mehr im Dienst war, hatte er einen beachtlichen Einfluss. Und noch immer seine tradierte Arbeitsweise beibehalten. Grundsätzlich fanden die Gespräche mit ihm nach 22 Uhr statt, und wir kommunizierten, ehe es von den Westdeutschen »aus Sicherheitsgründen« stillgelegt wurde, über das sowjetische WTsch, jenes abhörsichere Regierungskommunikationsnetz. Wir erörterten in Zeuthen das Problem der DDR-Kundschafter, die in einigen Ländern, so etwa in den USA, von der Todesstrafe bedroht waren, wenn sie denn aufgeflogen wären. Man erinnere sich nur der Rosenbergs. Den meisten drohte überall eine Haftstrafe.

Markus Wolf gab mir sein Offiziersehrenwort, und ich kann bestätigen, dass er alle zwischen uns getroffenen Verabredungen eingehalten und umgesetzt hat. Er wirkte maßgeblich an der gewaltfreien Auflösung des MfS mit, ohne zum Verräter geworden zu sein. Er blieb seiner kommunistischen Überzeugung treu. Trotzdem – oder vielleicht gerade deshalb – hat sich Markus Wolf um die deutsche Einheit verdient gemacht.

Neben der menschlichen Dimension, das heißt der Entlassung des MfS-Personals, hatten wir auch die materielle Seite abzuwickeln. Das waren die Immobilien, der Fuhrpark, die Technik, die konspirativen Wohnungen, die wieder regulär vermietet werden mussten, sofern es sich nicht um Wohnungen von IM handelte. Und nicht zuletzt die Akten. Mit deren Sicherung war bereits vor Monaten begonnen worden. Der Zentrale Runde Tisch hatte lediglich der Vernichtung der Unterlagen des Auslandsnachrichtendienstes zugestimmt, aber das Gros der Unterlagen des Abwehrbereiches, also im Wesentlichen die Personen- und Sachakten des Repressionsapparates, mussten sichergestellt werden, ohne zunächst zu wissen, zu welchem Zweck. Das sollte der von der Volkskammer gebildete Sonderausschuss zur Kontrolle der Auflösung des Ministeriums für Staatssicherheit / Amt für Nationale Sicherheit vorschlagen. Daraus entwickelte sich dann eine Bundesbehörde, die seither auf der Basis eines 1991 verabschiedeten Gesetzes über die Unterlagen des Staatsicherheitsdienstes der ehemaligen Deutschen Demokratischen Republik handelt. Abgesehen davon, dass ich das einige Zeit gebräuchliche Adjektiv »ehemalig« vor der DDR für hochgradigen Unsinn hielt und halte – schrieb auch nur einer »ehemaliges Römisches Reich« oder »ehemalige Weimarer Republik«? –, so war mir schon damals bewusst, dass die dann praktizierte Aktenfledderei den inneren Frieden des vereinigten Deutschland nachhaltig stören würde. Es war Herrschaftswissen, das die nunmehr Herrschenden gegen die Unterlegenen zielgerichtet einsetzen konnten. Was mindestens so perfide war wie das Sammeln der Informationen und das Anlegen der Akten durch die Staatssicherheit selbst.

Nach der Jahrtausendwende schrieb ich in meinem Vorwort für ein Buch über die Stasi (»Die Sicherheit. Zur Abwehrarbeit des MfS«): »Als DDR-Innenminister hielt ich es für notwendig, die vom Kalten Krieg geprägten deutsch-deutschen Geheimdienst-Aktivitäten zu neutralisieren, um den Übergang aus der Diktatur der SED zur freiheitlich-demokratischen Grundordnung friedlich gestalten zu können. Zu meinen ersten Amtshandlungen gehörte, eine entsprechende Vereinbarung mit dem damaligen Bundesinnenminister Dr. Wolfgang Schäuble zu treffen. Mit ihr sollten die deutschen Geheimdienst-Tätigkeiten gegeneinander

Markus Wolf   Berlin, 28. Juli 1990
Werner Großmann
Bernd Fischer

Stellvertreter des
Ministerpräsidenten
und Minister des Innern
Herrn Dr. Diestel

Werter Herr Minister!

Entsprechend der mit Brief vom 16. Juli dieses Jahres
unterbreiteten Überlegungen und Vorschläge zur
nachrichtendienstlichen Problematik im deutschen
Einigungsprozeß bestätigen wir in Hinsicht auf den
Zweiten Einigungsvertrag die mit genanntem Brief
übermittelte Loyalitätserklärung gegenüber der
Regierung der DDR und der künftigen Regierung
Deutschlands.

Als frühere Leiter der Hauptverwaltung Aufklärung
bzw. mit der Auflösung der HV A betrauter amtierender
Leiter erklären wir eidesstattlich:

   Zum Zeitpunkt der vollständigen Einstellung der
   nachrichtendienstlichen Tätigkeit hat es unter
   den ehemaligen Kundschaftern der HV A in der
   BRD und in Berlin (West) keine

      M i n i s t e r ,   S t a a t s s e k r e t ä r e ,
      M i n i s t e r i a l d i r e k t o r e n ,
      M i n i s t e r i a l d i r i g e n t e n   bzw.
      Beamte oder Offiziere vergleichbarer Dienst-
      stellungen oder Dienstgrade gegeben.

Wir versichern, daß dies auch für einen zurückliegenden
Zeitraum von m i n d e s t e n s 10 Jahren in
vollem Umfang zutrifft.

Markus Wolf
(Leiter der HV A bis November 1986)

Werner Großmann
(Leiter der HV A bis März 1990)

Bernd Fischer
(mit der Auflösung der HV A
betrauter amtierender Leiter
bis 30. Juni 1990)

Anlage

<u>Bemerkungen:</u>

Die Anzahl der in der BRD und Westberlin ehemals
tätigen IM der Hauptverwaltung A hat zu keinem
Zeitpunkt den Bereich dreistelliger Zahlen überschritten. Die Zahl der Kundschafter im engeren
Sinne lag immer unter 500, dabei Quellen im eigent-
lichen Sinne maximal ca. 350 - 400.

Die Gesamtzahl schlüsselt sich wie folgt auf:

- ca. 1/3   in Bereichen staatlicher und
              kommunaler Verwaltung sowie
              in Parteien, im militärischen Bereich,

- ca. 2/3   in Bereichen der Wirtschaft und
              Wissenschaft, in Bildungs- und
              Forschungseinrichtungen sowie
              weiteren Bereichen wie Medien,
              Verbänden u. ä.

beendet werden.« Gedacht war damals beispielsweise an eine Amnestie für alle Spione. Und weiter
schrieb ich 2002: »Heute staune ich über meinen nahe-
liegenden, aber naiven Gedanken.

In der Wende und nach der Wende arbeitete der
BND wie andere ausländische Geheimdienste auf
dem Gebiet der noch bestehenden DDR aktiver denn
je. Die große Anzahl von ›Überwerbungen‹, die mir
regelmäßig mitgeteilt wurden, belegen das. Mir ist
nicht bekannt, dass ein einziger westdeutscher Geheimdienstler deshalb auch nur moralisch belangt
worden wäre – während ostdeutsche Geheimdienstler die Tradition preußischen Spießrutenlaufes fort-
setzen mussten.

Das MfS wurde aufgelöst. Allen Mitarbeitern standen die beruflichen und sozialen Folgen deutlich vor
Augen. Bleibende Arbeitslosigkeit gehörte noch zu
den harmloseren Begleiterscheinungen. Dennoch
stellten sich die ehemaligen Mitarbeiter und Waffen-
träger dieses Geheimdienstes der neuen Rechts- und
Moralordnung nicht entgegen. Im Gegenteil: Loyal
halfen sie mit, sich selbst abzuwickeln.

Sie haben Anteil daran, dass die Wende friedlich
verlief und die deutsche Einheit nicht mit Blut befleckt wurde. Wie sich manche vielleicht erinnern,
griff der rumänische Geheimdienst Securitate zu den
Waffen, um die Wende dort aufzuhalten. Haben die
deutschen Geheimdienstler aus der DDR und die Inoffiziellen Mitarbeiter dieses Dienstes die fortgesetzte
gesellschaftliche Ächtung verdient?«

Nach nunmehr dreißig Jahren scheint der Stasi-
knochen publizistisch weitgehend abgenagt. Dachte

ich bis Mai 2019. Da aber beschloss das Bundes-
kabinett, die Überprüfungspraxis auf hauptamtliche oder inoffizielle Tätigkeit für die Stasi bis Ende
2030 fortzusetzen. Auf diese Weise verhalf man meinem damaligen Text zu bleibender Aktualität. »Bemerkt keiner in der heutigen Gesellschaft, dass sie
sich in der Auseinandersetzung mit dem DDR-Ge-
heimdienst auf einem Irrweg befindet? Zum einen
wird unter demokratischen Verhältnissen geradezu
idiotisch-konsequent das diktatorische Auswahlprin-
zip anerkannt und – schlimmer noch – praktiziert.
Geschützte ins Töpfchen, Ungeschützte ins Kröpf-
chen. Aschenputtel möge verzeihen. Zum anderen
wird massiv gegen das Gleichheitsgebot des Grundgesetzes verstoßen.«

Ende 2030 soll Schluss sein mit der Aussortierung.
Vierzig Jahre nach dem Ende des MfS. Wer dann
etwa sechzig ist und sich für den Öffentlichen Dienst
bewirbt (lacht jetzt einer?), wird also 1989 zwanzig
gewesen sein und zuvor eine rasante Geheimdienst-
karriere hingelegt und sich derart belastet haben,
dass er kein öffentliches Amt bekleiden oder sich um
ein Mandat bewerben darf. Vierzig Jahre anständige
Arbeit für die Bundesrepublik zählen also nicht.

Und wer dann jünger als sechzig ist, war zum Ende
der DDR nicht mal Pionier. Wie gefährlich albern ver-
hält sich da unser Staat? Hat unser demokratisches
Gemeinwesen einen solchen Schwachsinn verdient?

Wäre ich ein linker Radikaler, der ich bekanntlich
nicht bin, würde ich meinen, es handele sich um Methoden eines Polizeistaates, die demokratisch verhüllt
werden.

Mitbestimmung allenfalls bei Unterkunft und Verpflegungssätzen

Wir verabredeten einen Besuch im Gästehaus des Innenministeriums in Zeuthen. Diestel begegnete mir ohne Arroganz und ohne das Gehabe, das Gewinner der politischen Wende nur zu gern zeigten. Freundlich schuf er eine Atmosphäre gegenseitigen Respekts und Vertrauens. Er erläuterte, dass Schäubles Leute nicht so recht vorankämen.

»Herr Wolf«, sagte er, des Tauziehens ebenfalls überdrüssig. »Sie wissen so gut wie ich, dass wir alle der Kriegsgefangenschaft entgegensehen. Die einzige Möglichkeit, die uns noch verbleibt, ist die, dass wir über unsere Unterkunft und die Verpflegungssätze mitbestimmen.«

Markus Wolf, Chef der DDR-Auslandsaufklärung
von 1952 bis 1986

8. Kapitel

Wofür ich mich schäme

Natürlich schreiben Autobiografen lieber über ihre
Erfolge als über ihre Niederlagen. Das hängt mit der
Eitelkeit zusammen und mit dem Wunsch, ein Selbst-
bild zu entwerfen, welches man der Nachwelt hinter-
lassen möchte. Ich kenne niemanden, der am Ende
seiner Tage erklärte: Mein Leben war Mist. Nun hoffe
ich, dass mir der Herrgott noch einige Jahre schenkt
und der Zeitpunkt finaler Bilanz in weiter Ferne liegt,
ich also meiner bisherigen Strecke nicht nur weitere
stattliche Jagdtrophäen und Stalinbüsten hinzufügen
kann. Aber das temporäre Fazit fällt, wie ich meine,
ziemlich günstig aus. Ich kann morgens ohne Scham
in den Spiegel schauen, und die Zahl meiner Niederlagen ist überschaubar. Damit sind menschliche, politische und auch juristische Misserfolge gemeint. Einen Anwalt, der nur Prozesse gewinnt, gibt es nicht.
Doch mir fehlt der Mut meines Kollegen und Freundes Dr. Friedrich Wolff, der seinen Memoirenband
selbstbewusst »Verlorene Prozesse« titulierte. Wahrscheinlich muss man erst über neunzig sein, um souverän die persönlichen Misserfolge auf über sechs-

hundert Seiten ausbreiten zu können. Die Verfahren gingen verloren, der Verteidiger hatte sich gegen die Staatsanwaltschaft nicht durchsetzen können. David unterlag Goliath. Doch Wolff und seine Mandanten blieben letztlich die moralischen Sieger, weil sie – es handelte sich ausnahmslos um »politische Verfahren« zwischen 1952 und 2003 – einer staatlichen Übermacht unterlagen. Auch wenn Richter stets für sich reklamieren, unabhängig in ihrem Urteil zu sein, so waren und sind sie es oft nicht. Sie lesen Zeitungen, sehen fern, hören Radio auf der Autobahn, sprechen im Golfclub und im Jagdverein mit Zeitgenossen, nehmen Stimmungen und Zeitgeist auf und folgen diesen. Gewiss nicht mit Vorsatz, eher unbewusst, jedoch keineswegs frei von diesen äußeren Einflüssen. Dennoch fällen sie mitunter gänzlich unerwartete Urteile, weshalb der Volksmund zu der Auffassung kam, dass man vor Gericht und auf hoher See in Gottes Hand sei, womit gesagt ist, nichts ist kalkulierbar und vorhersehbar. Jähe Wendungen sind immer möglich.

»Jähe Wendungen« war übrigens eine Wendung, die Honecker am Beginn der achtziger Jahre dem politischen Vokabular hinzufügte. Damit wollte er der Siegesgewissheit seiner Genossen keinen Dämpfer verpassen, denn der Vormarsch des Sozialismus erfolgte bekanntlich unaufhaltsam und gesetzmäßig. Aber die ungetrübte Zuversicht war angesichts der merklichen Eintrübung des Himmels schwer nur aufrechtzuerhalten. Dabei dachte Honecker in globalen Dimensionen, mehr an Reagan und Breshnew denn an sich selbst. Eine derart »jähe Wendung« in der Innenpolitik der DDR, wie sie sich zum Ende des Jahrzehnts vollziehen würde, war ganz gewiss nicht gemeint. Dazu langte die Fantasie nicht. Dieses Unvermögen, das soll zu Honeckers Ehrenrettung angefügt sein, teilte er mit Millionen.

Zu meinen persönlichen komplizierten Erfahrungen rechne ich Günther Krause.

Ich kannte ihn nicht, niemand hatte ihn zuvor auf dem Schirm, als ihn der Ministerpräsident als seinen Parlamentarischen Staatssekretär präsentierte. Krause war in meinem Alter, bei der Fahne gewesen, hatte zur selben Zeit wie ich studiert, und zwar Rechentechnik und Datenverarbeitung an der Hochschule für Architektur und Bauwesen in Weimar. Im Unterschied zu mir verfügte er über eine erkennbare Affinität zur Mathematik und damit über eine nüchterne Rationalität im Denken. Er war wie ich während des Studiums der CDU beigetreten und, anders als ich, jedoch dabeigeblieben. In den achtziger Jahren war er Kreisvorsitzender in Bad Doberan und im Monat der Volkskammerwahl sogar Bezirksvorsitzender in Rostock geworden. Möglicherweise hatte ihn das für die höheren Weihen in Berlin empfohlen. Nach der Konstituierung der Volkskammer wurde er gleich Fraktionschef der Konservativen. Diese Funktion sollte er – neben seinem Staatsamt – bis zum Ende der DDR ausüben.

Krause hatte etwas Zupackendes. Er wirkte in allem, was er tat, gleichermaßen dynamisch und überlegt, weshalb ihm der Ministerpräsident die Aufgabe übertrug, mit Bundesinnenminister Schäuble den Einigungsvertrag auszuarbeiten, der die Überführung der DDR in das Kernland regeln sollte. Inwieweit dies eine ausschließlich subjektive Entscheidung von Lothar de Maizière war, vermag ich heute noch viel weniger als damals zu beurteilen.

Dem Einigungsvertrag war der erstaunlich rasch zusammengehäkelte Staatsvertrag zwischen der DDR und der Bundesrepublik vorausgegangen. Schon am 18. Mai, reichlich vier Wochen nach Arbeitsaufnahme unserer Regierung, hatten die beiden Finanzminister Waigel (CSU) und Romberg (SPD) im Palais Schaumburg in Bonn, wo denn sonst, einen Vertrag über die Herstellung einer Wirtschafts-, Währungs- und Sozialunion zwischen beiden Staaten unterzeichnet. Dieser trat am 1. Juli in Kraft und hatte entscheidende Veränderungen im Osten zur Folge. Mit der Einführung der D-Mark in der DDR wechselte die Finanzhoheit von Berlin nach Bonn, womit sich de facto die Eigen- und Selbstständigkeit der DDR erledigt hatte. Die Umstellung des Außenhandels der DDR auf die harte Währung führte zum Verlust des Marktes in Osteuropa. Die Geschäfte im Ostblock, und dort befanden sich bis dahin die Hauptabnehmer von Waren und Dienstleistungen aus der DDR, erfolgten in der Regel auf der Basis einer Verrechnungseinheit, transferabler Rubel geheißen.

Durch die abrupte Währungsumstellung erfuhr der seit Monaten aus verschiedenen Gründen zu beobachtende Niedergang der DDR-Volkswirtschaft eine weitere Beschleunigung. Verstärkt wurde dieser Prozess von der in der Sozialunion beschlossenen Lohnerhöhung in den DDR-Betrieben – und das bei sinkenden Erträgen.

Willi Sitte, einer der bedeutendsten Maler der DDR:
So sah er Diestel 1993. Der Witz steckt im Detail – Frauen,
Hanteln, gefaltete Hände … Ein Blatt zur heiteren Erbauung

I

Familie und Dackel anno 1990: Anwalt Diestel mit Ehefrau Gabi
und den Kindern Stefanie (*1978), Jan (*1984) und Friedrich
(*1978) vorm Haus in Leipzig

Die Gebrüder Diestel mit Vater Hans-Heinrich (Mitte): Thomas,
Matthias, Andreas, Peter-Michael und Hans-Heinrich (v. r. n. l.)

Dieses Foto ging um die Welt: Der DDR-Innenminister steigt
aufs Dach, um eine Gefängnisrevolte in Leipzig gewaltfrei
zu beenden

Die Polizisten streikten in Berlin, der Innenminister und oberste
Polizeichef diskutierte vor der Volkskammer mit ihnen und
schickte sie nach Hause. Sie sollten dankbar sein, dass sie –
im Unterschied zu Millionen Landsleuten – ihren Job behielten

12. April 1990: Amtsantritt der Koalitionsregierung unter
Premierminister Lothar de Maizière, Gruppenbild auf den
Stufen des Palastes der Republik

Dienstreise nach Moskau 1990: Der Innenminister legt Blumen
am Grabmal des Unbekannten Soldaten nieder und würdigt die
für die Befreiung Europas gestorbenen Sowjetsoldaten

Neustadt in Franken am 1. Juni 1990: die beiden deutschen
Innenminister Diestel und Schäuble sowie Bayerns Innenminister Edmund Stoiber sind Zeugen des Abbaus der Grenzanlagen vor Ort

Und wieder daheim im Berliner Parlament: mit SPD-Fraktions-
chef Richard Schröder (r.) und Hans-Wilhelm Ebeling

V

»Don Camillo« (Zweiter von links), Gastwirt in Malchow, mit prominenten Gästen in seinem Ristorante: Stefan Heym (links außen) und Egon Bahr (rechts außen)

Armdrücken mit Olympiasieger Udo Beyer

11. Juli 1992: Pressekonferenz zur Gründung der »Komitees für Gerechtigkeit«, zu den 64 Aufrufern gehören Tamara Danz von »Silly« und PMD

Peter Meyer und Dieter Birr von den Puhdys zum Gartenfest in der Mecklenburgischen Seenplatte

Unternehmer Franz-Josef Wernze aus Köln zu Gast bei seinem Freund in Zislow

Ministerpräsident Manfred Stolpe (SPD) und Oppositionsführer Peter-Michael Diestel (CDU) im Brandenburger Landtag

Bundeskanzler Gerhard Schröder (1998-2005) verirrte sich nach Mecklenburg-Vorpommern und traf PMD

8. Mai 2015: Brüderliche Umarmung in Berlin bei Gelegenheit
eines Interviews mit Oskar Lafontaine

Auf ein Bier mit Rechtsanwaltskollegen Wolfgang Vogel, des
einstigen Honecker-Vertrauten und nun auch Freund Diestels

Ex-Koko-Chef Alexander Schalck-Golodkowski (links) und
Ex-Bild-Chef Hans-Hermann Tiedje in Güstrow

Helmut Kohl und Willi Sitte im Gespräch. Der Altkanzler wollte sich von Sitte porträtieren lassen, doch der sagte ab

Autoren des Doppelbandes »Die Sicherheit. Zur Abwehrarbeit des MfS«, dem Diestel ein »Plädoyer« voran gestellt hatte, gratulierten zum 50. Geburtstag: Generalmajor a. D. Willi Opitz, Oberst a. D. Reinhard Grimmer, Generalleutnant a. D. Wolfgang Schwanitz, Generalmajor a. D. Gerhard Niebling, Generalleutnant a. D. Günter Möller, Generalleutnant a. D. Werner Irmler, Generalleutnant a. D. Manfred Hummitzsch (v. r. n. l.); vorn Peter-Michael Diestel und Frank Schumann

5. Dezember 2012: Buchvorstellung mit Heinz Florian Oertel in Berlin

7. Mai 2015: Zu Besuch bei Verleger Matthias Oehme am Berliner Gendarmenmarkt

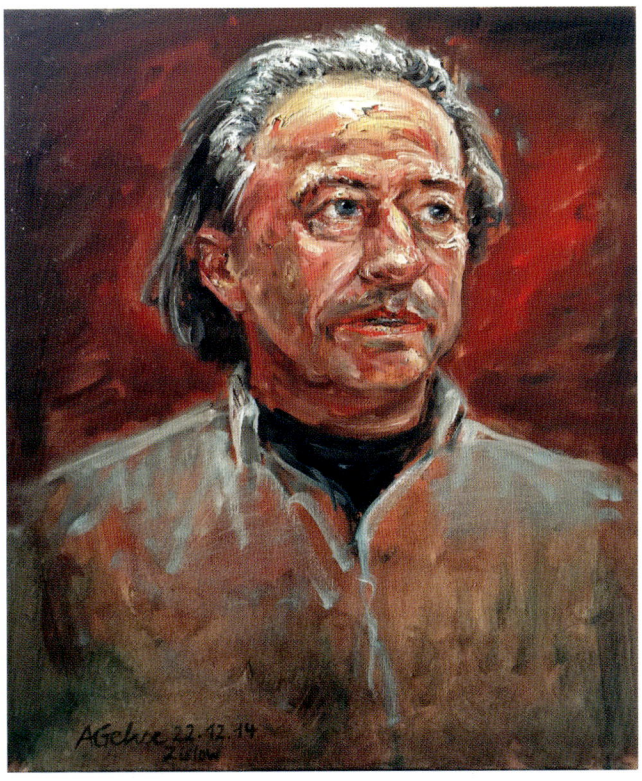

Albrecht Gehse porträtierte nicht nur Helmut Kohl fürs Bundeskanzleramt, sondern 2014 auch PMD. Bei der Übergabe des Bildes gab ihm der Maler jedoch mit auf den Weg, nun müsse er in dieses Porträt hineinwachsen. Seither grübelt Diestel, wie er das anstellen soll. Antje Diestel hingegen interpretierte es so: »Der Maler Albrecht Gehse, Menschenkenner und Menschenfänger, hat an einem unbeschwerten Abend meinen Mann porträtiert. Es ist für mich das authentischste Bild meines Mannes. Kantig, ungebeugt, lebensklug, Schlachten geschlagen, aus Niederlagen gestärkt hervorgegangen, Haltung und Werte bewahrend und doch verletzlich und verlässlich, mit humorvoller Leichtigkeit, sehnsüchtig nach Wärme, Geborgenheit und innerem Frieden. Das ist mein Mann!«

Ex-Bundeskanzler Helmut Kohl, Ex-Vizepremier Peter-Michael
Diestel und Ex-Frau Simone sowie Ex-Ministerpräsident Lothar
de Maizière, 2002

Dritter Anlauf: Trauung mit Antje in der Kirche zu Zislow,
Trauzeugen waren Gregor Gysi und Lothar de Maizière

Der Präsident des FC Hansa mit Spieler Christian Beeck, der 1994 mit Trainer Pagelsdorf vom 1. FC Union Berlin nach Rostock gekommen war

Emma, der Lieblingsjagdhund, mit Schmetterling

Harald K. Schulze: »Apokalypse III. Die bedrückende
Bedrohung«, ein Auftragswerk von Diestel. Der Künstler über
den Mäzen: »Er legte die inhaltliche Gestaltung so ziemlich
alleine fest. Das ist heute selten für Auftraggeber, und das
akzeptiere ich auch nur bei solchen, die sich in einer ähnlichen
Gedankenwelt befinden wie ich.«

Die Außenmärkte brachen weg, der Binnenmarkt schrumpfte – mit dem Westgeld kauften die DDR-Bürger lieber Westwaren, weil die bunter und angeblich besser waren (was sich alsbald als Irrtum herausstellen sollte und die Rückkehr zu den bekannten Ostmarken erfolgte – sofern diese überhaupt noch existierten).

Der ökonomische Irrsinn wurde mit gewaltigen Finanztransfers zu kompensieren versucht, was aber auch nur kurzfristig half: Das meiste Geld blieb ohne nachhaltige Wirkung und floss zudem wieder in den Westen zurück: über die West-Unternehmen, die mit Treuhandzuschüssen DDR-Betriebe übernahmen, über die Verwaltungsbeamten, die mit Buschzulage in den Osten geschickt wurden, über die Aufbauaufträge, die nicht an Betriebe in der Region, sondern an westdeutsche Unternehmen vergeben wurden, über Steuern und Abgaben auf überhöhte Löhne und Gehälter und dergleichen mehr. Die Ossis hatten schon vor der Vereinigung mit dem 1. Staatsvertrag die Arschkarte zugeteilt bekommen.

Das alles erhöhte den Druck auf die Verhandler, die am Einigungsvertrag saßen. Denn je länger unter diesen erkennbar kritischen Umständen die Existenz der DDR währte, desto dramatischer und teurer würde alles werden. Die Weichen waren einfach falsch gestellt worden. Aber hatte es andere Möglichkeiten gegeben?

Die Parole von der Alternativlosigkeit habe ich nie benutzt. Natürlich gibt es bei jeder Entscheidung Alternativen. Die Frage jedoch ist: Wäre eine andere Option die bessere gewesen? Und was wäre die Alternative gewesen? Im Vergleich mit der Sowjetunion

145

und den anderen osteuropäischen Ländern verlief die Privatisierung relativ geordnet, wobei natürlich die Reihenfolge Sanieren vor Privatisieren besser gewesen wäre. Aber hatten wir dafür Zeit? Die Prozesse in Ostdeutschland besaßen eine eigene, wie es ausschaute: kaum steuerbare Dynamik. Und sie traf – auch dies der oberflächliche und von den Medien genährte Eindruck – auf Verantwortungsgremien im Westen und im Osten, die auf eine solche Entwicklung nicht vorbereitet schienen.

Wie hätte eine alternative Entwicklung ausschauen sollen? Die Antwort eines Arbeiters, dessen Betrieb geschlossen wurde und ein anderer nicht in der Nähe war, oder eines Funktionärs in einer liquidierten SED-Kreisleitung oder eines Unteroffiziers in einer geschlossenen Bezirksverwaltung des MfS fiel natürlich anders aus als meine oder die von Günther Krause, nicht zu reden von unseren westdeutschen Beratern und deren Chefs. Wir saßen auf relativ gesicherten Thronen und mussten nicht um unsere und die Existenz unserer Familien bangen. Eine sichere Warte beeinflusst immer Perspektiven und Urteile.

Die gestürzte Staatspartei beschäftigte in ihrem Apparat etwa 44 000 Mitarbeiter, von denen fast alle in die Arbeitslosigkeit entlassen wurden. Sie hatten nicht nur aufgrund ihrer Vielzahl keine Chance, in anderen Parteien beschäftigt zu werden, denn bei denen waren die Plätze an den Fleischtöpfen gezählt. Und an diese drängten jene, die sich vierzig Jahre zu kurz gekommen und darum als Opfer wähnten. Und um des eigenen Vorteils willen denunzierten sie jene, die bis dahin dort gesessen hatten, um deren Chancen zu schmälern und um die eigenen zu verbessern. Eine wirklich schlimme Situation.

Das kurzzeitig aufgekommene Gefühl der eigenen Minderwertigkeit, welches mich bei meiner Berufung zum Minister beschlichen hatte, hielt nicht lange vor. Bei näherer Betrachtung meiner Kollegen gewann ich nicht unbedingt den Eindruck intellektueller Unterlegenheit.

Ich teilte die im Kabinett vorherrschende Auffassung, dass das Bodenreformland und andere Nachkriegsentscheidungen nicht angetastet werden dürften. Dass in der Regierungserklärung am 15. Juni nicht von »Rückgabe« enteigneter Betriebe, sondern von »Entschädigung« gesprochen wurde, rechnete ich dem Regierungschef hoch an. Krause leistete offenkundig geraume Zeit auch erfolgreich Widerstand gegen die von Bonn geforderte Reihung: Rückgabe vor Entschädigung. Mit diesem Auftrag war er ja auch von der DDR-Regierung in die Verhandlungen geschickt worden. Doch am 23. September 1990, wenige Tage vor dem Ende der DDR, beschloss die Volkskammer – entsprechend erteilter »Hinweise« von drüben – das Gesetz zur Regelung offener Vermögensfragen.

Es stellte keine Gerechtigkeit her, wie es vorgab, sondern zementierte auf Dauer die ungleichen Besitzverhältnisse zwischen West und Ost. Ludwig Erhard hatte zutreffend die Spielregeln des kapitalistischen Systems erkannt: »Nur Eigentum gewährleistet persönliche Sicherheit und geistige Unabhängigkeit.«

Um ihr Eigentum gebracht, verloren die Ossis ihre persönliche Sicherheit und die geistige Unabhängigkeit. Sie erlebten die größte Enteignung, die es je im Kapitalismus gegeben hatte. Sie erfuhren nicht nur eine entschädigungslose Enteignung individuellen und des Volkseigentums, sondern auch noch eine mit Schaden, also Schulden. Auf den fast drei Millionen Quartieren, die im Rahmen des Wohnungsbauprogramms errichtet worden waren, lasteten plötzlich die Baukosten, die die kommunalen Wohnungsverwaltungen an den neuen Fiskus »zurückzahlen« mussten. Viele Kommunen retteten sich dadurch, indem sie privatisierten, also im großen Stil verkauften und damit die Spekulationsspirale in Gang setzten. Dresden wusste sich keinen anderen Rat, um die über 700 Millionen Euro »Schulden« loszuwerden, als seinen gesamten Wohnungsbestand an eine in den USA ansässige »Investorengruppe« zu veräußern. 48 000 Mietwohnungen in den Hals von Miethaien.

Bis zur Jahrtausendwende wurden über zwei Millionen Anträge auf Rückgabe von Immobilien im Osten gestellt. Die Treuhand und Vermögensämter verteilten Betriebe und Grundstücke unter Wert – Ostdeutsche waren von der Verteilung weitgehend ausgeschlossen. Alteigentümer wurden bei der Rückgabe von Bodenreformland ebenfalls begünstigt. Nicht zu vergessen: Die Ostdeutschen verloren bei der Währungsunion ein Drittel ihrer Ersparnisse aufgrund der Umtauschregelungen. Die Deutsche Bank, um mal eine Adresse zu nennen, bezeichnete die ersten Jahre der Wiedervereinigung als die besten in ihrer hundertjährigen Geschichte. Aktuell ist sie weit davon entfernt. Vermutlich braucht auch sie erneut eine Wiedervereinigung mit einem angeblich maroden Land ...

Es heißt, dass die Ostdeutschen im Vergleich zu den Westdeutschen statistisch lediglich über ein Viertel des Eigentums verfügen. Das bedeutete, um mit Ludwig Erhard zu sprechen, auch nur ein Viertel persönlicher Sicherheit und geistiger Unabhängigkeit.

Das war, als Krause und Schäuble im Sommer 1990 am Einigungsvertrag bastelten, so nicht absehbar. Niemand besaß eine gläserne Kugel, in die man hätte schauen können, das Orakel von Delphi hatte schon lange den Dienst eingestellt, und den linken Kassandras konnte man schon deshalb keinen Glauben schenken, weil sie den Karren in vierzig Jahren in den Dreck gefahren hatten, den wir nun mit eigener Mühe und Hilfe von drüben wieder flottzumachen versuchten.

Ich hatte meine Probleme mit Krause, er war mein Todfreund. Wir stichelten und stänkerten, wenn wir uns sahen. Es stimmte einfach die Chemie zwischen uns nicht. Es hatte wohl etwas damit zu tun, was Tucholsky in einen treffenden Satz gekleidet hatte: Zwei Sonnen können nicht umeinander kreisen.

DDR-Staatssekretär a. D. Krause blieb als Bundesminister in Bonn, ich kehrte in die Heimat zurück. Er wurde alsbald »gestrauchelt«. Krause behauptete später, allein der *Spiegel* habe 24 Leute auf ihn angesetzt. Nun muss man aber ehrlicherweise auch sagen, dass er jenen, die ihn loswerden wollten, kräftig beim Abschießen half. Er lieferte eine Steilvorlage nach der anderen. So kreidete man ihm zum Beispiel die Zuschüsse an für eine Putzfrau, die Krauses Partnerin für die eingestellte Langzeitarbeitslose beantragt hatte, der Umzug von Berlin nach Börgerende, den er sich vom Staat mit sechstausend D-Mark hatte subventionieren lassen, oder den Verkauf ostdeutscher Autobahnraststätten, woran er partizipiert haben soll. Peanuts im Vergleich zu den Provisionen und horrenden Honoraren, die westdeutsche Berater und Gutachter in den deutsch-deutschen Geschäften einstrichen. Der Bundeskanzler glaubte auch, dass Krause, der oft den ostdeutschen Elefanten im westdeutschen Porzellanladen gegeben hatte, mit Vorsatz weggebissen worden war. Wenn Kohl mich anrief, später, als ich wieder als Anwalt arbeitete, erkundigte er sich stets, ob ich genügend Mandate hätte, wie es dem Krause gehe und dass er nicht verstehe, warum ich in dem schon geraume Zeit währenden Rosenkrieg zwischen Krause und dessen Frau die Verteidigung von Heidrun K. übernommen habe. »Oder willst du ihn fertigmachen?« Kohl pflegte mich zu duzen, während ich ihn mit Sie ansprach. »Nein, Herr Dr. Kohl, überhaupt nicht.« Ich hörte ein Glucksen in der Leitung, was man als gesteuerten Heiterkeitsausbruch deuten konnte.

»Naja, das ist eure Sache«, sagte der Kanzler. Was so zu interpretieren war: Ich verstehe euch Ossis nicht. Aber da war er wohl nicht der einzige Westdeutsche.

Was aber gab es da nicht zu verstehen?

Ich dachte eine Weile darüber nach – und legte das Mandat für Heidrun K. nieder. Warum sollte ich mich anders als Kohl verhalten und unsolidarisch sein? Schließlich hatte ich eine Zeit lang neben Krause im Schützengraben gelegen. Und wenn ich's recht bedachte: War Krause nicht Opfer der eigenen Gutgläubigkeit geworden wie die meisten von uns? Voller Idealismus waren wir in die Vereinigung gegangen, um dann alsbald feststellen zu müssen, dass der gesamtdeutsche Gesetzgeber und die Justiz von den Ideen und Grundsätzen, die uns Ostdeutsche motiviert hatten, abwichen. Aufgrund dieser mich schmerzenden Erfahrungen nehme ich davon Abstand, den Stab über Krause, der in meinen Augen eine tragische Figur ist, zu brechen. Unsere Herkunft und die gemeinsame Geschichte verbinden uns. Ich sage es mal mit Pathos: Wir haben uns einen Lebenstraum verwirklicht, nämlich die deutsche Einheit zu verwirklichen. Alles andere … Nebbich.

Krause war als Unternehmer – ich formuliere es mal höflich – nicht besonders erfolgreich. Er hatte kein Eigenkapital, um seine Idee eines Niedrigpreis-Eigenheims für Ostdeutsche, eines »Volkshauses«, zu realisieren (was nachweislich die Behauptung widerlegte, dass er sich als Minister bereichert hätte). Er suchte um einen Kredit über elf Millionen nach und bekam ihn auch, weil seine Frau mit ihren Liegenschaften bürgte. Damit schien er spekuliert zu haben, fast die Hälfte des Darlehens verschwand in einem kurzfristigen Investment mit angeblich ausgezeichneter Rendite. Er war nicht der einzige Ostdeutsche, der auf diese Weise über den Löffel balbiert wurde. Ich sagte ja schon: Als Unternehmer war Krause nur mäßig begabt.

Die Medien ergötzten sich aus verschiedenen Gründen an dem Zoff zwischen dem Ex-Bundesminister und seiner Frau, die Leser der Yellow Press, so schrieb im Mai 1997 der *Spiegel*, hätten ihren Spaß an den »Geschichten über Treue und Verrat, über Sex, Macht, Geld und Gier im Hause Krause. Munitioniert werden sie offenbar von beiden Seiten.« Überschrieben hatten sie den Beitrag mit »Nachbeben der Einheit«. Hübsch. Für die Leser.

Mein ehemaliger Intimfeind ist seit geraumer Zeit mein Mandant.

Das verstehen viele nicht. Wieso verteidigen Sie denn so einen, fragten manche. Oder andere zwielichtige Personen. Sie schüttelten den Kopf, als ich 2017 Hubert Zafke vertrat, der als SS-Sanitäter in Auschwitz der Beihilfe zum Mord in 3681 Fällen angeklagt worden war.

Wenn man einen Angeklagten vor Gericht verteidigt, macht man sich nicht mit seinem Mandanten gemein und verteidigt dessen Taten, sondern sorgt dafür, dass die jedem Bürger gleichermaßen zustehenden Rechte ihm auch vor den Schranken des Gerichts zugestanden werden. Zafke war 94, als Anklage gegen ihn in Neubrandenburg erhoben wurde. Zwei Gutachten bescheinigten ihm fortschreitende Demenz, und auch sonst war der Angeklagte gesundheitlich derart hinfällig, dass man ihn nach drei Wochen aus der U-Haft entließ. Mir muss keiner erklären, was Auschwitz war, das habe ich schon in der DDR-Schule erfahren. Die dort verübten Verbrechen verjähren nicht. Aber den ausdauernden Verfolgungswillen an einem dem Tode Geweihten zu demonstrieren – Zafke sollte im Sommer 2018 versterben – hielt ich für unangemessen und menschenunwürdig. Ähnlich unwürdig war man beispielsweise mit dem krebskranken Erich Honecker verfahren,

ehe sich das Gericht entschloss, den halbtoten Angeklagten von dieser mentalen Folter freizustellen und
in Frieden ziehen zu lassen.

Außerdem war Zafke nach dem Kriege bereits in
Polen zu einer mehrjährigen Haftstrafe verurteilt worden, die er auch verbüßt hatte. Zweimal kann man
für das gleiche Delikt nicht verurteilt werden. Aus
all diesen Gründen stritt ich für die Einstellung des
Verfahrens, das sich zweieinhalb Jahre hinzog und es
auf ganze vier Verhandlungstage brachte. Vermutlich
war's der letzte Auschwitz-Prozess in der deutschen
Rechtsgeschichte. Wir müssen uns künftig auf andere
Weise mit diesem Thema auseinandersetzen.

Vielleicht ging es bei diesem Verfahren zwar gegen
einen vermeintlichen Nazi-Verbrecher, aber indirekt
und vornehmlich ging es gegen die DDR. Denn es
stand bei diesem und vergleichbaren Verfahren immer die Frage im Raum: Wieso wurden die Täter erst
jetzt von bundesdeutschen Behörden ermittelt und
nicht schon von der DDR? Hatte die DDR Nazis gar
gedeckt oder durch die Finger geschaut? Vielleicht
war's mit dem Antifaschismus doch nicht so weit her,
wie immer behauptet? Der Bericht des *MDR* über
das Verfahren gegen Hubert Z. unter der Überschrift
»Nazi-Karrieren in der DDR« begann so: »Zu den neu-
eren Mythen zählt die scheinbare Gewissheit, dass
die DDR alle Nazis in ihrem Land konsequent auf-
gespürt und einer gerechten Strafe zugeführt hatte.
Eine Legende, die zum antifaschistischen Selbstver-
ständnis der DDR passte und durchaus bewusst etab-
liert wurde.« Die Entnazifizierung in der DDR sei »ein
Spiel mit Halbwahrheiten« gewesen. Geschmacklos

im Kontext von Millionen Toten die Vokabel »Spiel«
zu benutzen. Aber es war ja nicht nur eine sprachliche
Entgleisung. »Den DDR-Bürgern wurde pauschal Ab-
solution erteilt, die Schuldfrage nicht gestellt, wenn
sie sich im Gegenzug dem Sozialismus zuwendeten
und den Aufbau der ›frohen, friedlichen Zukunft‹
tatkräftig unterstützten. Und das, obwohl auch die
DDR-Gesellschaft zu einem erheblichen Teil aus NS-
Mitläufern und Tätern bestand – auch in führenden
Positionen in Politik, Wirtschaft, Wissenschaft und
Kultur.« Während das natürlich in der Bundesrepublik ganz, ganz anders war, möchte man einwerfen.
Was für eine verlogene Demagogie und welch ein politischer Missbrauch dieses Verfahrens. Es schmerzte
zu erleben, wie es zumindest in der medialen Begleitung des Verfahrens erkennbar nicht um Gerechtigkeit für den Angeklagten, sondern um den Beweis
von Unterlassungssünden der DDR einerseits und andererseits um den Nachweis heute praktizierter kon-
sequenter Verfolgung von Naziverbrechern ging, die
weder Rücksicht auf Alter noch Gesundheit der Angeklagten nahm. Erinnerte man jedoch an die Nachsicht
in der Bundesrepublik, mit der Belastete wie Globke,
Oberländer, Heusinger usw. behandelt worden waren,
hieß es: Genau, deshalb müsse man nun besonders
streng vorgehen. »Hubert Z. ist kein Einzelfall. Auch
in der DDR war es möglich, als ehemaliger NS-Täter
seine Nische in der Gesellschaft zu finden.« Hieß es
generalisierend und falsch im *MDR* am 7. März 2018.
Ich verstehe die Genugtuung von Hinterbliebenen
und Nachkommen, von Opferverbänden und Antifa-
schisten, die sich bei rechtskräftigen Verurteilungen

154

der Täter einstellt. Es geht um das Symbol, nicht um die Höhe der Strafe. Aber auch in solchen Verfahren geht es immer um Recht, nicht um Gerechtigkeit.

Nein, es gibt kein Mandat, das ich je als Rechtsanwalt oder Verteidiger ausübte und ausübe, für das ich mich schäme oder rechtfertigen müsste. In meiner Kanzlei habe ich an die tausend Vollmachten. Ich war nie gezwungen, eine Vertretung aus Geldgründen anzunehmen, ich habe genug davon. Der Fall muss mich interessieren, auch die Person und die Herausforderung, die das Verfahren darstellt. Aber ich stelle nicht in Abrede, dass ich als Jurist zunehmend zur Bequemlichkeit neige. Ich gehe gern zur Jagd, mache täglich Kraftsport, besuche Auktionen, beschäftige mich mit diesem und jenem. Dafür schäme ich mich nicht. Wenn ich Scham empfinde dann darüber, wie wir, wie ich damals als Minister Menschen entlassen und sie mit dem Verlust ihrer Arbeit und ihrer Würde abgestraft habe, nur weil sie einem System gedient hatten, das wir für falsch hielten. Den Umgang mit ihnen damals nenne ich heute perfide, denn ihnen war anderes versprochen worden. Als Anwalt habe ich solchen Leuten später zu helfen versucht. Als Minister war das nur bedingt möglich.

Das waren anständige deutsche Offiziere!

Und wir traten ihnen zum Dank für ihre Lauterkeit in den Arsch.

Dafür schäme ich mich und für alle, die mittaten. Ich habe in gutem Glauben und aus tiefer Überzeugung diesen Menschen etwas versprochen, was nach Herstellung der Einheit von anderen nicht eingehalten wurde.

Eine Neigung zu eigentümlichen Gedanken

Diestel war noch Innenminister, machte aber bereits Wahlkampf für die Brandenburger Landtagswahlen am 14. Oktober 1990. Er erschien in Begleitung von Mitarbeitern und Personenschützern auf der Burg Beeskow. Mein erster Eindruck: ein breitschultriger, eitler Schönling mit wenig Substanz.

Zwischenzeitlich sind wir 29 Jahre sehr eng befreundet. Unser Kennenlernen habe ich in allerbester Erinnerung. Man täuscht sich in ihm, wenn man ihn für oberflächlich oder flach hält. Ich glaube, davon lebt er.

So wie die Elster den glänzenden Gegenstand schnell findet, fand er aus meiner künstlerischen Hinterlassenschaft in kurzer Zeit die besten Bilder. Das ist ja an sich nichts Schlechtes, aber dann das Handeln: eine Herzattacke vortäuschend, die vielen Kinder ins Spiel bringend und ansonsten das Elend der Welt bei der Reduzierung meiner Preisvorstellungen einsetzend. So ist er.

Aber er ist auch anders: zupackend, von scharfem Verstand und in guten und schlechten Zeiten konsequent anwesend. Er hat wie ich die Vorliebe für italienischen Wein und entsprechendes Essen und gelegentlich auch eine Neigung zu eigentümlichen Gedanken.

Harald K. Schulze, Maler

9. Kapitel

Als Sitte Kohl einen Korb gab

Zu meinem 50. Geburtstag kam der Altbundeskanzler in meine Kanzlei nach Potsdam. Das war im
Februar 2002 und Kohl kein Ehrenvorsitzender der
CDU mehr. Ein Jahr zuvor hatte er eine Geldbuße
in Höhe von 300 000 DM gezahlt, worauf das Ermitt-
lungsverfahren gegen ihn eingestellt worden war.
Der langjährige Parteivorsitzende hatte zugegeben,
zwei Millionen Mark als Parteispenden vereinnahmt
und nicht angegeben zu haben, womit er gegen das
Parteiengesetz verstoßen hatte. Er weigerte sich, die
Namen der Spender zu nennen, denen er sein Ehrenwort gegeben hatte. Nun stand das Ehrenwort in
Deutschland nicht sonderlich hoch im Kurs, seit der
schleswig-holsteinische Ministerpräsident Barschel
ein solches gegeben und damit nachweislich gelogen
hatte. Kohl hielt jedoch eisern daran fest, ungeachtet
des Umstands, dass er damit seine politische Reputation nachhaltig beschädigte und dafür auch juristisch
belangt werden würde. Das konnte man nun dick-
köpfig oder auch konsequent nennen, er wackelte
jedenfalls nicht. Das hatte mich stark beeindruckt.

Zudem hatte im vergangenen Jahr seine Frau Hand an sich gelegt. Er war also in keiner besonders guten Verfassung, als er sich in meiner Kanzlei die Treppe hinaufwuchtete.

Dennoch hielt er es für angezeigt, mich, den kurzzeitigen Weggefährten, außerhalb der Hauptstadt aufzusuchen, wo er in Schmargendorf eine Wohnung hatte, da er noch immer dem Bundestag angehörte. Ich schätzte und schätze Helmut Kohl sehr. Er war nicht nur der aus den Medien hinlänglich bekannte Machtmensch, die politische Dampfwalze, sondern auch ein sensibler, durchaus leutseliger Zeitgenosse, der zu erstaunlicher Empathie fähig war. Mein Eindruck schien nicht aus der Luft gegriffen, dass er mich irgendwie mochte. Auch wenn die Zahl seiner Einladungen und öffentlichen Auftritte merklich zurückgegangen war, so hätte er sich nicht nach Potsdam bemühen müssen. Wer war ich denn? Ein kleines CDU Mitglied und unbedeutender Anwalt, noch dazu einer aus dem Osten mit schlechtem Umgang.

Zu meinem schlechten Umgang gehörten Leute wie etwa Stefan Heym, der ebenfalls gekommen wäre, hätte ihn nicht erst vor wenigen Wochen ein Herzinfarkt in Israel dahingerafft. Es wäre ein bizarres Aufeinandertreffen geworden. Es gibt jenes berühmte Foto, das die Mannschaft um Kohl mit eisigen Gesichtern zeigt, während Heym als Alterspräsident den Bundestag eröffnet. Das Ärgernis bestand darin, dass der DDR-Dissident Stefan Heym im Westen hoch angesehen und beklatscht worden war – bis er 1994 für die PDS bei den Bundestagswahlen kandidierte. Die Partei zweifelte, ob sie in der ersten regulären Bundestagswahl im vereinigten Deutschland die Fünf-Prozent-Hürde nehmen würde und setzte daher auf Köpfe. Mit drei Direktmandaten spielte dann das Ergebnis eine nachgeordnete Rolle – man war drin. Einer dieser von ihr aufgestellten prominenten Kandidaten war der kritische Querkopf Heym, der am 4. November 1989 auf dem Alexanderplatz zu den Hunderttausenden Demonstranten gesprochen hatte. Seine kurze Rede damals war klassisch schon in der Anrede, sie sprach mir aus dem Herzen, Worte und Sätze wie in Stein gemeißelt. Und alles klang wie ein Regierungsprogramm, ich steckte es mir hinter den Spiegel: »Liebe Freunde, Mitbürger! Es ist, als habe einer die Fenster aufgestoßen nach all den Jahren der Stagnation, der geistigen, wirtschaftlichen, politischen Stagnation, den Jahren von Dumpfheit und Mief, von Phrasengewäsch und bürokratischer Willkür, von amtlicher Blindheit und Taubheit. Welche Wandlung! Vor noch nicht vier Wochen: Die schön gezimmerte Tribüne hier um die Ecke, mit dem Vorbeimarsch, dem bestellten, vor den Erhabenen! Und heute? Heute Ihr, die Ihr Euch aus eigenem freien Willen versammelt habt, für Freiheit und Demokratie und für einen Sozialismus, der des Namens wert ist.

In der Zeit, die hoffentlich jetzt zu Ende ist, wie oft kamen da die Menschen zu mir mit ihren Klagen. Dem war Unrecht geschehen, und der war unterdrückt und geschurigelt worden. Und allesamt waren sie frustriert. Und ich sagte: ›So tut doch etwas!‹ Und sie sagten resigniert: ›Wir können doch nichts tun.‹ Und das ging so in dieser Republik, bis es nicht mehr ging. Bis sich so viel Unwilligkeit angehäuft hatte im Staate und Unmut im Leben der Menschen, dass ein Teil von ihnen weglief. Die anderen aber, die Mehrzahl, erklärten, und zwar auf der Straße, öffentlich: ›Schluss! Ändern! Wir sind das Volk!‹

Einer schrieb mir – und der Mann hat recht: ›Wir haben in diesen letzten Wochen unsere Sprachlosigkeit überwunden und sind jetzt dabei, den aufrechten Gang zu erlernen.‹ Und das, Freunde, in Deutschland, wo bisher sämtliche Revolutionen danebengegangen, und wo die Leute immer gekuscht haben, unter dem Kaiser, unter den Nazis, und später auch. Aber sprechen, frei sprechen, gehen, aufrecht gehen, das ist nicht genug. Lasst uns auch lernen zu regieren.

Die Macht gehört nicht in die Hände eines einzelnen oder ein paar weniger oder eines Apparates oder einer Partei. Alle müssen teilhaben an dieser Macht. Und wer immer sie ausübt und wo immer, muss unterworfen sein der Kontrolle der Bürger, denn Macht korrumpiert. Und absolute Macht, das können wir heute noch sehen, korrumpiert absolut. Der Sozialismus – nicht der Stalinsche, der richtige –, den wir endlich erbauen wollen, zu unserem Nutzen und zum Nutzen ganz Deutschlands, dieser Sozialismus ist nicht denkbar ohne Demokratie. Demokratie aber, ein griechisches Wort, heißt Herrschaft des Volkes. Freunde, Mitbürger! üben wir sie aus, diese Herrschaft.« Das war 1989, und 1994 ließ Pfarrer Hintze, der Generalsekretär der Volkspartei CDU und ihr Wahlkampfmanager, 200 000 Großplakate im ganzen Land kleben, auf denen rote Socken mit einer grünen Klammer auf einer Leine hingen. Unbeabsichtigt verhalf diese bigotte CDU-Kampagne der PDS zu bemerkenswerter Popularität, die »rote Socke« wurde zum inoffiziellen Parteiabzeichen. Die Nachrichtenagentur *dpa* meldete am 19. Juli, die PDS habe sich bei der CDU »für Eure prima Wahlkampfhilfe« bedankt. Über die am Vortag von der CDU vorgestellte Plakataktion mit dem Slogan »Auf in die Zukunft – aber nicht auf roten Socken« und »Zukunft statt Linksfront« sei das PDS-Wahlbüro in Berlin »hochgradig entzückt«. Per Telefax sei Hintze zur nächsten Sitzung des Wahlbüros am 23. August »zu einem Erfahrungsaustausch« eingeladen worden.

Damals hatten die Wahlkämpfer also noch Humor und Witz.

Dank solcher Köpfe wie Heym holte die PDS vier Direktmandate und konnte selbstbewusst am 17. Oktober plakatieren, obgleich man nur 4,4 Prozent bekommen hatte: »Es ist raus: Wir sind drin!« Die Eröffnung des 13. Bundestages am 10. November 1994 sollte nun Heym vornehmen, er war mit 81 Jahren der älteste Bundestagsabgeordnete. Das sollte offenkundig verhindert werden. Am Tag zuvor wurde das Gerücht von einer Stasi-Verstrickung gestreut, weshalb er nicht als Alterspräsident reden solle.

Schon zu Beginn meiner Amtszeit als Innenminister war Stefan Heym zu mir gekommen und hatte mich gebeten, ihm behilflich zu sein: Er wolle seine Stasi-Akten sehen. Das tat ich gern, weil ich den alten Kauz mochte und er in der Vergangenheit stets Haltung bewahrt hatte. Er kritisierte die DDR, wo es nottat, aber er warf nicht mit Dreck. Und wo er meinte, dass man sie verteidigen müsse, bekannte er Farbe.

Heym hatte als Jude Nazideutschland verlassen müssen und kehrte als Befreier zurück: Er diente als US-Bürger in den amerikanischen Streitkräften als Propagandaoffizier. Nicht grundlos ließ er sich 1953 in Berlin nieder, weil ihm die DDR immer näher stand als die Bundesrepublik.

Nachdem Stefan Heym seine Stasi-Akten studiert hatte, kam er sichtlich verärgert wieder zu mir. Nicht die Tatsache, dass er observiert worden war, hatte ihn so aufgebracht. Er hatte in einer Einheit für psychologische Kriegführung gedient, war also selber Nachrichtendienstler gewesen und wusste darum, wie Geheimdienste arbeiteten. Dass ihn das MfS mit IM umstellt hatte, dass jeder seiner Schritte verfolgt und sein Telefon abgehört wurde, war ihm nicht verborgen geblieben. Deshalb schließlich war er zu mir gekommen. Unmittelbarer Anlass für seinen deutlichen Unmut waren die minutiösen Berichte über seine Seitensprünge. Jedes Abenteuer war säuberlich dokumentiert worden. Alle Eskapaden im Osten wie im Westen ... Davon dürfe seine Frau nichts erfahren, erklärte er apodiktisch, keine Silbe, kein Name. Wir Männer verstanden uns. Auf Stefan Heyms Wunsch organisierte ich ein Treffen mit dem ehemaligen Oberst der Staatssicherheit, der für seine Überwachung zuständig gewesen war. Heym hatte keine Probleme damit, eher der Mann vom Dienst. Das Gespräch war jedoch für beide Seiten nützlich: Der Schriftsteller hatte Stoff für seine künftige Arbeit, dem Ex-Offizier half es eine offene Wunde zu schließen.

Dieser Stefan Heym eröffnete nun also am 10. November 1994 den Bundestag, man hatte es nicht verhindern können. Die Unionsabgeordneten hockten wie Salzsäulen auf ihren Sesseln. »›Steinerne Mienen‹ hatte Bundeskanzler Kohl tags zuvor angeordnet«, schrieb der *Spiegel* zu diesem Bild. »Jetzt mimt er sie selbst vor, ermutigt zum gemeinsamen Aussitzen: ›Republik und Parlament sind stark genug, um eine Stunde lang einen Alterspräsidenten Heym zu ertragen.‹ Später werden selbst hartgesottene Unionsrechte einräumen, dass Stefan Heym ihre Disziplin nicht sonderlich strapaziert habe. Denn nicht nur beschränkt er seine Rede auf 20 Minuten. Er vermeidet auch das anstößige Wort Sozialismus. Statt dessen mahnt er altersmild eine ›Koalition der Vernunft‹ an.«

Dieses Dokument der Ablehnung und Arroganz, jenes Foto mit den versteinerten Gesichtern, besaß unbeabsichtigt symbolische Bedeutung über den Tag hinaus. Und für mich war Heyms Rede eine der stärksten und schönsten, die ich je im Deutschen Bundestag gehört habe.

Nach der peinlichen Konstituierung des Parlaments äußerte sich Stefan Heym auf einer Pressekonferenz zu den Verleumdungen. Er nannte die über ihn gestreuten Gerüchte einer angeblichen Stasi-Zuträgertätigkeit eine gezielte politische Provokation, was sie zweifellos waren, und sprach von einem »unmoralischen Umgang« mit den Akten des MfS. Dann offenbarte er die Geburt dieser Intrige. Ein Mitarbeiter der Zentralen Ermittlungsgruppe Regierungs- und Vereinigungskriminalität (ZERV) hatte einen Brief von Heym gefunden, den dieser 1959 geschrieben hatte, um sich vor einer von ihm vermuteten MfS-Falle zu schützen. ZERV-Chef Kittlaus übergab am 8. November diesen Brief an den Berliner Innensenator Heckelmann; dieser leitete ihn umgehend an Bundesinnenminister Kanther weiter, der sofort die Bundestagspräsidentin Süssmuth informierte. Diese rief Heym an, konfrontierte ihn mit dem Sachverhalt und fragte, ob er unter diesen Bedingungen noch immer seine Rede halten wolle.

Er wollte – und erstattete am 1. Dezember Strafanzeige gegen Kanther, Heckelmann und Kittlaus.

Die Angriffe auf Heym nahmen deshalb jedoch kein Ende. Talkshows wurden wie Tribunale geführt. Sat.1 lud in jener Zeit die Bundestagsabgeordneten Stefan Heym und Gregor Gysi sowie den Ex-Chef der DDR-Auslandsaufklärung Markus Wolf und einige Bürgerrechtler ein, darunter Angelika Barbe, die es bei der Bundestagswahl nicht wieder ins Parlament geschafft hatte. Nach der Wende war sie in den gesamtdeutschen Parteivorstand der SPD gewählt worden. Die Staatssicherheit hatte sie unter dem Operativen Vorgang »Hysterie« geführt; eine genaue Beobachtung konnte man den Genossen nicht absprechen. (Barbe, das nur nebenbei, verließ später die SPD, wechselte zur CDU und wurde von der *Zeit* im Frühjahr 2017 bei Pegida-Kundgebungen in Dresden gesichtet. Seit 2018 soll sie Kuratoriumsmitglied der AfD-nahen Desiderius-Erasmus-Stiftung sein.) Stefan Heym, zunehmend genervt von Barbes bescheuerten Fragen, erkundigte sich bei ihr, wann und wo sie denn als vermeintliche Oppositionelle unter dem SED-Regime gelitten und Widerstand geleistet habe. Auf ihr beredtes Schweigen reagierte Heym mit der entlarvenden Feststellung: Einige Bürgerrechtler seien Neurotiker, sie könnten nicht ertragen, dass sie nach der Wende an Bedeutung verloren haben. Daraufhin schoss die einstige Bürgerrechtlerin Freya Klier, angeblich von dieser Sendung kurzfristig ausgeladen, in einem *Focus*-Interview am 28. November zurück: »Ich sehe Gysi in einer Gruppierung von Stasi-Leuten, die – über Parteigrenzen hinweg – vernetzt sind, um sich auch an den Schaltstellen der neuen Gesellschaft zu etablieren. Es wird ihnen auch leicht gemacht: Im Osten zum Beispiel verfügen sie fast noch über alle Medien.«

Die Anwälte bekamen reichlich zu tun.

Ich hätte viel darum gegeben, Stefan Heym und Helmut Kohl acht Jahre nach diesem für die CDU blamablen Bundestags-Auftritt in meiner Kanzlei zusammenzuführen und miteinander zu versöhnen, denn so souverän war der Altbundeskanzler. Über vergossene Milch sprach er nicht, auch wenn er sich durchaus noch an jede Pfütze erinnerte. Er verfügte über ein phänomenales Gedächtnis, um das ich ihn beneidete. Und dabei ist meines auch nicht schlecht. Ich habe noch immer ein halbes Hundert Telefonnummern im Kopf ... Es wäre gewiss eine sehr unterhaltsame Begegnung geworden. Als ich später Kohl in irgendeinem Zusammenhang auf diese Zombie-Vorstellung im Parlament ansprach, bedauerte er sie, mehr noch: Es sei ein politischer Fehler gewesen, für den er sich schäme, erklärte er mir gegenüber. Das sei ihm schon während der Rede Heyms bewusst geworden.

Doch es fanden auch ohne den verstorbenen Heym interessante Gespräche an meinem 50. Geburtstag statt, etwa mit Willi Sitte. Einer der bekanntesten Maler der DDR, als Präsident des Verbandes Bildender Künstler Mitglied des Zentralkomitees, gehörte zu den aktuell Geschmähten. Im Vorjahr sollte er im Germanischen Nationalmuseum in Nürnberg zu seinem 80. Geburtstag mit einer Ausstellung geehrt werden, doch dagegen wurde Stimmung gemacht, weshalb der Verwaltungsrat des Museums kurzfristig die Exposition verschob. Es müsse noch Sittes Rolle als DDR-Kulturfunktionär untersucht werden, hieß es zur Begründung. Diese Beleidigung – Willi Sitte gehörte neben Werner Tübke, Bernhard Heisig und Wolfgang Mattheuer zu den bedeutendsten Malern der DDR – veranlasste ihn, die Werkschau in Nürnberg abzusagen. Zumal – wie der Generaldirektor des Museums später reumütig gegenüber der Presse einräumte – es versäumt worden war, erst den Künstler und dann die Leihgeber über die Verschiebung persönlich zu informieren. Kommentar zu dieser Stillosigkeit in der *Welt* am 20. Dezember 2000: »Man ist nicht nur unsicher in Nürnberg, man hat Angst. Angst, tendenziös zu sein. Angst von Opfern der DDR und den Opfern von Willi Sitte angegriffen zu werden.« Tendenziöse Überschrift zum Text: »Den Maler würdigen, den Täter darstellen«. Welchen »Täter«?

Helmut Kohl kannte solcherart Furcht nicht. Nachdem ich die beiden bekanntgemacht hatte, fanden sie rasch in ein anregendes Gespräch, das in der Frage gipfelte, ob er – Willi Sitte – ihn fürs Bundeskanzleramt porträtieren wolle.

Helmut Schmidt hatte damit begonnen, Bildnisse der Hausherren anfertigen und aufhängen zu lassen.

Er selbst ließ sich vom Leipziger Bernhard Heisig malen. Die Porträts seiner Amtsvorgänger Adenauer, Erhard, Kiesinger und Brandt waren zwar nicht für diesen Zweck angefertigt, aber für diese Kanzlergalerie ausgewählt worden. Nun fehlte also Helmut Kohl in dieser Reihe, worauf er Sitte explizit hinwies.

Ich weiß nicht, ob Kohl mit seinem Wunsch einer spontanen Eingebung folgte oder ob er schon längere Zeit mit der Idee schwanger ging, Sitte zu fragen. Er offenbarte auch nicht, ob es als demonstrative Geste in Richtung Nürnberg und aller anderen Kleingeister und Korinthenkacker gedacht war oder um seinen Nachfolger Gerhard Schröder zu ärgern, der sich seiner Freundschaft zu Jörg Immendorff rühmte und ganz gewiss auch sein offizielles Bild fürs Kanzleramt von diesem würde malen lassen.

Willi Sittes Augen verengten sich nach Kohls Anfrage hinter den kreisrunden Brillengläsern zu einem Schlitz. Weder an seiner Mimik noch an der Körperhaltung konnte ich sehen, wie dieses Angebot auf ihn wirkte. Gewiss schien ihm bewusst zu sein, dass der Eintritt ins Walhalla der deutschen Politik ihm neue Räume öffnen würde. Auf der anderen Seite: Brauchte er überhaupt ein solches Ticket? Besaß sein Name als Künstler nicht eigenen Klang genug, der auch noch in Jahrzehnten zu vernehmen sein würde? Benötigte er da die Schlagzeile in der Tagespresse: Kommunist und DDR-Staatskünstler Sitte porträtiert den Kanzler der Einheit? Denn dass er Kommunist war, hatte er nie bestritten, und dass er dafür als »Staatskünstler« geschmäht wurde, nahm er schon immer achselzuckend hin. Nicht so den Verlust der

DDR. Mit deren Zustand hatte er sich allerdings auch nie abgefunden, wie ich es aus persönlichen Gesprächen mit ihm wusste. Sitte imponierte mir nicht nur als Künstler. Als Verbandspräsident hatte er sich stets vor und hinter die Künstler gestellt, für ihre Westreisen und Westautos gekämpft, was mancher sehr rasch vergaß und es ihm mit übler Nachrede dankte. Wiederholt besuchte ich Sitte in Halle, in seinem Atelier hinterm Wohnhaus mit der bezeichnenden Adresse »Frohe Zukunft«, hatte Kunstwerke angeschaut und erworben und viel mit ihm geredet. Sitte war kein Opportunist, weder damals noch heute. Würde er in den Verdacht bei seinesgleichen geraten, ein solcher zu sein, wenn er Kohl malte? Er könnte auch seine angegriffene Gesundheit vorschützen. Das lange Stehen an der Staffelei hatte seine Gelenke verschleißen lassen – er sollte sechs Mal an der Hüfte operiert werden, und am Ende ging auch im Wortsinne gar nichts mehr, es blieb nur noch der Rollstuhl. Er malte nun mit dem Stift auf Packpapier und bemerkte sarkastisch, dass er wieder dort sei, wo er als Kind begonnen habe: am Küchentisch.

Sitte sagte Kohl weder zu noch ab, er werde es sich überlegen.

Der Altkanzler nickte. Er wusste, dass er einen Korb bekommen hatte.

Ich habe anschließend versucht, Willi umzustimmen, habe ihm zugeraten: er, der ostdeutsche Partisan, der in Italien mit der Waffe gegen die Faschisten und mit dem Pinsel für den Sozialismus gekämpft hat, und der westdeutsche Bundeskanzler – das wäre ein in jeder Hinsicht gesamtdeutsches Kunstwerk!

Doch Sitte sagte, er traue sich das nicht zu. Er habe ein zu diffuses Bild von dem Mann. Das könne man ja ändern, hielt ich dagegen, trink mit ihm eine Flasche Rotwein, mit dem Geist des Weines wirst du Klarheit gewinnen. Na schön, antwortete Sitte, er werde mal darüber nachdenken.

Kohl ließ sich dann von Albrecht Gehse malen, einem Meisterschüler Bernhard Heisigs. Der kam wie ich aus Leipzig und aus einer Malerfamilie, daher war er mir bekannt. Von ihm stammt auch mein Konterfei auf dem Gemälde im Bildteil dieses Buches, das nicht ganz so gefällig ist wie sein Kohl-Porträt von 2003. Vielleicht lag es an den drei Flaschen Rotwein, die wir gemeinsam bei der Entstehung des Ölbildes in meinem Jagdhaus in Zislow geleert hatten. Kohl hingegen kam und ging nüchtern zu Gehse, der seit den neunziger Jahren ein Atelier auf der Berliner Insel Eiswerder hat. »Die Sitzungen bei Albrecht Gehse waren jedes Mal eine tolle Begegnung. Zum Atelier führten scheußlich steile Treppen. Das Ambiente des Arbeitsraumes war für mich am Anfang etwas gewöhnungsbedürftig. Ich habe Herrn Gehse wirklich bewundert, wenn er vor seinem Tisch stand und viele Farben durcheinandermischte. Oft fragte ich mich, ob überhaupt ein Ergebnis dabei herauskommt.« So der Porträtierte in freier Rede bei der öffentlichen Vorstellung des Werkes im Herbst 2003 in der Neuen Nationalgalerie, ehe es hinüber ins Bundeskanzleramt ging. »Es waren auch für mich lehrreiche Stunden. Ich habe mit Herrn Gehse einen Mann kennengelernt, der einen völlig anderen Lebensweg hatte. Er verbrachte wichtige Jahre seines Lebens nicht in einer gewissen Beschaulichkeit am Rhein, sondern in Leipzig, wo er seine Fähigkeiten als junger Künstler entwickelte. Er wollte etwas erreichen. Noch etwas möchte ich heute sozusagen zu Protokoll gegeben. Ich hatte mir vorgestellt, die Sitzungen im Atelier würden eine stinklangweilige Angelegenheit. Ich glaubte nicht, dass sie irgendwie erfreulich werden könnten. Ich muss sagen, ich habe wenige Stunden in diesen Jahren erlebt, in denen ich so gelacht habe wie mit Albrecht Gehse in seinem Atelier.«

In seinen Ausführungen ließ Kohl seine menschliche Seite erkennen, und wohl auch seine veränderte Sicht auf uns, die Ostdeutschen. »Wenn Sie Albrecht Gehse in Aktion sehen, dann erleben Sie einen Mann, der auch beim Malen das Leben liebt. Er trinkt gerne, und er isst gerne. Und er hat nicht die deutsche Eigenart an sich, auf die Frage: ›Wie geht es Ihnen?‹ zu sagen: ›Relativ gut‹, sondern: ›Es geht mir gut.‹ Wenn er sagt: ›Es geht mir gut‹, dann meint er es auch so. Das merkt man auch den Bildern an.«

Und hat ihm, Kohl, auch das Gemälde gefallen? »Ich entdecke beim Betrachten meines Bildes Züge von mir, die ich bislang so nicht kannte. Insofern ist das Bild für mich auch eine Anregung. Das Bild ist von einer Art, die auch Fragen aufwirft, und das nicht nur, weil es mich darstellt. Mir fallen in diesem Bild meine Augen auf. Obwohl ich mich ja jeden Tag im Spiegel sehe, sind sie mir so noch nicht aufgefallen.« Kann man mit Kunst mehr erreichen?

Da ich mit Albrecht befreundet bin, kenne ich seine Haltung. Er erlebte den Untergang der DDR als Befreiung, weshalb für ihn Kanzler Kohl Befreier und

Landesvater war. Vielleicht sollte ein Maler einen, den er aus politischen Gründen nicht mag, wirklich nicht porträtieren. Willi Sittes Entscheidung war vermutlich richtig. Wir blieben trotzdem Freunde, und als die Idee einer Stiftung entstand, half ich, sie auf den Weg zu bringen. 2006, zu seinem 85. Geburtstag, eröffneten wir in Merseburg die Willi-Sitte-Galerie, zu der auch Sachsen-Anhalts Ministerpräsident Wolfgang Böhmer und Altkanzler Gerhard Schröder angereist waren. Im Jahr darauf wurde sein Porträt, vom inzwischen verstorbenen Immendorff gemalt und im Bundeskanzleramt neben Gehses Bild von Kohl aufgehängt. Mir hätte es gefallen, wenn's von Sitte gewesen wäre, aber es hat nicht sollen sein.

So war das Kanzler-Bild eben vom Maler, der Diestel porträtiert hatte.

Wechselseitige Bedrohung

Wir lernten ihn in den frühen 90er Jahren kennen, als er Präsident des Bundesligavereins F.C. Hansa Rostock war. Dieser spielte das erste Jahr in der 1. Bundesliga. Der erste Eindruck: ein schräger und etwas lauter Vogel. Aber komisch, in seiner Umgebung funktionierte alles relativ gut. Durch seine lustige, kommunikative Art entstand eine Freundschaft, die sich bis heute erhalten hat. Wir wissen nicht, ob es seine Trinkfestigkeit oder sein Humor ist, was ihn ausmacht. Aber man hat den schrägen Ossi gerne in der Umgebung. Jetzt sind wir drei so verbunden, dass zwei beim Dritten als Trauzeugen agieren. Dies setzt voraus, dass wir unsere Freundschaft noch viele Jahre pflegen – und damit bedrohen wir uns wechselseitig.

Uwe Seeler,
Ehrenspielführer der Deutschen Fußballnationalmannschaft

Jürgen Engel,
Hamburger Unternehmer

10. Kapitel

Der Drops war gelutscht

Noch vor ihrem 41. Geburtstag sollte die DDR zu
Grabe getragen werden. Das war ausgemachte Sache.
Vierzig Jahre waren genug. Allerdings mussten erst
die außenpolitischen Rahmenbedingungen geklärt
sein, denn ohne den Segen der vier Siegermächte
war die Einheit nicht zu haben. Es ging dabei nicht
nur um deren grundsätzliche Zustimmung, sondern
vornehmlich um die Abschaffung von Regelungen
und Vorschriften, die seit Jalta und Potsdam unverändert galten. Die Souveränität der beiden deutschen
Staaten war nur eine scheinbare und der Frieden mit
ihnen noch nicht geschlossen. Das Fehlen eines offiziellen Friedensvertrages führte in der Vergangenheit
wiederholt zu Krisen. Vornehmlich die Sowjetunion
hatte diesen Umstand als Droh- und Druckmittel
gegenüber den anderen Siegermächten zu instrumentalisieren versucht. Erinnert sei nur an die sogenannte Berlin-Krise Ende der fünfziger Jahre, als
viele Menschen der DDR den Rücken kehrten. Und
weil sie über die offene Grenze in Berlin flüchteten,
sollte diese dichtgemacht werden. Das war aber nicht

möglich, weil in Berlin die vier einstigen Alliierten gemeinsam zuständig waren. Da konnten die Russen nicht allein entscheiden, die Sektorengrenzen einfach zu schließen. Moskau drohte dem Westen mit dem Abschluss eines einseitigen Friedensvertrages mit der DDR, wodurch die ehemalige sowjetische Besatzungszone freie Entscheidungsgewalt über das auf ihrem Territorium gelegene Westberlin bekommen sollte. Diese konfrontative Situation wurde erst auf dem Gipfeltreffen von Chruschtschow und Kennedy in Wien im Frühsommer 1961 geklärt. Man einigte sich auf »three essentials«. In der Folge kam es zu dem in Moskau angeordneten Mauerbau rund um Westberlin, ohne die Rechte der Westalliierten einzuschränken, und zehn Jahre später zum Vierseitigen Abkommen über Berlin. Die Maueröffnung 1989 jedoch berührte unmittelbar die Interessen der vier Mächte, war faktisch illegal und völkerrechtswidrig. Um den Zustand der Legalität herzustellen und die Entwicklung in Deutschland in Übereinstimmung mit internationalem Recht zu bringen, mussten also die vier Mächte und die beiden deutschen Staaten miteinander zu einer vertraglichen Regelung finden.

Dieses Thema war frühestens mit dem Fall der Mauer und spätestens mit der Entscheidung des Kreml, die Deutschen sich künftig selbst zu überlassen, auf die politische Agenda gerückt. DDR-Ministerpräsident Modrow verkündete nach seiner Moskau-Visite im Februar 1990 »Deutschland, einig Vaterland«, und Kohl holte sich danach bei Gorbatschow ebenfalls das Plazet für die deutsche Einheit. Das ist soweit bekannt. Weitgehend unbeachtet hingegen blieb ein Treffen am 13. Februar 1990 in Ottawa. Dort waren die Außenminister von 23 Mitgliedsstaaten des Warschauer Vertrages und der NATO zusammengekommen, um über Fragen der Luftsicherheit zu diskutierten. »Open Skies« nannte sich die Konferenz, »Offene Himmel«. Am Rande dieser internationalen Tagung kamen die DDR, die BRD sowie die USA, Frankreich, Großbritannien und die Sowjetunion überein, Gespräche über grundsätzliche Fragen der außenpolitischen Bedingungen einer deutschen Vereinigung aufzunehmen. Und man verabredete die Termine für vier Verhandlungsrunden: 5. Mai 1990 in Bonn, 22. Juni 1990 in Berlin/DDR, 17. Juli in Paris und 12. September in Moskau. Wir erinnern uns: Am 12. September, so steht es in den Geschichtsbüchern, wurde in der sowjetischen Hauptstadt der »Vertrag über die abschließende Regelung in Bezug auf Deutschland«, bekannt als 4+2-Vertrag, unterzeichnet.

Als bekennender Ostdeutscher ist mir die Feststellung wichtig, dass die Ostdeutschen nicht nur die Mauer eingetreten, sondern auch die außenpolitischen Verhandlungen für die deutsche Einheit auf den Weg gebracht haben. Es waren professionelle DDR-Diplomaten, die auf Weisung von Regierungschef Modrow in der kanadischen Hauptstadt aktiv geworden waren. Vier Tage vor der Volkskammerwahl, am 14. März 1990, trafen sich leitende Funktionäre der beteiligten sechs Außenministerien in Bonn, um die Verhandlungsabläufe zu besprechen.

Das alles fiel nicht in mein Ressort, ich war Innenminister, außenpolitische Probleme nahm ich allenfalls bei den Kabinettsitzungen wahr – sofern sie dort überhaupt zur Sprache kamen. Das war oft wenig genug, zumal die Verhandler Vertraulichkeit vereinbart hatten. Erst sehr viel später, nachdem ich Protokolle und Papiere interessehalber studiert hatte, bekam ich mit, was dort an profunder Arbeit geleistet worden war. Es war die Hohe Schule der Diplomatie, wie trotz erkennbar gegensätzlicher Interessen Konsens hergestellt wurde. Dieses Lehrstück würde ich zur Pflichtlektüre insbesondere für heutige Staats- und Regierungschefs und deren Administrationen machen, die sich wie Elefanten im internationalen Porzellanladen verhalten.

So setzten die westdeutschen Diplomaten bei der ersten Zusammenkunft am 14. März die Themen auf die Tagesordnung, die man bereits in Ottawa formuliert hatte: Grenzfragen, politisch-militärische Fragen (Sicherheit), Berlin-Probleme und Vier-Mächte-Rechte und Verantwortlichkeiten. Die DDR-Vertreter schlugen vor, diesen vier Punkten folgende hinzuzufügen: Formen einer endgültigen Regelung (völkerrechtlicher Vertrag), Synchronisierung des Zusammenwachsens beider deutscher Staaten mit dem gesamteuropäischen Prozess, Schutz der Eigentumsverhältnisse der DDR (z.B. die Enteignung der Nazi- und Kriegsverbrecher, die Bodenreform) sowie die Frage der internationalen vertraglichen Verpflichtungen der DDR und der BRD im bi- und multilateralen Bereich.

Im Protokoll dieser ersten Sitzung antwortete der Bonner Verhandlungsführer Kastrup, »dass die Bedeutung der Eigentumsfragen durch die Bundesrepublik nicht verkannt würde. Seine Regierung sei bereit, in Gesprächen mit der neuen Regierung der DDR diese Fragen zu erörtern. Es handele sich jedoch um einen inneren Aspekt der deutschen Einheit. Die Behandlung im Rahmen ›4 + 2‹ sei durch das Mandat von Ottawa nicht gedeckt. Dies treffe auch auf die Frage der Nachfolge in die Verträge der DDR zu. Sie gehöre ebenfalls zu den inneren Aspekten, die zwischen beiden deutschen Staaten zu klären seien. Die Vertreter der drei Westmächte unterstützten die BRD-Position.«

Sowohl in Bonn als auch uns in Berlin war bewusst, dass wir – ungeachtet der internationalen Verhandlungen – noch viele Hausaufgaben zu machen hatten. Es ging nicht so holterdipolter, wie es sich meine Partei, die DSU, dachte. Am 17. Juni hatte es eine gemeinsame Feierstunde von knapp neunhundert Abgeordneten der Volkskammer und des Bundestages im Schauspielhaus am Gendarmenmarkt gegeben. Helmut Kohl und Hans-Dietrich Genscher waren zugegen, Rita Süssmuth verlas eine Grußadresse, denn, mit Verlaub, noch gab es die DDR, die West-Parlamentarier bewegten sich auf fremdem Territorium. Konsistorialpräsident Manfred Stolpe, ein Mann der Kirche und des Ausgleichs, hielt die Rede. Da er den westdeutschen Gästen, wie er meinte, nicht bekannt sei, stellte er sich als »gelernter DDR-Bürger« vor. Seine Ausführungen waren sehr moderat, fanden aber nicht den uneingeschränkten Beifall vieler Westjournalisten, die sich darüber mokierten, dass Stolpe vor einer »Marxistenverfolgung« gewarnt und einen »maßvollen Weg« zu beschreiten gefordert hatte, »der Unrecht sühnt, aber auch Neubeginn ermöglicht«. Nach der Reformationssinfonie von Felix Mendelssohn Bartholdy zogen wir alle erhoben und beseelt hinüber in den Palast der Republik zur Nachmittagssitzung der Volkskammer. Auf den Besucherrängen, über den ostdeutschen Abgeordneten, saß die westdeutsche Prominenz. Glücksbesoffen stellte die DSU – als Regierungspartei! – den Antrag, das Parlament solle den sofortigen Beitritt der DDR beschließen.

Lothar de Maizière und ich schauten uns entgeistert an. Habt ihr sie noch alle, erkundigte sich der Regierungschef bei mir, als wäre ich für diesen unsinnigen Antrag verantwortlich. Nichts ist geregelt. Eine halbe Million sowjetischer Soldaten stehen auf unserem Territorium, der Warschauer Pakt wäre also auf NATO-Gebiet eingerückt. Wollt ihr das totale Chaos und den Unmut unserer Nachbarn auf Deutschland ziehen?

Zwei Drittel der Abgeordneten wollte allen Ernstes die Abstimmung auf die Tagesordnung setzen, doch mit seiner Beredsamkeit gelang es de Maizière, den Antrag in die Ausschüsse zu verweisen. Die Kuh war vom Eis, und ich verließ die DSU. Mit dieser Gurkentruppe im Parlament konnte man keine vernünftige, an den Gesetzen und an den Regeln der Logik orientierte Politik mehr machen. Witzbolde überklebten das K im Schriftzug an der Außenseite des Hauses mit einem J. Dort stand jetzt »Volksjammer der Deutschen Demokratischen Republik«. So ganz Unrecht hatten sie wohl nicht.

Ende Juli beschloss das Parlament die Neubildung der 1952 aufgelösten Länder und legte fest, dass am 14. Oktober Landesparlamente gewählt werden sollten, hingegen war noch nicht entschieden, auf welchem Wege und zu welchem Zeitpunkt die Vereinigung mit der Bundesrepublik erfolgen sollte. Anfang August bestellte der Bundeskanzler den DDR-Regierungschef nach St. Gilgen ein. Seit Jahrzehnten pflegte Helmut Kohl am Wolfgangsee Urlaub zu machen, Vorgänger Brandt hatte es alljährlich nach Norwegen und Schmidt in seine Hütte an den Brahmsee in der Holsteinischen Schweiz gezogen. In Wien sah man es nicht sonderlich gern, dass der Tourist Kohl mit einem Arbeitsstab anreiste und sich mit auswärtigen Politikern traf. Er versuchte in den vier Wochen nämlich nicht nur bei Wasser und Brot abzunehmen und freundliche Urlaubsbilder in die Welt zu senden (diese PR-Masche hat nicht erst Putin erfunden). Sondern der deutsche Bundeskanzler machte auf dem Boden des neutralen Österreich deutsche Politik.

In dieser Logik lag auch ein Treffen mit meinem Chef. Am Dienstag, dem 31. Juli, war Lothar de Maizière plötzlich weg, ohne mir oder den Kabinettskollegen etwas zu sagen. Als er am nächsten Tag wieder auf der Berliner Bildfläche erschien, wirkte er verändert. Er habe mit Kohl bis in die frühen Morgenstunden über das weitere Prozedere diskutiert, informierte er mich. Das Gespräch muss ziemlich einseitig verlaufen sein und hatte für mich eine spürbare Entfremdung Lothar de Maizières von Kohl zur Folge, nur die Staatsräson schien den Bruch der beiden zu überdecken. Gerüchteweise hieß es, Kohl habe ihm die Folterinstrumente gezeigt, etwa die Akte eines IM »Czerni«, andere formulierten es diplomatisch-

179

neutral und sprachen davon, der DDR-Regierungschef sei vermutlich unter Druck gesetzt worden. Da es kein Gesprächsprotokoll von dieser Nacht gibt, ist unverändert der Raum für Spekulationen riesig. Kohl hat geschwiegen und Lothar de Maizière tut es noch immer. Und ich war nicht dabei.

Jedenfalls brachte der DDR-Regierungschef den weiteren Fahrplan mit: Fertigstellung des 2. Staatsvertrages und Unterzeichnung am 31. August, Abstimmung in der Volkskammer und im Bundestag am 20. September, Beitritt der DDR zum Geltungsbereich des Grundgesetzes am 3. Oktober. Aus die Maus. Landtagswahlen im Osten am 14. Oktober, Wahl des gesamtdeutschen Bundestages am 2. Dezember mit den gültigen Regeln, aber getrennt in zwei Wahlgebiete. Das hieß: Wer in einem Wahlgebiet die Fünf-Prozent-Hürde nimmt, ist drin. Davon sollte die PDS profitieren, die bundesweit lediglich auf 2,4 Prozent kam, aber im Osten 11,1 Prozent erhielt. Verlierer hingegen waren die Grünen im Westen, die mit 4,8 Prozent aus dem Bundestag flogen. Aus westlicher Arroganz oder aus welchen Gründen auch immer hatten sie es unterlassen, mit den Ostgrünen und den Bürgerbewegten eine Listenvereinigung einzugehen. Diese schafften es nämlich, mit acht Abgeordneten in den 12. Deutschen Bundestag einzuziehen. Die Westgrünen waren draußen.

In einer kurzfristig anberaumten Nachtsitzung am 23. August stimmte die übergroße Mehrheit der Volkskammer für den Beitritt am 3. Oktober. Die DSU, die nun nicht mehr meine Partei war – die Ortsgruppe Zeuthen hatte mich inzwischen in die CDU aufgenommen –, hatte mal wieder den sofortigen Beitritt gefordert, Lothar de Maizière den 15. Oktober vorgeschlagen – das schien mir gegen Kohl zu gehen. Staatssekretär Günther Krause, der seit Wochen mit Bundesinnenminister Schäuble den Einigungsvertrag verhandelte, nannte den 3. Oktober, den Bonner Wunschtermin. Und der wurde es dann auch. 294 Abgeordnete stimmten dafür, 62 dagegen, sieben Parlamentarier enthielten sich der Stimme.

Damit war der Drops gelutscht.

Das Kabinett, das im April antrat, war inzwischen merklich geschrumpft. Am 24. Juli warfen die Liberalen den Bettel hin, weil sie der bereits Tage währende Streit um den Beitrittstermin genervt hatte. Die SPD drohte aus dem gleichen Grunde ultimativ ihren Austritt aus der Regierung zum 27. Juli an. Bundesinnenminister Schäuble rief die ostdeutschen Sozialdemokraten zur Räson: Das wäre verantwortungslos, denn die Restregierungskoalition von CDU / Demokratischer Aufbruch und DSU hätte dann keine parlamentarische Mehrheit mehr. Dieser Appell an die Verantwortung der SPD fruchtete wie gewohnt. Sie wollen immer staatstragend sein. Als wenn ihnen dieses Umfallen schon jemals in ihrer Geschichte genützt hätte.

Doch Mitte des Monats wurde es dem Ministerpräsidenten zu bunt. Im Streit um die Wirtschaftspolitik schmiss er Finanzminister Walter Romberg (SPD) aus dem Kabinett, die anderen SPD-Minister folgten ihm aus solidarischen Erwägungen. Der Regierungschef machte Tabula rasa und entließ auch gleich noch den Wirtschaftsminister, den Justizminister und den Minister für Ernährung, Land- und Forstwirtschaft. Die Ressorts besetzte er nicht neu, sie sollten und konnten für den Rest der DDR-Tage von Staatssekretären verwaltet werden. Nur das Amt des Außenministers besetzte er wieder, denn der Außenminister wurde für die Unterzeichnung des 4+2-Abkommens in Moskau gebraucht. Der neue und damit absehbar letzte Außenminister der DDR hieß: Lothar de Maizière.

Ich selbst kam auch nicht ungeschoren davon. Allerdings war der »Skandal« medial inszeniert und nicht primär politisch. Das MdI besaß oder verwaltete in Zeuthen, am südlichen Stadtrand von Berlin, einige Immobilien. Darunter war auch ein Gästehaus, das mir als Innenminister zugewiesen worden war.

Jedenfalls meinten die ostdeutschen, mehr noch die westdeutschen Sicherheitsfachleute, dass das Anwesen in Zeuthen die günstigste Option sei. Sie fürchteten insbesondere Vergeltungsanschläge der Roten Armee Fraktion, weil in meiner Verantwortung etliche in der DDR abgetauchte Mitglieder der RAF enttarnt und festgenommen worden waren.

Ich war besorgt um die Sicherheit meiner Familie und weniger um die meine, weshalb ich den Vorschlag, mit der Familie nach Zeuthen zu ziehen, akzeptierte. Und ich sollte vergleichbare Furcht schon bald bei anderen bemerken, etwa bei Markus Wolf. Wenn wir später in eben jenem Haus in Zeuthen zusammensaßen, klangen diese Ungewissheit und Unsicherheit immer wieder durch. Was wird aus den Familien etwa der Kundschafter, wenn der Mann inhaftiert werden würde? Gibt es Sippenhaftung, gesellschaftliche Ächtung und Ausgrenzung? Herr

Dr. Wolf, darüber müssen wir reden, sagte ich. Auch mit Dr. Werthebach. Mir schwebte eine Appellamnestie vor, mit der allen Spionen Straffreiheit garantiert werden sollte, wenn sie sich denn offenbarten. Damit wollte ich das unsägliche Kapitel deutsch-deutscher Agententätigkeit gütlich und friedlich beenden.

Auch Wolfgang Schäuble wollte einen Schlussstrich unter »teilungsbedingte Delikte« ziehen. Er hatte, wie der *Spiegel* Ende September 1990 schrieb, »plausible Gründe, die sogar Parteifreunden mit langlebigem antikommunistischen Weltbild einleuchten müssten. Um der inneren Sicherheit willen, so argumentierte der Innenminister, sei die Amnestie dringend erforderlich.« Der Amnestie-Plan wurde jedoch von der CSU umgeworfen, die Koalitionspartner CDU und FDP zeigten sich aufgebracht. »Allein ›aus Rücksicht auf die CSU und ihren Wahlkampf in Bayern‹, hieß es wahrheitsgemäß aus dem Kanzleramt, müsse man die Absicht vorerst aufgeben«, verlautete der *Spiegel*. Die offizielle Begründung, dass erst ein gesamtdeutsches Parlament ein solch »einschneidendes Gesetz« verabschieden dürfe, nannte das Nachrichtenmagazin »eine faule Ausrede«. Doch dieses »Straffreiheitsgesetz« scheiterte bereits als Entwurf am Widerstand der SPD. Obgleich doch im Einigungsvertrag ein solches Gesetz als Ergänzung gefordert worden war. Lothar de Maizière sprach von einer »bindenden Zusage«, so der *Focus* Ende Mai 1995. »Anders hätte er ›den Einigungsvertrag in der Form an dieser Stelle nicht unterschrieben‹.«

Nicht erst nach der Herstellung der Währungs-, Wirtschafts- und Sozialunion am 1. Juli und der Geschäftstätigkeit der Treuhandanstalt wurde klar, dass das Grundbuch im Osten die neue Heilige Schrift werden würde, wie es sie im Westen schon immer war. Der Ausverkauf der DDR stand auf der Tagesordnung. Das Anwesen in Zeuthen, das mir zugewiesen worden war, befand sich ebenfalls auf der Angebotsliste. Ich erwarb das Haus und den Grund regulär für 192 700 DM am 27. Juli. Vielleicht hatte ich es einem Wessi, der darauf ein Auge geworfen hatte, weggeschnappt, eventuell durften nur DDR-Betriebe unter Wert an Auswärtige verkauft werden, nicht aber Grundstücke an Hiesige. Schnäppchen durften nur Wessis schießen. Nach medialem Lärm, der sogar Demonstranten vor das Objekt trieb, wurde die Eintragung ins Grundbuch verweigert.

Dass der Kauf Anwohner aufbrachte, war ja nicht nur dem Pressegezeter geschuldet. Der Unmut wurzelte auch in dem egalitären Verständnis der DDR-Gesellschaft. Das hatte sie schon gegen die Politbürosiedlung in Wandlitz oder die Jagdreviere der Oberen aufgebracht. Dabei wohnte fast jeder ordentliche Handwerksmeister hierzulande besser als die Politiker in diesen kleinen Einfamilienhäusern in der Waldsiedlung aus den fünfziger Jahren. Die im Herbst die Massen ergriffene Erkenntnis, dass ihnen Wasser gepredigt worden war von jenen, die selber heimlich Wein soffen, empfanden sie als skandalöse Ungerechtigkeit. Und nun kam einer wie ich, einer von den neuen Politikern, und nahm ein ziemlich großes Grundstück. In ihren Augen benahm ich mich also wie die Bonzen, die man erst vor einem halben Jahr davongejagt hatte. Dabei übersahen sie geflissentlich, dass sich – auch wegen ihrer damaligen und begründeten Proteste – die Geschäftsgrundlage entscheidend verändert hatte. Wir hatten Kapitalismus. Und ich zahlte für die Immobilie den von mir geforderten Preis, dessen Höhe nicht ich festgelegt hatte. Ich hätte auch einen anderen gezahlt.

Der Bundesgerichtshof monierte 1994 den Kaufpreis, angeblich sei die Immobilie mindestens 770 000 D-Mark wert gewesen. Und der Gipfel bestand darin, dass das Bundesinnenministerium nun die Rückgabe forderte. Was für eine Heuchelei. Der Kaufvertrag war von Finanzminister Romberg und von Ministerpräsident de Maizière genehmigt worden. Die Krönung dieser über Jahre geführten Schlammschlacht gegen den »Wendegewinnler Diestel« war ein Verfahren wegen Untreue, welches das Berliner Landgericht gegen mich führte.

Ich will es kurz machen, auch wenn mich das Gericht fast ein Jahrzehnt mit dieser freudlosen Immobilie, die ich bereits Anfang der neunziger Jahre verlassen hatte, beschäftigte. 2001 verhängte es eine Geldstrafe von 9900 DM, die zur Bewährung ausgesetzt wurde. Wenn ich mich in den nächsten zwei Jahren straffrei führte, müsste ich nicht zahlen.

2004 verkaufte der Bund das Objekt an Privat. Kaufpreis wie Eigentümer blieben ungenannt.

Nun ja, quod licet jovi, non licet bovi – was dem (westdeutschen) Jupiter erlaubt ist, ist dem (ostdeutschen) Ochsen nicht gestattet.

Ich hätte es ahnen müssen.

Die Anmut vorüberschwebender
weiblicher Wesen

Welch eine Zeit: fünf Monate und drei Tage zwischen Ost und West, zwischen Traum und Wirklichkeit, auf Wegen und Irrwegen, eine emotionale Achterbahn sondergleichen, bisweilen auch eine Fahrt mit der Geisterbahn. Und mittendrin dieser athletisch-wache, meist fröhliche und mit seiner Karriere als Melker kokettierende Innenminister, der mit seiner frischen, unkonventionellen Art und dem Charme eines ›wilden Kindes‹ (*Die Zeit*, 3. April 1992) beeindrucken konnte und den man im nächsten Augenblick sonst wohin wünschen mochte, der auch ausgebuffte Journalisten mit seiner Schlagfertigkeit verblüffte, der (erfolgreich) nach Pilzen und (weniger erfolgreich) nach dem Bernsteinzimmer suchte, der sich viel lieber von der Anmut eines vorüberschwebenden weiblichen Wesens beeindrucken ließ als von den gutmeinenden Argumenten eines bayerischen Beraters, der mich oft genug zur Verzweiflung und mitunter auch zum Zweifeln brachte, der aber konsequent seinen eigenen Weg in die deutsche Einheit ging: Peter-Michael Diestel eben.

Karl Inhofer (1942–2016),
vom 1. Mai bis 3. Oktober 1990 Berater
im Innenministerium der DDR,
später Regierungspräsident in Mittelfranken

11. Kapitel

Zum Kaffee bei den Honeckers

Als die Konservativen im Vereinigten Königreich einen Clown an ihre Parteispitze stellten, kramten die
Journalisten in den Archiven. Als genügte es nicht,
den Wirrkopf mit seinen aktuellen Aussagen zu kon-
frontieren, um den Nachweis seiner Unfähigkeit zu
führen. So fand man die Aufzeichnung eines Fern-
sehauftritts im Jahre 2010. Dort hatte ein Moderator
festgestellt, dass die meisten Politiker inkompetent
seien und sie nur eine Fassade der Kompetenz trü-
gen. »Bei Ihnen scheint es umgekehrt zu sein, Mr.
Johnson.« Darauf dieser: Man könne nie ausschließen, dass hinter der von einem Idioten aufgestellten
Kompetenzfassade auch ein Idiot stecke.

Als ich Mitte Juli 1990 in Begleitung von Rechtsanwalt Wolfgang Vogel und seiner Frau nach Beelitz
fuhr, um Honecker zu treffen, interessierte mich vornehmlich der Mensch hinter der Fassade. Ich bin ein
von Natur aus neugieriger Mensch, und Honecker
kannte ich nur aus den Staatsmedien. Er war für
mich eher ein Medium denn ein Lebewesen, ein
funktionierender Funktionär. Natürlich wurde aller

Ärger, den man über die DDR empfand, aller Groll und Unmut auf diese eine Person fokussiert. Das war insofern falsch und ungerecht, als nicht er allein dieses System verantwortete. Da waren noch einige um ihn herum, die dafür sorgten, dass es so lief wie es gelaufen war. Ein ganzer Parteiapparat und dessen subalterne Institutionen. Dass aber in der öffentlichen Wahrnehmung der Hauptschuldige Honecker war, hatte er sich selbst zuzuschreiben. Nicht wegen der Titel, die er führte und mit deren Vortrag täglich die halbe Sendezeit der Aktuellen Kamera gefüllt worden war. Sondern weil die von ihm mitverantwortete Propaganda ihn zur Zentral- und Schlüsselfigur der gesamten Gesellschaft gemacht hatte. Nichts ging ohne seinen Segen, »Einverstanden« schrieb er auf jedes Papier. Wenn morgens die Sonne aufging, priesen ihn die opportunistischen Schreiberlinge in den Redaktionen für seine kluge Politik, und ging sie abends im Westen friedlich unter, so hieß sie der für die Informationspolitik zuständige ZK-Sekretär Joachim Herrmann, dem Generalsekretär für seine Friedenspolitik danken. Dieser Personenkult und die krude Informationspolitik – die diese Bezeichnung nicht wirklich verdiente, weil es sich zu großen Teilen um Propaganda handelte – waren im Übrigen wesentliche Gründe, weshalb die Menschen im Herbst '89 auf die Straße gegangen waren. Und dabei gehörten die Ostdeutschen doch zu den am besten informierten Menschen der Welt: Dank der Mauer und Systemgrenze überwindenden elektronischen Medien partizipierten sie sowohl von den westlichen wie von den östlichen Nachrichtenströmen. Sie machten sich ihren eigenen Vers, schließlich waren sie darauf trainiert, auch zwischen den Zeilen zu lesen.

So war es denn nicht verwunderlich, dass neben Honecker auch Joachim Herrmann und der für Wirtschaft zuständige Günter Mittag als erste auf dem Parteialtar geopfert worden waren. Hatte Herrmann den Journalismus auf den Hund gebracht (wo er sich heute, wenngleich aus anderen Gründen, wieder zu befinden scheint), so trieb Mittag die Wirtschaft in die Grütze. Auf ihn traf gewiss zu, was Boris Johnson mit seiner originellen Bemerkung meinte, dass hinter einer idiotischen Fassade mitunter auch ein Idiot stecke. Vielleicht war Mittag kein Idiot, sondern nur ein Despot, was aber die Sache nicht besser machte. Ich vermag darüber nicht zu urteilen, ich habe weder den einen noch den anderen kennengelernt. Danach hatte ich kein Bedürfnis. Aber Honecker interessierte mich schon. Als Mensch.

Als Christ kann ich niemanden abgrundtief hassen. Wer frei von Sünde ist, werfe den ersten Stein, heißt es in der Bibel. Und wer kann das schon von sich behaupten? Ich jedenfalls nicht. Gleichwohl war ich nicht frei von einem gewissen oppositionellen Eifer, Honecker verkörperte das Regime, das mit allem Recht gestürzt, vertrieben, abgewählt worden war. Zu DDR-Zeiten sprachen wir von Klassenkampf und Klassenfeind. In diesem Sinne war Honecker mein Feind – ich stand im anderen, im bürgerlichen Lager. Das war die Ausgangslage, als ich ihm in Beelitz die Hand gab. Ich drückte sie nur vorsichtig, er war ein schwacher, gebrechlicher Greis. Ich stemmte in meiner Mucki-Bude zweihundert Kilo.

Es folgte ein wechselseitiges Abtasten, kein konfrontatives Belauern. Es dauerte keine Stunde, da begann Sympathie sogar das Mitleid zu verdrängen, das mich zunächst ergriffen hatte. Mitleid mit einem Menschen, der als Hassfigur ans DDR-Kreuz genagelt worden war. Da war ich auch Jurist: Bei jedem Angeklagten galt die Unschuldsvermutung, und so lange ihm nicht eine Gesetzesübertretung nachgewiesen wurde, galt er als unschuldig und musste fair und anständig behandelt werden. Selbst wenn er Erich Honecker hieß.

Ich hatte noch die Bilder vom März vor Augen. Die Honeckers hatten Wandlitz verlassen müssen, waren inzwischen die berühmtesten Obdachlosen der DDR und auf Vermittlung von Manfred Stolpe von Pfarrer Holmer in Lobetal aufgenommen worden. Das war einerseits zu begrüßen, andererseits zu kritisieren: Bis gestern hatten Honeckers Genossen Hosianna gerufen, und heute hatte niemand Obdach für ihn. Nicht einer bot ihm Quartier in seinem Wohnhaus oder auf der Datsche, keiner revanchierte sich, dass er jahrelang von Honeckers Privilegiensystem profitiert hatte.

Das beschäftigte Honecker im Gespräch ebenso wie die Tatsache, dass ihn Staatsanwälte hetzten, die in der DDR, also unter ihm, ausgebildet und bestallt worden waren. Sie warfen ihm Landes- und Hochverrat vor, was so dämlich war wie die Vorhaltung, Honecker habe sich persönlich bereichert, weshalb sie ihm und seiner Frau alle Konten und die Altersversorgung sperrten, was auch in der DDR unzulässig war. Irgendwann war also Modrow, dem Ministerpräsidenten, bewusst geworden, dass man so mit Honecker nicht umgehen könne, und er sorgte für dessen Verlegung von Lobetal nach Lindow, wo den beiden Mittel- und Obdachlosen Unterkunft in einer staatlichen Einrichtung gewährt werden sollte. Doch schon ihre Ankunft geriet zum Desaster. Die Leute schlugen auf die Autos ein, Margot Honecker berichtete später in Chile, dass sie um ihr Leben fürchteten. Die *taz* titelte: »Wütende Spießer vertreiben Honecker«. Und im Text hatte es geheißen: »Eine wütende Menschenmenge von mehreren hundert Lindower Einwohnern hatten sich nach Augenzeugenberichten am Samstag vor dem dortigen Erholungsheim der DDR-Regierung versammelt, um den 77-jährigen Honecker und seine Frau zum Verlassen des Regierungsheimes aufzufordern. Mit infamen Sprechchören, in denen sich das Verdrängungsbedürfnis in offener Aggression gegen die ehemals Herrschenden entlud, wurde das Ehepaar regelrecht aus dem Ort verjagt. ›Honi muss weg, wir wollen keinen Dreck‹, skandierten viele Menschen.« Jahrzehnte später sah ich ähnlich hass- und wutverzerrte Gesichter in Dresden brüllen: Fotze, Stinktier, Schlampe, Volksverräter, Merkel muss weg …

Über diese Vertreibung und andere unwürdige Vorgänge sprach Honecker nicht. Selbstmitleid schien ihm fremd, er beklagte sich nicht. Er redete über ihre Lage, die wahrlich nicht rosig war, über ihren Tagesablauf in Beelitz, die Reporter, die sich am Zaun vor dem eingezäunten Gelände des sowjetischen Militärlazaretts drängten, um ihn mit den Kameras »abzuschießen«. Ich sicherte ihm zu, mit den sowjetischen Offizieren zu sprechen, dass ihnen ein tiefer im Objekt liegendes Quartier zugewiesen werde – was dann auch geschah: Ein Chefarzt musste sein Haus räumen, wo die beiden dann bis April 1991 wohnten. Danach sollten sie mit einer Militärmaschine nach Moskau ausgeflogen werden.

Die Beelitzer Heilstätten waren um die Jahrhundertwende auf einem großzügigen Areal mitten im Wald südlich von Berlin angelegt worden. Im Ersten Weltkrieg war das Objekt Militärlazarett (auch ein Weltkriegsgefreiter namens Hitler war 1916 mit einer Oberschenkelverletzung hier), im Zweiten nutzte es die Wehrmacht, danach die Rote Armee. Beelitz war, als ich Honecker aufsuchte, noch immer das größte sowjetische Militärlazarett außerhalb der UdSSR. (Inzwischen sind die 200 Hektar privatisiert, und man kann auf einem beeindruckenden Baumkronenpfad zwischen den Ruinen flanieren.)

Im Gespräch beeindruckte mich Honecker sehr. Er zeigte Würde. Nicht demonstrativ und vordergründig, das kam von innen. Er war ein würdiger Greis, nicht die Spur wehleidig, altersmilde mitunter. Es fiel kein abfälliges Wort über Weggefährten, die ihn enttäuscht hatten. An dem Gespräch beteiligte sich auch Margot Honecker. Ihre Äußerungen waren lebensklug und vernünftig und widersprachen dem Bild, das Stellvertreter und Staatssekretäre nach ihrem Rücktritt von ihrer Chefin gezeichnet hatten. Sie sei hart und rücksichtslos gewesen und habe ganz allein die Ideologisierung der Schule durchgesetzt. Ohne diesen diktatorischen Vormund wäre die Volksbildung eine ganz andere gewesen. Nun, vermutlich lag meine Schulzeit schon zu lange zurück, weshalb meine Erinnerung getrübt war und ich darum ein falsches Bild in mir trug. Bis auf dieses eine pädagogische Rindvieh, das mich wegen der Konfirmation vorm Fahnenappell meinte bloßstellen zu müssen, erinnerte ich mich nur an gute, solide Lehrer.

Am meisten beeindruckte mich jedoch, wie sie mit ihrem Mann umging. Umsichtig, liebevoll, geradezu fürsorglich. Alles hatte ich vermutet, nur das nicht. Das war wirklich ein gemeinsam alt gewordenes Ehepaar, das die Stärken und Schwächen des jeweils anderen kannte. Die spielten diese Zuneigung nicht, sie war real vorhanden.

Natürlich wurden in unserem Gespräch auch unsere verschiedenen Sichten auf die Welt und die Gesellschaft deutlich. Aber ich war nicht gekommen, um zu agitieren und ihn von seiner Überzeugung abzubringen, wie auch ihm der Reflex abging, mir meine Meinung auszureden, nur weil er sie nicht teilte. Mit diesem wechselseitigen Respekt entstand eine berührende Nähe, gegen die ich mich nicht wehrte. Warum auch? Das hier war ein Mensch, kein Massenmörder. Ich war merkwürdig angerührt, als er mir die Hand auf meinen Unterarm legte.

Als ich die beiden verließ, war ich kein anderer Diestel. Aber ich war »entschärft«, denn Honeckers hatten mich nachdenklich gestimmt und das grobschlächtige Freund-Feind-Schema nachhaltig erschüttert, wenn nicht sogar erledigt.

Ich folgte den Hinweisen wohlmeinender Freunde nicht, über dieses Treffen Stillschweigen zu wahren. Am nächsten Tag, am 16. Juli 1990, fand sich auf der dritten Seite des *Neuen Deutschland* die ADN-Meldung »Diestel traf mit Honecker zusammen«. Sie beschränkte sich aufs Wesentliche, erwies sich trotzdem als Sprengsatz: »Der stellvertretende DDR-Ministerpräsident und Innenminister Dr. Peter-Michael Diestel ist am Sonnabend mit dem ehemaligen SED- und Staatschef Honecker in Beelitz zusammengetroffen. Wie ein Sprecher des DDR-Innenministeriums informierte, wurden die Bedingungen der Unterbringung Erich Honeckers erörtert, der gegenwärtig noch immer wohnungslos sei. Ferner hätten polizeiliche Maßnahmen zur Sicherheit der Familie eine Rolle gespielt.« Mein Chef Lothar de Maizière fragte mich tadelnd: Musste das sein?

Zwei Tage später fand ich mich mit einer weiteren Meldung im einstigen Zentralorgan wieder. »DDR-Innenminister Peter-Michael Diestel will persönlich eine geeignete Wohnung für Erich Honecker suchen. In einem Interview für die Bonner Tageszeitung *Die Welt* sagte Diestel, er werde kurzfristig eine Alternative suchen, damit Honecker nach seiner Entlassung aus dem sowjetischen Militärkrankenhaus in Beelitz nicht wieder in die Pfarrwohnung nach Lobetal zurückkehren muss, die unangemessen sei. Trotz aller Kritik sei Honecker doch ›Staatsoberhaupt eines bedeutenden europäischen Landes‹ gewesen, meinte Diestel. Auch sei Honecker ›einer der am meisten gefährdeten Bürger der DDR‹ und dessen Sicherheit in Lobetal nicht zu gewährleisten.«

Mit diesem Interview in der *Welt* hatte ich ins Wespennest gestochen. Was, die DDR ein »bedeutendes europäisches Land«? Wie, der Diktator ein Staatsoberhaupt? Ich war der erste Politiker in Deutschland, der sich schützend vor Honecker gestellt hatte. Keiner seiner ehemaligen Genossen hatte sich zu dieser Unperson bekannt, und von den derzeit amtierenden Politikern erst recht niemand. Charakterloser Opportunismus war mir schon immer zuwider, an der Person Honecker wurde er besonders sichtbar. Alle brüllten: Haltet den Dieb! Und nun kam ich und sagte, dass der kein Dieb, sondern Staatsoberhaupt eines bedeutenden europäischen Landes gewesen sei und entsprechend behandelt werden müsse. Das verlangte schon der Anstand, nicht zu reden von christlicher Nächstenliebe.

Ich warf einige Leute aus dem Ministerium, die am lautesten gebrüllt hatten, sorgte dafür, dass Honeckers wieder über ihre Konten verfügen konnten – den Rentenbescheid brachte ich einige Tage später selbst vorbei – und veranlasste über verschiedene Kanäle, dass die Kläffer im Justizapparat kuschten. Von nun an herrschte Ruhe im Karton. Ende August berichtete die *Bild am Sonntag,* dass Honecker vor dem 3. Oktober vor kein DDR-Gericht gestellt werden würde. »Objektiv bewiesen« sei bisher lediglich, so Generalstaatsanwalt Günter Seidel gegenüber der Zeitung, »dass Honecker für die privilegierte Unterbringung im früheren DDR-Prominentenghetto Wandlitz 62,5 Millionen Mark vergeudet habe«.

Das *Neue Deutschland* kam noch einmal auf die Causa Honecker in einem ganzseitigen Interview zu sprechen, das am 6. August erschien. Ich war zuvor in Moskau gewesen und hatte verschiedene Gespräche geführt, weshalb prompt die Frage kam, ob ich auch auf der Wohnungssuche für Erich Honecker gewesen sei, was ich diplomatisch beantwortete. Es gebe »zwei elementare Lebensbedürfnisse«, sagte ich. »Das eine ist das Recht auf eine Wohnung, das andere ist das Recht auf Erhaltung seines Lebens. Er ist eine höchst gefährdete Person in unserem Lande, und er hat das Recht wie jeder andere, sein Leben ohne Gefahr zu leben.« Ich hätte, so erklärte ich weiter, »in Absprache mit der sowjetischen Seite auch Möglichkeiten geprüft, ob er irgendwo sicher unterkommen kann«. Das werde »sicherlich keine Wohnung sein, die in einem Neubaugebiet in der DDR liegt«.

Die nachfolgende Geschichte mit der wortbrüchigen Auslieferung durch Jelzin und das widerliche Verfahren mit dem todkranken Honecker in Moabit ist bekannt. Als Jurist kann ich nur sagen: Das war kein Ruhmesblatt der deutschen Rechtsgeschichte. Und als ostdeutscher Bürger kann ich mich nur schämen: für den Umgang unserer Landsleute mit Erich Honecker und für die bis heute zu beobachtende Unfähigkeit, diese Person seriös in die deutsche Geschichte zu stellen. Das, was ich am Beginn dieses *ND*-Gespräches – gefragt nach meinen Zielen und Visionen – erklärt hatte, ist auch nach dreißig Jahren nicht erfüllt: »Ich möchte, dass wir als DDR eingehen in ein gemeinsames Deutschland und dort einen wichtigen, von Besonderheit gekennzeichneten, dann ostdeutschen Teil einer gesamtdeutschen Geschichte darstellen. Man kann Geschichte nicht verdrängen. Wenn man den wahnsinnigen Prozess der Ignoranz, der Verdrängung fortsetzt, dann sind wir einfach vaterlands- und geschichtslose Gesellen in einem geeinten Deutschland.« Und weiter erinnerte ich damals, im August 1990, an die Adresse jener gerichtet, die für sich das Urheberrecht der Veränderung reklamierten: »Den Wandel vom November haben nicht einzelne politische Kreise, sondern den hat das ganze Volk gewollt. Ich sage es immer wieder: Nicht Gräben zwischen den Menschen soll man in unserem desolaten Land aufreißen, sondern das Gemeinsame suchen.«

Respekt

Peter-Michael Diestel ist nicht nur ein ewiger Optimist, sondern strahlt eine ungeheure Menge an Lebenslust aus. Das hat was Ansteckendes, und schon deshalb besuchen ihn gern viele Leute. Außerdem lebt er gerne gut.

Peter-Michael Diestel ist darüber hinaus ehrlich und steht zu seinen Auffassungen, so dass er zur Politik von vornherein nicht wirklich passte. Es ist ihm auch egal, ob er sich mit seiner Partei, mit mir oder einem anderen anlegt. Er wird niemals seine Überzeugung aus opportunistischen Gründen aufgeben. Das alles würde ihn aber nicht so hervorheben, wie er es verdient, hervorgehoben zu werden. Das Besondere besteht bei ihm darin, dass er sich regelmäßig für jene einsetzt, denen es am schwersten fällt, ihr Leben in der Gesellschaft anerkannt und organisiert zu bekommen. Er weiß, dass er sich für diejenigen, die mächtig sind, nicht zu engagieren braucht. Insofern ist es kein Zufall, dass er einerseits zu DDR-Zeiten keine Kontakte zur Staatssicherheit hatte, denn sie war mächtig, und sich andererseits heute für ehemalige hauptamtliche und inoffizielle Mitarbeiterinnen und Mitarbeiter der Staatssicherheit der DDR einsetzt, weil sie nun ohnmächtig sind.

Nimmt man all das zusammen, kommt einfach heraus, dass man Respekt für Peter-Michael Diestel entwickelt, ihn mag und gar nicht lange überlegen muss, weshalb eigentlich.

Gregor Gysi, MdB / Die Linke und Rechtsanwalt

12. Kapitel

Abstieg

Deutschland kam und ich ging. Und zwar nicht nach Bonn, wie es der Bundeskanzler gern gesehen hätte. Ich hatte Heimweh, und ich wollte Ministerpräsident des Landes Brandenburg werden. Überall in den neuen Bundesländern standen die Chancen für die Christdemokraten nicht schlecht.

Von der DDR-Politikermannschaft wechselten pflichtschuldig lediglich fünf ins Übergangskabinett von Helmut Kohl. Lothar de Maizière, Sabine Bergmann-Pohl, Günther Krause (alle CDU), Rainer Ortleb (FDP) und Hansjoachim Walther (DSU) wurden zu Bundesministern für besondere Aufgaben, mein Chef für 174 Tage wurde in der Partei zudem Stellvertreter Kohls, der erste und einzige Vizechef, den die CDU jemals hatte. Lothar de Maizière sollte als erster das Bonner Raumschiff verlassen. Kurz vor Weihnachten trat er als Minister zurück. Bundeskanzler Helmut Kohl, Vorsitzender der CDU, erklärte, er sei »menschlich tief bewegt«, de Maizière genieße weiterhin sein »volles Vertrauen«. Bundesinnenminister Wolfgang Schäuble nannte es eine »Tragödie«. Hingegen forderte *Die Welt* die Ablösung des »Sonderbeauftragten der Bundesregierung für die personenbezogenen Unterlagen des ehemaligen Staatssicherheitsdienstes«. Gauck hatte nämlich ein halbes Dutzend Mitarbeiter mit der Suche nach belastenden Papieren beauftragt und diese in Bonn vorgelegt. Das war letzten Endes der Knockout. Interessanterweise regte sich darüber Unmut selbst in westdeutschen Geheimdienstkreisen. Ein Theologie-Studium reiche zur Beurteilung der konspirativen Tätigkeit der Stasi nicht aus, stichelte laut *Spiegel* der Direktor des Landesamtes für Verfassungsschutzes in Hessen. »Statt der Ost-Amateure müssten endlich westliche Geheimdienstprofis ran.«

Natürlich war mir klar, dass die westdeutschen Schlapphüte eigene Interessen verfolgten. Aber der Seitenhieb auf die Pfaffen im Allgemeinen und auf Gauck im Besonderen war mir sympathisch, ich teilte die Aversionen. In einem Interview mit einer Tageszeitung, das am 6. August 1990 erschienen war, hatte ich mich gegen die Stasi-Hysterie gewehrt (die damals, was ich nicht wissen konnte, erst am Anfang stand). »Es gibt Politiker in diesem Lande, die sehen hinter jedem Gully-Deckel, der etwas schief liegt, ein Stasi-Büro«, amüsierte ich mich. »Auch Politiker sollten lernen, sie können lernen, sollten aber gelernt haben, bevor sie ein Amt übernehmen. Nur die Qualifikation als Theologe reicht offensichtlich nicht.« Und deshalb forderte ich: »Theologen auf die Kanzel und Kompetenz in die Verantwortung.« Den verstört reagierenden Journalisten versicherte ich, dass ich durchaus ein sehr gutes Verhältnis zu Pastoren hätte. »Ich höre sehr gerne die Worte eines Pfarrers von der Kanzel. Allerdings habe ich mit großer Abneigung in den letzten Wochen und Monaten festgestellt, welchen Hass, welche Schärfe doch einige Vertreter dieser Zunft in ihren politischen Äußerungen an den Tag legen.« Und ich fragte nicht nur rhetorisch: »Wo nehmen manche diese große Portion Hass her?« Und: »Woher nehmen junge Theologen, die irgendwann mal ihre Gemeinden im Stich gelassen haben, das Recht, jetzt hier das Maß der Dinge angeben zu wollen?«

Ich war also schon damals ziemlich geladen. Und nach dem erzwungenen unwürdigen Abgang von Lothar de Maizière erst recht. Damit hatte sich für die Bonner ein Personalproblem erledigt. Der *Spiegel* genüsslich: »In Bonn hat der hölzern wirkende Sonderminister kaum Freunde gewonnen. ›Den mochte ja niemand hier‹, so ein Kabinettsmitglied, ›der trug seine Moral so demonstrativ vor sich her‹. Unverständlich blieb den Bonner Polit-Profis de Maizières Wertschätzung für den ›Demokraten Hans Modrow‹, seinen SED-Vorgänger als DDR-Regierungschef, und die seltsame Treue zu seinem umstrittenen Innenminister Peter-Michael Diestel.«

Sie verstanden uns Ostdeutsche nicht, und sie mochten uns nicht. Wir blieben ihnen fremd, weil wir anders waren als sie. Öffentlich wurde die Form gewahrt, weil es ja um die Einheit ging. Ich glaube, dass der *Spiegel* mit seiner Vermutung nicht so falsch lag: »Die weitere Verwendung des Ex-DDR-Ministerpräsidenten hatte den Kanzler seit Sommer beschäftigt. De Maizières Mission war nach seiner Meinung mit der Wiedervereinigung erfüllt.«

Unser aller Mission war aus Bonner Sicht erfüllt, als die DDR beerdigt war. Das muss man so offen sagen. Dieses Nützlichkeitsdenken werfe ich nicht Helmut Kohl vor, zu dem hatte ich persönlich ein durchaus angenehm-menschliches Verhältnis. An diesem Rad drehten andere. Die Politik handelt stets im Interesse der Wirtschaft. Oskar Lafontaine erzählte mir mal, dass er 1998 bei seinem Antrittsbesuch als Bundesfinanzminister in Washington auf bestimmte Überlegungen gesagt bekam, dass man dieses oder jenes besser nicht anfassen sollte, weil die Wall Street für den Wahlkampf des Präsidenten gezahlt hat und dafür eine Gegenleistung erwarten kann. Das wissen wir doch schon seit Lenin, als er den Imperialismus charakterisierte. Ich bin doch nicht so blauäugig und ignoriere, dass die tatsächliche Macht in den Konzernzentralen, in den obersten Etagen der Banken und Versicherungen wohnt und dass eben diese, wenn nicht durch die Macht des Faktischen mit Hilfe ihrer Lobbyisten die Politik beherrschen, gar steuern, indem sie etwa die Gesetze selber schreiben. Das kommt ja immer mal wieder raus. Dennoch meine ich, dass dieser übermächtige Einfluss eben mit Hilfe der Politik zurückgedrängt und überwunden werden kann. Auch wenn ich kein Katholik bin, stimme ich Papst Franziskus zu. Der nennt den Kapitalismus eine »subtile Diktatur« und sagt: Die ungehemmte Form des Wirtschaftens, dessen Zeugen wir sind, tötet. Darum müssen wir ihn überwinden. Nicht mit einem menschheitsbeglückenden Umsturz durch eine Handvoll Revolutionäre wie 1917 in Russland. Entweder man schafft

Kohl-Distel
cisium oleraceum

es, demokratische Mehrheiten für Veränderungen zu gewinnen, oder man lässt es besser sein. Der Kampf geht um die Mehrheit.

Und die verpasste ich im Land Brandenburg am 14. Oktober 1990. Bei den Landtagswahlen siegte die SPD gegen den Trend – in den anderen vier ostdeutschen Ländern wurde die CDU stärkste politische Kraft, in Sachsen siegte sie sogar mit absoluter Mehrheit. Ein Wirtschaftsprofessor der Leipziger Karl-Marx-Universität holte 53,8 Prozent. Sein Name war Kurt Biedenkopf.

Nur ich vergeigte den schwarzen Durchmarsch in Neufünfland. Woran es lag? Erstens wohl daran, dass mein Freund Manfred Stolpe von der SPD ein hohes Ansehen und als integrer Kirchenmann großes Vertrauen bei den Brandenburgern genoss, zweitens führten wir keine Schlammschlacht gegeneinander, und drittens hatte das sozialdemokratisch regierte Nordrhein-Westfalen das ganze Bundesland rund um Berlin als Treuhandgebiet in Beschlag genommen.

DDR war mehr als nur Grüner Pfeil
und Ampelmännchen

Peter-Michael Diestel ist eine wichtige und interessante Persönlichkeit im Übergang von der DDR zur deutschen Einheit. Er stand mutig vorn an bei den Massenprotesten im Leipziger Herbst 1989. Aber Demonstrationen gegen die Diktatur reichten ihm nicht. Diestel wollte konkret und schnell Gerechtigkeit, Freiheit und Rechtssicherheit durchsetzen. Er sammelte Gleichgesinnte, knüpfte Verbindungen und verstand, dass es nötig war, Meinungen in Parteien zu organisieren.

Diestel wollte die Einheit zügig und auf Augenhöhe erreichen. Es reichte ihm nicht, dass von der DDR nur das Ampelmännchen und der Grüne Pfeil übrig bleiben sollten. Er wusste um die Vorzüge der Kinderbetreuung, die Achtung der Rolle der Frauen, die Stärken des Gesundheits- und Sozialwesens und die hohe Bedeutung von Arbeitsplätzen. Die Leistungen der Menschen unter den schwierigen Bedingungen der DDR sollten anerkannt werden. Alle Gutwilligen sollten eine Chance im wiedervereinten Deutschland erhalten. Nicht Rachefeldzüge gegen frühere Funktionäre, sondern Integration sollten das Ziel sein. In den letzten DDR-Monaten hat Diestel hohe politische Verantwortung wahrgenommen und einen großen Anteil daran, dass die Modalitäten der deutschen Einheit erträglich gestaltet wurden.

In Brandenburg hat Peter-Michael Diestel als CDU-Vorsitzender Sacharbeit vor Parteienstreit gestellt und eine Konsensdemokratie praktiziert, die maßgeblich eine breite, konstruktive politische Arbeit in den ersten Aufbaujahren ermöglichte. Als der westliche Politikstil der Konfrontation sich durchsetzte, zog er sich aus der aktiven Politik zurück.

Der Kampf um Gerechtigkeit bleibt auch dem Anwalt Diestel wichtig, und heute wie damals kann er seine Anliegen sehr öffentlichkeitswirksam darstellen. Peter-Michael Diestel ist noch für viele Überraschungen gut. Es lohnt, auf ihn zu achten.

Manfred Stolpe, Ministerpräsident Brandenburgs
von 1990 bis 2002

13. Kapitel

Die Bombe

Wir wissen: Am 28. Februar 1933 brannte der Deutsche Reichstag. Die ausgebrannte Ruine überstand das Deutsche Reich, das die Nazis in »Tausend Jahren« ihrer Herrschaft ruiniert hatten. Die Rote Armee hisste 1945 dort die rote Fahne, und nachdem sie ein knappes halbes Jahrhundert wieder hinter ihre Grenze zurückgetrieben worden war, verhüllten Christo und seine Frau Jeanne-Claude für zwei Wochen das Bauwerk mit glänzendem Gewebe. Danach erfolgte der Umbau, schon nach vier Jahren, es war schließlich kein Flugplatz oder ein Bahnhof, konnte das deutsche Parlament 1999 dort einziehen. Das alles ist dokumentiert und in den deutschen Geschichtsbüchern verewigt wie eben jene von den Nazis in die Welt gesetzte Lüge, die Kommunisten hätten den Reichstag angezündet, weshalb noch am gleichen Tage die Grundrechte der Weimarer Verfassung außer Kraft gesetzt wurden. Der kommissarische preußische Innenminister Göring hatte noch in der Brandnacht behauptet: »Das ist der Beginn des kommunistischen Aufstandes, sie werden jetzt losschlagen!« Bis Mai 1933 wurden allein in Preußen Zehntausende festgenommen, in provisorische Lager gesteckt und in Folterkellern misshandelt. Unnötig zu erwähnen, dass die meisten von ihnen nachweislich Kommunisten waren. Die These von der kommunistischen Verschwörung wurde beim Reichstagsbrandprozess in Leipzig aufrechterhalten, aber nicht bewiesen. Stattdessen, und das sollte in das in Deutschland verbreitete Geschichtsbild einfließen, wurde die Brandstiftung dem Holländer van der Lubbe in die Schuhe geschoben, der dafür unters Fallbeil kam. Die These der Einzeltäterschaft wurde in der Bundesrepublik allein schon deshalb intensiv gepflegt, weil in der DDR eben dies in Abrede gestellt worden war. Ende der fünfziger Jahre hatte der *Spiegel* in einer elfteiligen Serie eben jene These bekräftigt. Autor war ein niedersächsischer Ministerialbeamter, der auch dem Verfassungsschutz zugehörig war. Die von diesem Fritz Tobias kreierte Legende diente dazu, Staatsbedienstete zu schützen, die schon unter den Nazis im Staatsdienst tätig waren, und wurde intensiv kolportiert von Historikern wie Hans Mommsen bis zu Journalisten wie Sven Felix Kellerhoff. Der erklärte in seinem 2008 erschienenen Buch das »Rätsel des Reichstagsbrandes« für gelöst: »Nach 75 Jahren Streit steht am Ende eine einfache Wahrheit: Marinus van der Lubbe war ein Einzeltäter.« Gegenüber Zweiflern an der Alleintäter-Theorie kannte und kennt er kein Pardon.

Allerdings platzte im Sommer 2019 die Bombe. Im Archiv des Amtsgerichts Hannover fand man eine eidesstattliche Versicherung eines ehemaligen SA-Mannes, der van der Lubbe von einem SA-Lazarett zum

Reichstag gebracht hatte, als es dort bereits brannte. Fast alle an dieser Überführung beteiligten SA-Leute und Mitwisser des Reichstagsbrandes wurden später im Zuge des »Röhm-Putsches« erschossen, der Zeuge Hans-Martin Lennings konnte jedoch untertauchen. Die Kopie seines 1955 aufgesetzten, notariell beglaubigten Papiers entdeckte man nun auch im Nachlass von Tobias, der mit Hilfe des *Spiegel* die Einzeltäterthese ins Geschichtsbewusstsein der Westdeutschen gepflanzt hatte, die allein durch die damals unterdrückte Aussage sich nunmehr als Lüge herausstellt.

Ich wusste, noch bevor ich als Innenminister vereidigt wurde, wer von meinen Ministerkollegen »verstrickt« war, wie das damals hieß. Das war mir von verschiedenen Seiten gesteckt worden. Sie hatten drüben von allen, von denen sie meinten, dass sie künftig in der Politik der DDR eine Rolle spielen würden, »individualisierte« Unterlagen. Diese Informationen erhielten sie vermutlich von Überläufern wie Sandrino Berger oder Edgar Hasse, oder sie hatten sie sich selbst über ihre Dienste bei der Besetzung von MfS-Objekten aktiv besorgt. Die Bezirksverwaltung Berlin unter Generalleutnant Wolfgang Schwanitz hatte Ende 1989 zwar Unterlagen geschreddert, weshalb sich viele ziemlich sicher waren, dass es keine Hinweise auf sie geben würde. Allerdings hatten die Genossen nicht gründlich gearbeitet. So hatte man beispielsweise MfS-interne Untersuchungsakten der Zentralen Auswertungs- und Informationsgruppe ZAIG unter Generalleutnant Werner Irmler aus dem Jahr 1988 vergessen, in denen es um Vorfälle von Führungsoffizieren des Referats 4 der Abteilung XX ging.

In diesen Papieren waren auch Deck- und Klarnamen von mehreren Dutzend IM verzeichnet, die für diese Kirchenabteilung gearbeitet hatten.

Die Botschafter aus Bonn steckten es mir, weil ich nach der Lesart des Westens eine weiße Weste trug, da ich mich nie mit der Stasi eingelassen hatte. Das heißt: Alle anderen schienen ausnahmslos mit ihrer Vergangenheit vom Westen erpressbar zu sein! Aber warum ließ man mich dies wissen? War man sich so sicher, dass ich »ihr Mann« war, und wollte man mir das auf diese Weise zeigen? Mit welcher Absicht?

Als gelernter Ossi und Dialektiker stellte und stellt man sich in solchen und vergleichbaren Situationen auch die Frage, die schon Cicero stellte: cui bono – wem nützt es? Wer zieht aus dem Stasiakten-Wissen Nutzen?

Ich bekam, nachdem ich Innenminister geworden war, bei einem Gespräch mit Emissären eine Liste mit Namen auch aus meinem Ministerium präsentiert. Diese Liste hatten zweifelsfrei ihre Nachrichtendienste erstellt. Die Überbringer tippten mit den Fingern auf Namen und raunten: Die könnten für den KGB arbeiten, die müssten raus.

Ich folgte nicht in einem Fall ihrer Empfehlung.

Einen General habe ich rausgeworfen, das stimmt. Das hatten mir jedoch meine Leute gesagt, die Beweise dafür hatten, dass er sich einem westlichen Geheimdienst angedient hatte.

Ich holte ihn zu einem Gespräch in mein Büro, erzählte, dass ich mich freue, mit ihm zusammenarbeiten zu können, seine Vergangenheit und die Verbindung zum MfS interessierten mich nicht. Ich sei im Zuge der demokratischen Erneuerung der DDR auf diesen Posten gesetzt und vereidigt worden. Er müsse also akzeptieren, dass er nur einen Dienstherrn habe, nämlich mich.

Er nickte dazu, sagte wieder und wieder devot: jawoll, jawoll, jawoll.

»Wenn für Sie alles klar ist: Warum haben Sie sich dann für 5000 D-Mark kaufen lassen?«

Da brach er in Tränen aus. Es war eine geradezu biblische Szene, wie sie im Matthäus-Evangelium steht, da sich die Prophezeiung des Herrn im Garten Gethsemane erfüllte, dass einer der Jünger ihn verraten werde, noch ehe der Hahn krähe. »Und Petrus ging hinaus und weinte bitterlich.«

Ich half nach. »Gehen Sie raus, ich will Sie nie wieder sehen.«

Ich habe diesen Mann auch nie wieder gesehen.

Zwei Generäle aus meiner unmittelbaren Umgebung offenbarten sich mir unter vier Augen. Ich bin der und der, habe das und das gemacht und bin auch Offizier der Sowjetarmee.

»Das sind Sie nicht«, antwortete ich. »Sie sind General im Innenministerium der DDR und ich bin Ihr Chef.«

Die beiden erwiesen sich als die treuesten und anständigsten Leute bis zum Schluss. Der eine warnte mich auch einmal bei einer komplizierten Geschichte und hielt mich davon ab, mich dort zu engagieren. »Machen Sie das nicht, Herr Minister, das ist eine Aktion der russischen Seite.« Ich glaubte ihm und hielt mich fern.

Mit der Zeit wurden wir alle klüger.

Das galt auch für die Stasi-Generäle. Sie verhielten sich nicht minder loyal. Ich arbeitete ordentlich und durchaus harmonisch mit ihnen zusammen, nachdem sie erkannt hatten, dass ich nicht ihr Feind war und mich wenig interessierte, was sie vorher gemacht hatten und ich ihnen das nicht nachtrug. Wichtig war, was sie gegenwärtig taten. Ich anerkannte, dass auch sie mit dafür gesorgt hatten, dass es im Lande friedlich blieb. Rachefeldzüge, die andere gern geführt hätten, fanden bei mir und mit mir nicht statt. Ich kooperierte mit Heinz Engelhardt, »Atze« Niebling, Edgar Braun, Kratsch, Hummitzsch, Dr. Möller ... Wenn die sich gesperrt oder damals befohlen hätten, die Mahnwachen und Montagsdemos zusammenzuschießen, hätte es diesen friedlichen Prozess in der DDR nicht gegeben. Sie waren mächtiger, einflussreicher und wohl auch klüger als wir, die wir nun an die Spitze des Landes gewählt worden waren, und sie verhielten sich loyal mir gegenüber. Ihnen war bewusst: So lange der Diestel Innenminister ist, schneidet uns niemand die Kehle durch. War diese Sorge absurd? »a la lanterne! a la lanterne!« forderte verschwiemelt, aber unmissverständlich Biermann im *Spiegel*. »Dies ist ein bescheidener Vorschlag zum Selbstmord und ein behutsam ausgewogenes Lob der Lynchjustiz.« Und er bedauerte: »Es gab in den Wochen der Wende zu wenig barbarische Substanz, zu wenig organisierte Weitsicht, ja, und zu wenig blinde Wut.«

Genau. Gottlob hatte eine qualifizierte Mehrheit unter den Ostdeutschen mehr Verstand als dieses Rumpelstilzchen.

Zu dieser »barbarischen Substanz« rechne ich heute auch jenes Gespräch, das man mit mir im Juli 1990 führte. Abgesandte aus Bonn traten verschwörerisch an mich heran: »Herr Dr. Diestel, der Ministerpräsident hat eine Vergangenheit ...« Das sei mir bekannt, sagte ich, trotzdem ist er ein anständiger Kerl.

Das Gespräch zielte erkennbar darauf auszuloten, inwieweit man mich für den Sturz Lothar de Maizières instrumentalisieren könnte. Sie wollten ihn loswerden, er hatte seine Schuldigkeit getan. Denn mit dem Inkrafttreten des 1. Staatsvertrages, den im Beisein der beiden Regierungschefs die Finanzminister Romberg und Waigel in Bonn unterzeichnet hatten, wollte man ihn beim 2. Staatsvertrag, dem sogenannten Einigungsvertrag, nicht mehr dabei haben.

Und es gab noch einen anderen Grund, weshalb Bonn auf ein schnelles Ende der DDR drängte: Die Umfragewerte sahen für die CDU nicht gut aus. Die Zustimmung im Osten nahm ab, beim Vertrauensverlust wurden sie dort nur noch von der PDS übertroffen. FDP, SPD und Bündnis 90/Grüne Partei legten zu. Da bewegte sich etwas in der ostdeutschen Gesellschaft nach dem 1. Juli, als die Konsequenzen der Wirtschafts-, Währungs- und Sozialunion in ersten Zügen sichtbar wurden. Nüchtern betrachtet, hatte an jenem Tag die DDR ihre Hoheit verloren. Die Legislatur von vier Jahren, die mit der Volkskammerwahl begonnen hatte, war real also bereits nach vier Monaten zu Ende. Ich, der ich doch entschieden für die baldige Einheit war, empfand das Prozedere als sehr überhastet, Gespräche wie jenes als unanständig und unmoralisch.

Sie haben mich jedoch nicht dazu gebracht, irgendeinen aus meinem Umfeld zu verraten. Ich habe allerdings auch ihre eigenen Leute nicht an unsere verpfiffen. Ich habe sehr wohl gesehen, dass einige von drüben gekommen waren, um die Stasi-Akten von ihren belasteten Politikern zu säubern. Sie wussten nicht nur, wer IM »Czerni«, sondern auch wer IM »Tulpe« oder IM »Kardinal« war. Warum habe ich diese Aktenbereinigung toleriert? Weil die Überlegenheit des DDR-Geheimdienstes gegenüber dem BND, Verfassungsschutz und MAD so gewaltig war, dass ich sie das auch sehen lassen wollte.

Allerdings passierte auch einiges hinter meinem Rücken, was ich erst Jahre später aus der Zeitung erfahren sollte. »Bei der Aufbauhilfe der nordrhein-westfälischen SPD in Brandenburg verschwanden Datenbänder in die USA«, berichtete *Die Welt* und zitierte einen, der dabei war. Der Kurier Harry Ewert hatte auf Veranlassung des Vorsitzenden des Volkskammer-Innenausschusses, Dankwart Brinksmeier (SPD), Magnetbänder aus dem Stasi-Nachlass nach Düsseldorf gebracht. Ewert gegenüber der Zeitung: »Wir hatten das Material zum Transport aus dem Tresor der Volkskammerpräsidentin Bergmann-Pohl geholt, als Lilienthal *(Referent Brinksmeiers – PMD)* mich in seinen Plan einweihte, seinem Freund von der US-Armee einen Gefallen zu tun.‹ Der Freund stellte sich Ewert in Zivil als US-Geheimdienstoffizier ›Gordon‹ vor, zeigte sich hilfsbereit bei der Beschaffung von Leerbändern zum Kopieren des Materials und verschwand damit länger als geplant. Die Reise nach Düsseldorf musste deswegen verschoben werden.« Ewert in der *Welt* weiter: Die Leute im NRW-Innenministerium »»waren sehr interessiert daran, welche Vergangenheit ihre Gesprächspartner in Brandenburg hatten‹, sagt Ewert. Welchen Weg die so gewonnenen Informationen noch gingen, weiß Ewert nicht zu sagen. ›Das Material wurde auf jeden Fall in Düsseldorf noch einmal kopiert – alle meine Gesprächspartner bei der nordrhein-westfälischen Landesregierung zeigten großes Interesse – ich kann nicht ausschließen, dass auch private Kopien gemacht worden sind‹, sagt Ewert. Er habe den Eindruck, auch die Übergabe der Datenbänder an den US-Militär sei mit Kleiner *(Staatssekretär a. D. und Aufbauhelfer in Brandenburg – PMD)* und dem Innenministerium abgesprochen gewesen.« (vgl. *https://www.welt.de/ print-welt/article544 283/Hat-die-SPD-Stasi-Akten-an-US-Geheimdienst-verschoben.html*) Inzwischen kennen wir den Weg der Daten aus dem MfS. Sie waren in Moskau, wo die Russen die für sie relevanten Daten entnahmen. Die Amerikaner handelten ebenso, dann schickten sie die gefilzten Unterlagen als »Rosenholtz« nach Deutschland. Und hier wurden sie noch einmal von den Diensten geflöht, ehe sie öffentlich wurden. Nicht nur dieser Vorgang unterstrich für mich die Notwendigkeit einer vollständigen parlamentarischen Kontrolle über die Geheimdienste. Sie findet noch immer nicht statt.

Am 13. September wurde in der Volkskammer ein Misstrauensvotum gegen mich auf den Weg gebracht, weil sie mich offenkundig zunehmend als Störfaktor wahrnahmen. Die westdeutschen Berater hatten die

DSU, die SPD und Bündnis 90/Grüne Partei aufgehetzt, mich zu stürzen. Sie attackierten Diestel, wie am 14. September das *ND* schrieb, »wegen seiner Arbeitsweise bei der Auflösung des MfS/AfNS und warfen ihm vor, nicht konsequent genug vorgegangen zu sein, insbesondere bei der Entlarvung von Offizieren im besonderen Einsatz (OibE). Der Minister seinerseits suchte – sekundiert vom Premier – nachzuweisen, dass nicht er, sondern der zuständige Volkskammerausschuss für diese Probleme zuständig ist. Der Vorsitzende des Ausschusses für Stasi-Auflösung, Joachim Gauck (Bündnis 90/Grüne), entgegnete, es sei zu Behinderungen der Arbeit dieses Volkskammergremiums durch den Innenminister gekommen; einmal habe man sogar beim Präsidium der Kammer intervenieren müssen.«

Politisch war ich angesichts der medialen Schelte mausetot.

Aber: Drei Viertel aller Abgeordneten bestätigten mich in geheimer Abstimmung im Amt. Das hat der Westen so interpretiert: Hinter dem Diestel stehen inzwischen Strukturen.

Jetzt kann ich es ja verraten: Sie täuschten sich nicht. Kurz vor der Abstimmung reichte mir jemand einen Zettel (den ich noch habe, aber ich nenne nicht den Verfasser). Darauf stand: Herr Minister, wenn die Abstimmung schief geht, brauchen wir nur ein Zeichen von Ihnen und Sie bleiben unser Minister und Vizepremier.

Davon musste ich nicht Gebrauch machen, und ich hätte dieses Angebot zum Putsch auch nicht angenommen. Ich wollte ja trotz aller Widerwärtigkeit nicht, dass alles zurückgedrängt werden würde. Aber die Option stand. Nur nicht für mich.

Da ich mich jedoch im Juli als Putschist mit dem Mandat der anderen Seite verweigert hatte, wählte man den direkten Weg, indem Lothar de Maizière vom Kanzler einbestellt wurde. Am Wolfgangsee zeigte man ihm die glühenden Eisen. Nach diesem Treffen auf österreichischem Boden wurde der Umgangston zwischen Bonn und Berlin merklich rauer, aggressiver. Sie hatten alles, was sie brauchten, damit es demokratisch aussah. Nachdem der 1. Staatsvertrag seit dem 1. Juli verwirklicht wurde und der 2. Staatsvertrag, der Einigungsvertrag, so gut wie in Sack und Tüten war dank ostdeutscher Kollaborateure und westdeutscher Kolonisatoren, zog Bonn die Samthandschuhe aus.

Der Ministerpräsident wurde kaltgestellt und durfte darum auch nicht den »Vertrag über die Herstellung der Einheit Deutschlands« am 31. August 1990 unterzeichnen. Er durfte allein dabeistehen, Kohl war schon nicht mehr gekommen, als Krause und Schäuble im Prinzenpalais Unter den Linden in Berlin ihre Unterschriften unter den Vertrag setzten. Ein bilateraler Vertrag, der das Ende eines Staates mit 108 000 Quadratkilometern und 16 Millionen Staatsbürgern besiegelte, wurde von einem Staatssekretär und einem Innenminister unterzeichnet. Das wäre doch mindestens ein Akt der Staatsoberhäupter, mindestens aber der Regierungschefs gewesen und nicht von zwei Regierungsbeamten. Allein das zeigte doch schon, wie man den Vorgang bewertete. Es war eine lästige Pflicht fürs Publikum, denn das Wesentliche war schon lange entschieden.

Nur beiläufig erwähne ich, dass es keine Einmaligkeit in der Geschichte ist, wenn der eine Verhandler von der anderen vertragschließenden Seite zuvor einen Posten für seine Leistungen in Aussicht gestellt bekommt. Eigentlich sind solche Verträge nichtig. Nun, der DDR-Staatssekretär gerierte sich damals sehr bald als Bundesminister in spe.

So wurschtelten wir uns durch bis zum 3. Oktober. Man brauchte eine DDR-Regierung, man brauchte einen Außenminister lediglich noch für die Unterschrift unter dem »Vertrag über die abschließende Regelung in bezug auf Deutschland«, den 2+4-Vertrag, der am 12. September in Moskau unterzeichnet werden sollte. Damit war das Tor gen Osten offen.

In dieser Zeit wurde der Palast der Republik zugemacht. Nachdem die Volkskammer am 23. August den Beitritt zur Bundesrepublik am 3. Oktober und damit das Ende der DDR beschlossen und dem Einigungsvertrag die Mehrheit der Abgeordneten am 20. September in der Volkskammer ihre Zustimmung erteilt hatten, fand man Asbest im Hause. Wir mussten ausziehen. Mit diesem Akt nahm man uns auch noch die Würde. Ich habe es damals so empfunden. Wir mussten die letzten Volkskammersitzungen im Haus der Parlamentarier, im einstigen ZK-Gebäude, abhalten. Das *Neue Deutschland* jubelte am Donnerstag dämlich auf der ersten Seite: »Asbest-Palast hat zugemacht«. Die Bezirkshygienekommission habe »ein Machtwort gesprochen: Der Palast sei umgehend ›für die gesamte öffentliche Nutzung zu sperren‹.«

Wie begossene Pudel trollten wir, die vom Volk der DDR gewählten Abgeordneten, uns hinüber in die Abstellkammer. Und genau das war die Absicht. Dem DDR-Parlament sollte noch der allerletzte Rest an Reputation genommen werden. Wie konnte man darüber höhnische Scherzchen machen?

Wenn de Maizière Nein gesagt hätte, wären wir geblieben. Aber er konnte nicht mehr. Er war am Ende. Wenn man monatelang das Messer am Halse spürt, will man irgendwann nicht mehr und hofft nur noch, dass bald alles vorbei ist.

Ich hatte mit Lothar längst meinen Frieden gemacht. Ich erlebte ihn immer wieder als hochanständigen, kultivierten, sensiblen Menschen, der keiner Fliege etwas zuleide tun konnte. Selbst wenn er unter mörderischem Druck stand. Die Erfahrungen an seiner Seite und meine Beobachtungen als sein Stellvertreter veränderten mich. Ich wurde immer mehr zum Ostdeutschen statt zum Gesamtdeutschen. Als sein Dackel starb, litt er merklich, und da ich selber Dackel habe, konnte ich seine Seelenlage nachvollziehen. Ich suchte ihn in seinem Haus Am Treptower Park auf – da fuhr ich immer vorbei, wenn ich zu meiner Wohnung nach Zeuthen gebracht wurde. Des Dackels Tod nahm ich zum Anlass zu erklären: Herr de Maizière, ich möchte mich gern mit Ihnen vertragen. Und dann haben wir schwer einen gehoben. Ich denke, wir tranken Cognac, weil der hingeschiedene Hund auch so hieß: Cognac.

Nüchtern betrachtet, war der Umgang mit uns, mit der letzten DDR-Regierung, ein abgekartetes Spiel. So hatte 1947 Ministerpräsident Steinhoff den Umgang mit den ostdeutschen MPs in München auf der Konferenz genannt. Und so nenne ich es auch: ein abgekartetes Spiel. Die herrschenden Kreise Westdeutschlands haben sich mit Erpressung, Lügen und Intrigen den Osten unter den Nagel gerissen und dies der Welt und auch dem eigenen Volk als Sieg von Demokratie und Menschenrechten verkauft. Aber darüber kann ich mich nicht erregen: Sie handelten gemäß den Gesetzen dieser Wolfsgesellschaft, die Marx, Engels, Lenin und andere große Geister beschrieben haben. Erpressen, lügen, verschleiern, täuschen – all diese miesen Tricks gehören zum Wesen der kapitalistischen Gesellschaft. Es ist das Normale in dieser Welt, in der es um Macht, um Einflusssphären, um Absatzmärkte und Ressourcen, um Profit geht. Darüber muss man sich doch nicht erregen: Das ist so.

Die Frage jedoch ist: Muss man sich damit für immer abfinden?

Dass ich diese konkreten Vorgänge um die deutsche Einheit als nicht schön, geradezu als widerlich empfunden habe, kann ich nur deshalb offen sagen, weil ich frei bin. Ich bin wirtschaftlich unabhängig und darum ohne Zwang, mir einen Maulkorb anlegen zu müssen. Und trotzdem ist die deutsche Einheit für mich so einmalig schön, weil sie die Menschen im Osten mehrheitlich wollten, um eine widernatürliche Spaltung der deutschen Nation zu überwinden. Die ja, wir erinnern uns, Folge machtpolitischer Interessen des Westens war.

Nun kann man vielleicht einwenden: Wie kann man etwas schön finden, was mit Lug und Trug zustande kam, mit Täuschungen und Intrigen über die Bühne gezogen wurde? Woher hätten wir es wissen können, dass dieses System so ist wie es ist? Wir haben es nicht besichtigen und besuchen können. »Grau, teurer Freund, ist alle Theorie und grün des Lebens goldner Baum«, lässt Goethe seinen Mephisto im »Faust« sagen.

Wir kamen von der vermeintlichen Idiotengesellschaft in die Wolfsgesellschaft. Und nun kann man entscheiden, welche die erträglichere ist: Wir kennen beide Systeme.

Verfassungstext und Verfassungswirklichkeit

Du hast vorhin das Grundgesetz über den grünen Klee gelobt, Peter. Ja, ich finde es auch in Ordnung. Aber wir müssen kritisch Verfassungstext und Verfassungswirklichkeit nebeneinanderstellen. Im GG steht als erstes aller Grundrechte: »Die Würde des Menschen ist unantastbar.« Wenn wir als Linke über eine andere Gesellschaft als die kapitalistische reden, heißt es sofort: Ihr wollt wohl die DDR wiederhaben? Interessant, dass ›Sozialismus‹ sofort mit ›DDR‹ assoziiert wird, nicht wahr. Und dann sage ich: Unterstellt man einem Christen, wenn er über den Glauben redet, dass er die Kreuzzüge, die Inquisition, die Hexenverbrennungen und die Missionierung in der Welt reanimieren wolle? Wenn wir über eine andere, nichtkapitalistische Gesellschaft nachdenken, müssen in diese Überlegungen auch die Erfahrungen der DDR einbezogen werden. Die guten wie auch die weniger guten, um nicht die Fehler zu wiederholen. Für mich ist der entscheidende Baustein dieser neuen Gesellschaft die Achtung der Menschenwürde.

Oskar Lafontaine, Ministerpräsident des Saarlandes
von 1985–1998, SPD-Vorsitzender von 1995 bis 1999,
Fraktionschef der Linken im Bundestag von 2005 bis 2009

14. Kapitel

Ausstieg aus der Politik

Am 9. November 1989 angelte ich am Plauer See. Im Herbst geht man als Petrijünger auf Hechte. Zwei, drei Freunde und meine Familie saßen am Abend am Lagerfeuer und hörten die Nachrichten. Am nächsten Tag brachen wir die Zelte in Zislow ab und fuhren nach Leipzig zurück.

Damit begann mein intensiver Einstieg in die Politik.

Ein knappes Jahr später leitete ich unbewusst meinen sukzessiven Ausstieg ein, ohne dass ich mir dessen bewusst war. Dass es so kam, bereue ich heute nicht. Damals? Vielleicht.

Bonn hatte ich eine Absage erteilt. Ich wollte im Osten bleiben. Meine Partei schlug mir vor, in Sachsen oder in Mecklenburg-Vorpommern oder in Brandenburg bei den Landtagswahlen am 14. Oktober als Spitzenkandidat anzutreten. Da ich in Zeuthen, also in Brandenburg, lebte, trat ich dort an. Die Sozialdemokraten hatten sich mit Manfred Stolpe den attraktivsten Kandidaten geholt. Stolpe wusste zunächst nicht, wohin er politisch tendierte. Er war lange unentschlossen gewesen, denn er bekam auch von der CDU Avancen. Dann trat er für die SPD an und ich gegen ihn.

Wir verstanden uns persönlich sehr gut. Aber die Bundes-SPD engagierte sich im Land Brandenburg stärker als in den übrigen Ostländern. Und sie tat es in der gleichen Weise, wie im Westen Wahlkampf geführt wurde: mit Schlammschlachten, Intrigen und Angriffen unterhalb der Gürtellinie. Ich erinnere an den Kurier Harry Ewert, der Stasi-Unterlagen nach Düsseldorf gebracht hatte und später zu Protokoll gab: Dort war man sehr daran interessiert, »welche Vergangenheit ihre Gesprächspartner in Brandenburg hatten«.

Die SPD in Brandenburg konnte sich auf die westdeutschen und Westberliner Medien verlassen, denn denen galt ich als SED-nah und DDR-befangen, obendrein deckte ich die »Stasi-Verbrecher«. Ich habe damit gekontert, dass erst dann ein Verbrecher Verbrecher genannt werden dürfte, wenn ein von ihm begangenes Verbrechen nachgewiesen sei. Bis dahin hatte die Unschuldsvermutung zu gelten, auch für jeden einzelnen Mitarbeiter des MfS. Die juristische »Aufarbeitung« förderte in der Folgezeit nicht ein einziges Verbrechen zutage, und wenn es tatsächlich zur Anklage oder Verurteilung einzelner übergriffiger, gesetzwidriger Handlungen kam, reichte das nicht aus, um das Ministerium pauschal als verbrecherische Organisation und jeden Mitarbeiter als Verbrecher zu bezeichnen.

Natürlich gab es beispielsweise 1994 einen »Boulettenprozesse«, bei dem es um einen Mordanschlag auf einen ehemaligen Fluchthelfer ging. Aus der Sicht der DDR hieß das »verbrecherischer Menschenhandel«. Nach eigenem Bekunden schleuste jener Wolfgang W. 220 Menschen aus der DDR. »Dabei legte er Wert darauf, möglichst Personen mit hoch qualifizierten Berufen wie Ärzte, Wissenschaftler u. ä. auszuschleusen, um so der DDR gleichzeitig einen möglichst hohen Schaden zuzufügen«, wie Klaus Marxen und Gerhard Werle 2006 im Band »Strafjustiz und DDR-Unrecht« feststellten.

Selbst wenn es einen Mordversuch auf W. gegeben haben sollte, dann war er gewiss nicht systemischer Natur, sondern die Tat eines Einzelnen. Wenn man 100 000 Pastoren hat und zwei davon begehen einen Totschlag, käme niemand auf die Idee zu behaupten, »die Kirche« sei eine Mörderbande.

Meine Anwälte, insbesondere die Medienanwälte, bekamen jedenfalls während und nach dem Wahlkampf in Brandenburg reichlich zu tun. Trotzdem fuhr ich am 14. Oktober für die CDU 29,4 Prozent ein. Die SPD kam auf 38,2 Prozent, wovon sie heute nur noch träumen kann. Und mein Direktmandat in Frankfurt an der Oder holte ich mit einem überragenden Ergebnis.

Wir im Osten hatten unsere Feindbilder aufgegeben, um die deutsche Einheit zu gewinnen. Wir haben sie abgebaut und den Ostdeutschen versprochen, dass dann für alle auch ein Platz in der neuen Gesellschaft sei. Aber der Westen pflegte unverändert seine tradierten antikommunistischen Feindbilder und attackierte obendrein Leute wie mich, weil das, woran ich selbst geglaubt und was ich den Ostdeutschen vermittelt hatte, nicht eintrat. Denn nach und nach begriff hierzulande der letzte Zonendödel und Trottel, dass man ihn wissentlich getäuscht hatte. Da konnte die Propaganda noch so laut und schrill tröten, die Schaumschläger und Klischeeproduzenten noch so produktiv sein: Den Verlust an Glaubwürdigkeit machten sie nicht wett.

An dieser Desillusionierung und Ernüchterung krankt bis heute die deutsche Einheit. Es liegt ein irreparabler Vertrauensbruch vor. Die etablierten Parteien haben im Osten ihre Glaubwürdigkeit verloren, und mit ihnen die Medien, die die Regierungspolitik kolportieren. Durch den Rundfunkstaatsvertrag kamen alle Medien im Osten zu hundert Prozent in Westhand. Man gehe in die Staatskanzleien in den ostdeutschen Ländern. In Magdeburg trifft man dort nur Niedersachsen an, in Potsdam nur welche aus Nordrhein-Westfalen, in anderen Landeshauptstädten ist es ähnlich. 80 Prozent der höheren Verwaltungsbeamten kommen aus dem Westen, alle Rektoren von Universitäten und Hochschulen desgleichen (und diese ziehen ihresgleichen nach). Nicht ein einziger Ostdeutscher darf die Bundesrepublik als Botschafter im Ausland vertreten. Ich kenne auch keinen ostdeutschen General ... Unlängst hielt ich einen Vortrag vor Truppenaufklärern der Bundeswehr, worauf einer mir bei dieser These widersprach. Das sei nicht ganz richtig. So, sagte ich, Sie kennen also einen ostdeutschen General? Ja, antwortete er, der sei zwar Oberst, sitze aber auf einer Generalsplanstelle. Brüllendes Gelächter. Ich dankte ihm, dass er mich so überzeugend bestätigt hatte.

Der vermeintliche Elitenwechsel war ein Eliten-transfer. In der DDR sozialisierte Ostdeutsche kommen als Eliten praktisch nicht mehr vor. Eine Studie von 2016 sprach von weniger als zwei Prozent Ostdeutschen in der gesamtdeutschen Elite, vielleicht gehöre ich sogar dazu. Kurzum: Der Osten wird vom Westen verwaltet und beherrscht. Und in Sonntagsreden würdigt man die »friedliche Revolution« als mutige Selbstbefreiung, um uns, den Ostdeutschen, zu schmeicheln, wie man es seit dem 17. Juni 1953 tat: nicht weniger heuchlerisch und verlogen. Die Öffnung der Mauer schreibt man den Ostdeutschen schon nicht mehr zu, denn das war Gorbi allein. Die Ostdeutschen haben weder eine Regierungslobby noch eine Medienlobby, kein Ventil für ihren begründeten Unmut, um sich dagegen zu wehren. Und mit Verlaub: Das Führungspersonal selbst der AfD kommt zumeist ebenfalls aus dem Westen, und die Partei ist nicht minder westdeutsch beherrscht wie alle anderen Parteien und Bewegungen. Ihre Konjunktur im Osten verdankt die AfD der kollektiven Enttäuschung über verlogene Wahlversprechen der Regierungsparteien CDU, SPD, Grüne und Linke über Dekaden. Was die Sache nicht besser macht. Ostdeutsches Selbstbewusstsein muss sich einen anderen Weg suchen.

Ich verstehe, wenn man dieses kapitalistische System hasst, selbst wenn man auf der Suppe schwimmt. Ich selbst hasse es nicht, weil ich Nutznießer bin. Ich bin 67 und privat glücklich und zufrieden, bin gesund, gehe zur Jagd, mache meinen Sport, arbeite als Anwalt und halte Vorträge – der Herrgott hat's mit mir gut gemeint. Ich bin mit mir im Reinen – aber leide zugleich an der Politik und suche immer nach faulen Ausreden, weshalb ich mich nicht dagegen zur Wehr setze. Ich sage dann, wenn ich dazu aufgefordert werde, mich stärker politisch zu engagieren: »Ich habe doch schon. Jetzt sind Sie mal dran!« Ich weiß: Wenn alle so dächten, wären wir vielleicht schon der 51. Bundesstaat der USA. Die 16. Sowjetrepublik wurden wir wegen Ulbricht nicht, denn der widersetzte sich Breshnew (was ihn den Kopf kostete). Das wiederum ließ mich 1990 Innenminister eines selbständigen Landes DDR werden. So ist das mit der Dialektik der Geschichte.

Mein Umgang mit Stolpe, mein nachsichtiges Agieren in der brandenburgischen Landespolitik als Fraktionschef, meine kaum unterdrückte Sympathie für Lothar Bisky, Michael Schumann und Heinz Vietze von der PDS passten meiner Bundespartei nicht, weshalb sie 1991 Ulf Fink aus Westberlin als CDU-Landesvorsitzenden installierte. Er war Wortführer eines harten Oppositionskurses gegen Stolpe, gegen die SPD und die neue Brandenburgische Verfassung, an deren Erarbeitung ich maßgeblich als Vorsitzender des Verfassungsausschusses beteiligt gewesen war. Fink bekam für diesen konfrontativen Kurs nur eingeschränkt Rückhalt in der Landespartei, weshalb er schon nach zwei Jahren wieder in den Sack haute und sich in den Bundestag rettete.

Fink organisierte, als er kam, einen Parteitag, der mich als Fraktionschef abschießen sollte, was aber nicht gelang. Im Landtag erklärte ich, dass ich sofort zurücktreten würde, wenn die Brandenburger Bürger die Verfassung ablehnen sollten. Sie wurde am 14. Juni 1992 mit einem Volksentscheid angenommen, ich hoffe nicht, weil ich mit Rücktritt gedroht hatte. Die Brandenburger Verfassung war die erste Vollverfassung in einem deutschen Bundesland seit 1949. Sie orientiert sich unter anderem an der demokratischen Tradition Preußens und an der Verfassung Brandenburgs vom Februar 1947 unter Carl Steinhoff. Großen Einfluss hatte außerdem der Verfassungsentwurf des Zentralen Runden Tisches, der unter den Eindrücken der friedlichen Revolution entstanden und zunächst für eine grundsanierte, demokratischere DDR gedacht war. Die Verfassung des Landes Brandenburg entstand somit unter starker Bürgerbeteiligung »von unten nach oben«, was unverändert bemerkenswert ist.

Die CDU war damals ein Sammelsurium von ehemaligen Ostblockflöten und Wessis mit ganz starkem Ehrgeiz, den sie im Westen nicht hatten ausleben können, weil sie dort nicht zum Zuge kamen. Dafür gab es gewiss Gründe, die nicht in jedem Falle ihrer Umgebung zuzuschreiben waren. Die von ihnen organisierten kleinlichen Grabenkämpfe und ideologisch motivierten Rechthabereien waren mir zu doof. Deshalb machte ich die Legislatur zu Ende und ließ mich nicht wieder aufstellen.

In diese Phase fielen die ersten Bestrebungen um eine Fusion von Berlin und Brandenburg, wobei die Initiative mehr von Berlin ausging, vertreten durch den Diepgen-Senat, bestehend aus CDU- und SPD-Politikern, die mehrheitlich aus dem Westteil der Stadt kamen und sich mit zwei Feigenblättern aus

Die Art
umgeben von
Unschuld.

dem Osten behängt hatten. Gemeinsam mit Gregor Gysi formulierte ich prophylaktisch eine Verfassungsklage, weil ich gegen eine Fusion und gegen die Alimentierung der Westberliner Pensionäre und Wilmersdorfer Witwen war. Ich fand das Land schön, liebte unsere Brandenburger Verfassung und die hier lebenden Menschen – warum sollten wir uns einen Schuldenberg an den Hals holen? Westberlin war von der Bundesrepublik aus politischen Gründen während des Kalten Krieges über die Maßen gefüttert worden. Mit der deutschen Einheit fielen die Berlin-Zulagen und andere Beihilfen weg, die Subventionsblase platzte. 1991 betrugen die Schulden Berlins umgerechnet 11,1 Milliarden Euro (nur zur Erinnerung: so viele Verbindlichkeiten hatte nicht einmal die DDR, und die war dafür als lebensunfähig erklärt worden). Die Große Koalition im Roten Rathaus machte daraus in zehn Jahren 47,5 Milliarden. Schuld war natürlich allein der Bund, weil er die Förderungen zu schnell abgebaut hatte.

Ich sah in der angestrebten Fusion den hinterlistigen Versuch, die Schulden auf das Land Brandenburg zu verteilen. Brandenburg aber wollte keine Berliner Verhältnisse. 1991 hatten die ersten Vorbereitungen begonnen, Berlin-Brandenburg zum fünftgrößten Bundesland zu machen. 1994 war ein Staatsvertrag ausgehandelt und 1995 dieser von beiden Parlamenten verabschiedet worden. Am 5. Mai 1996 sprach jedoch das Volk. 62,7 Prozent der Brandenburger lehnten die Fusion ab, ebenso 54,7 Prozent der Ostberliner. Völlig richtig. Berlin, das heißt vorwiegend Westberlin, war ein Fass ohne Boden, und das relativ gesunde Brandenburg wäre ausgelutscht worden.

Aber da war ich schon nicht mehr an Bord, als die Würfel durchaus in meinem Sinne fielen. Da war ich nur noch Rechtsanwalt und nahm mit mehr, aber meist weniger Frohsinn das Parteiengezänk zumeist nur noch aus den Medien wahr.

PMD-Synthese

Keine Frage – Peter-Michael Diestel ist eine schillernde Persönlichkeit, umtriebig wohl eine zutreffende Charakterisierung. Was er anpackt – ob als letzter Innenminister der DDR, als Volkskammerabgeordneter, als Oppositionsführer im Brandenburger Landtag bis 1994 oder als Präsident mehrerer Sportvereine –, macht er kraftvoll. Halben Einsatz gibt es bei ihm nicht.

Diestel ist Kraftsportler. Auch in seinem Beruf als Anwalt. Voller Selbstbewusstsein, auch im Hinblick auf die eigene Lebensleistung, macht er Mut. Und das Ganze ist bei ihm verbunden mit einer großen Portion Lebensfreude. Ich verrate sicher nicht zu viel: Peter-Michael Diestel versteht viel von schönen Frauen und ebensolchen Grundstücken, schätzt gutes Essen und guten Wein. Das ist kein Widerspruch – es ist die PMD-Synthese.

Matthias Platzeck, Ministerpräsident Brandenburgs
von 2002 bis 2013,
Vorsitzender des Deutsch-Russischen Forums e. V. seit 2014

15. Kapitel

Juristische Kreativität

Die Vorgänge an der Grenze und ihre Erzählung gehören zum Waffenarsenal bei der Verklärung und
Verurteilung der Vergangenheit. Auf kaum einem
anderen Feld lässt sich das vermeintlich Verbrecherische des Unrechtsregimes DDR besser beweisen:
Dort starben schließlich Menschen. Wenn Menschen
ihrer Leben verlieren, entstehen Emotionen. Und wo
Emotionen ins Gespräch kommen, treten Verstand
und Vernunft zurück, Sachlichkeit und Logik sind
verabschiedet. Der Volksmund kennt für diesen Vorgang verschiedene Formeln, etwa dass Liebe blind
macht. Und daraus folgt: Blinder Eifer schadet nur.
Was für die Liebe gilt, trifft auch auf Hass zu.

Man muss nicht Christ sein, um zu wissen, dass
man nicht töten darf. Dass es nicht erlaubt ist, Menschen um ihr Wertvollstes zu bringen, was sie besit-
zen, nämlich ihr Leben, sollte Gemeingut sein. Ist es
aber nicht. Sonst gäbe es beispielsweise nirgendwo
auf der Welt Todesstrafen und Hinrichtungen per Gesetz (noch immer in mehr als fünfzig Staaten). Keine
Ideologie, keine Überzeugung, keine Vorschrift, kein

Schießbefehl rechtfertigten den gewaltsamen Tod von Menschen.

Dies schicke ich voraus, um meine Haltung zu den sogenannten Todesschüssen an der Mauer deutlich zu machen. Diese Haltung teilen im Übrigen beispielsweise der Chef der Grenztruppen der DDR, Klaus-Dieter Baumgarten, oder Egon Krenz. Der eine wurde 1996 wegen elffachen Totschlags und fünffachem versuchten Totschlags zu sechseinhalb Jahren verurteilt, Krenz bekam im Jahr darauf die gleiche Strafe für vier Fälle. Beide, und nicht nur sie, erklärten wiederholt öffentlich, dass jeder Tote an der Grenze einer zu viel gewesen sei. Der Grenzerchef Baumgarten beschrieb in seiner Autobiografie sehr überzeugend, wie glücklich er jeden Morgen erlebte, an dem er nicht telefonisch über ein Vorkommnis an der Grenze informiert worden war. Die DDR-Grenzer waren nämlich nicht jene schießwütige Bande, über die der DDR-Korrespondent der ARD Lothar Loewe 1976 sagte: »Hier in der DDR weiß jedes Kind, dass die Grenztruppen den strikten Befehl haben, auf Menschen wie auf Hasen zu schießen.« Nein, das wusste in der DDR nicht jedes Kind, auch kein Erwachsener wusste es, denn einen solchen strikten Befehl hatte es in der DDR nie gegeben.

Unstreitig hingegen ist, dass beim Versuch, die Grenze illegal zu überwinden, Menschen zu Tode kamen. Es starben dort allerdings auch DDR-Grenzsoldaten. Sie wurden im Dienst vorsätzlich ermordet. Auch sie wurden »Opfer«, spielen in den meisten öffentlichen Darstellungen des Grenzregimes jedoch keine Rolle, sie waren schließlich »Täter«. Es geht um die Opfer der »DDR-Willkür«. Und um den Nachweis der kriminellen Energie des Unrechtstaats, der die Mauer gebaut hatte.

In diesen Erzählungen werden Fakten verschwiegen. Bekanntlich sind halbe Wahrheiten mitunter ganze Lügen. Das warf man seinerzeit zum Beispiel Karl-Eduard von Schnitzler vor, der im »Schwarzen Kanal« vom Leder zog. Er hatte mit seinen steilen Thesen über den westdeutschen Kapitalismus in der Tendenz gewiss nicht unrecht, aber er überzog und war sehr einseitig. Das hat Propaganda so an sich. Viele DDR-Bürger, die den Kanal voll hatten, forderten darum im Herbst '89 lautstark, »Sudel-Ede« für immer vom Bildschirm zu verbannen, was auch geschah: zwölf Tage nach Honeckers Sturz und zehn Tage vor der Öffnung der Grenze ...

Die Halbwahrheit bei der Behandlung der Grenzproblematik besteht darin, dass – neben vielem anderen – vor allem der internationale Kontext ausgeblendet wird. Die Demarkationslinie war nicht nur eine deutsch-deutsche Grenze, sondern im Kalten Krieg die Frontlinie zwischen den beiden Militärblöcken NATO und Warschauer Pakt. Die beiden Führungsmächte, insbesondere die Sowjetunion, diktierten das Grenzregime. Moskau – nicht Berlin – machte seit 1961 detaillierte Vorgaben für den pioniertechnischen Ausbau der etwa tausend Kilometer langen Westgrenze der DDR. Es ließ auch später nicht über die Beseitigung von Minenfeldern und -sperren mit sich reden, bis Honecker dies eigenmächtig entschied und Baumgarten daraufhin Besuch aus Moskau bekam.

Die im Westen bis heute geführte Debatte über die DDR-Minen, dies nebenbei, ist ziemlich verlogen und heuchlerisch. Bevor nämlich die Bundesrepublik 1998 die Anti-Landminen-Konvention ratifizierte, entwickelte und produzierte sie selbst für mehrere hundert Millionen D-Mark solche Waffen. Mein einstiger Parteikontaktpartner Volker Rühe, inzwischen Bundesverteidigungsminister, erklärte noch im April 1994: »Der Einsatz von Landminen ist grundsätzlich auch Bestandteil von Verteidigungsplanung.« Natürlich der Bundesrepublik. »Ein generelles Einsatzverbot wäre mit dem Recht auf Selbstverteidigung im Sinne des Artikels 51 der UN-Charta nicht vereinbar.«

Auf eben jenes Recht beriefen sich die Sowjets und folglich auch die DDR.

Der zweite deutsche Staat, das kann man der DDR ohne Einschränkung konzedieren, verfolgte keine aggressiven Absichten. Allerdings nutzte er – wie jeder andere Staat auch – seine Machtinstrumente zur Durchsetzung der von ihm verfolgten Staatsziele. Zu den Machtinstrumenten gehörte objektiv auch das Gewaltmonopol, Besitz und Anwendung von Schusswaffen inklusive.

1982 schrieb sich die DDR die Festlegungen zum Einsatz der Schusswaffen in ihr Grenzgesetz. Das war eine Befugnis, aber keine Verpflichtung zum Töten. Sie enthielt zugleich die staatliche Zusicherung, dass die vorschriftengerechte Schusswaffenanwendung keine Straftat darstellte. Weil andere Staaten vergleichbare Regelungen hatten – etwa die Bundesrepublik für den Bundesgrenzschutz (BGS) und die

Bundesländer für die Polizei –, übernahm die am 18. März 1990 gewählte Volkskammer den § 27 des DDR-Grenzgesetzes ohne Einschränkung für die Schusswaffenanwendung durch Angehörige der Zollverwaltung.

Solche Fakten spielen naturgemäß keine Rolle, wenn es um Gefühle geht. Sie etwa in Talkshows oder Podiumsdiskussionen zu erläutern, langweilt das Publikum. Und wenn nicht die Moderatorin oder der Debattenleiter unterbricht, kommt garantiert nach dem dritten Satz der Zwischenruf aus der Runde: »Und was ist mit Chris Gueffroy? Und Peter Fechter?« Keine Chance also für eine sachliche Beschäftigung.

Erklärende und korrigierende Tatsachen werden vorsätzlich verschwiegen, weil mit der Darstellung eine politische Absicht verfolgt und Narrative bestätigt werden müssen. In den meisten Medien werden Fakten ausgeblendet mit dem Argument: Das ist alles so komplex, weshalb man in der Kürze der Zeit oder auf dem wenigen zur Verfügung stehenden Platz das Thema nicht so ausführlich und umfassend wie nötig behandeln könne. Am Ende bleiben nur Mauer, Stacheldraht und Schießbefehl übrig.

Richtig, die Mauer gab's, den Stacheldraht und auch einen Schießbefehl. Aber nicht so, wie sich das manche Flachzangen vorstellten: ein Stück Papier, auf dem oben fett oder in Versalien stand: Schießbefehl. Nach einem solchen Dokument sucht man inzwischen seit dreißig Jahren. Und man kann noch weitere 50 oder 100 Jahre danach suchen und wird keine Kopie und kein Original einer solchen Anweisung entdecken. Und die Grenzer und andere beschuldigte Personen beriefen und berufen sich darauf, dass es lediglich eine Schusswaffengebrauchsbestimmung gab – und auch das ist wahr. Es war alles mit deutscher Gründlichkeit geregelt.

Aber: Es gab ein östliches Bündnis mit einer Führung, die im Moskauer Kreml saß. Dieser Warschauer Pakt nannte sich aus Gründen politischer Kosmetik Warschauer Vertrag, denn »Pakt« war nach dem Verständnis der Beteiligten negativ besetzt, obgleich das lateinische *pactum* nichts anderes als Vertrag bedeutete. Doch hier ging es um Politik, nicht um Philologie. Also der Warschauer Vertrag war seinem Wesen nach ein militärischer Beistandspakt wie der Nordatlantikpakt. Jedem Mitglied wurde von der Führung seine Rolle zugewiesen, die es als Bundesgenosse ausfüllen musste. Diese Rolle war erstens von der geostrategischen Lage und zweitens von den ökonomischen Potenzen bestimmt. Punkt zwei war für die Rüstungsindustrie der Führungsmacht nicht unerheblich, denn die lebte vom Export der unablässig produzierten und neu entwickelten Waffen. Diese gingen vorzugsweise an die Bündnispartner, um deren Streitkräfte auf den jeweils modernsten Stand zu bringen. Die DDR, das will ich hier gern zu ihrem Ruhme einfügen, hat sich beispielsweise nicht jede neue Panzergeneration aufs Auge drücken lassen: Wozu neue Tanks kaufen, wenn die alten noch rollen, sagte die NVA-Führung, und modernisierte auf ihre eigene und kostengünstige Weise, indem sie beispielsweise lediglich die Elektronik auswechselte. So blieb der DDR im Wort- wie übertragenen Sinne einiges erspart. Nicht erspart hingegen blieb ihr die Ansage, wie sie ihre Staatsgrenze West zu sichern hatte, denn diese war die Frontlinie des Warschauer und des Nordatlantik-Paktes. Die Geschichte kannte genügend Beispiele, dass sich aus Grenzkonflikten Kriege entwickelten, weshalb besonderes Augenmerk auf eben jener Bündnisgrenze lag, die sich von der Halbinsel Kola über die Ostsee quer durch Zentraleuropa bis ans Schwarze Meer hinzog. Sie wurde militärisch, nicht polizeilich gesichert. An der Grenze Bulgariens zu Griechenland lagen die gleichen Minen wie an der DDR-Grenze, es gab die gleichen Streckmetallzäune und Stacheldrahtverhaue zwischen der Tschechoslowakei und Bayern, wie überall an dieser Linie. Ein Diensthabendes System der verbündeten Staaten wachte täglich 24 Stunden über den Luftraum und über das Meer, und – es herrschte Kalter Krieg, wo eine Seite die andere belauerte – auch den Eisernen Vorhang durfte keine Maus unzulässig passieren. Nur an den dafür ausgewiesenen Stellen, im Kürzel-Deutsch GÜSt genannt: Grenzüberganzstellen, und mit den erforderlichen Stempeln in den Reisepapieren konnte man durch die Systemgrenze schlüpfen. Die Vorgaben waren präzise, wie diese Grenze zu sichern und zu überwachen sei, und diese Vorgaben hatte sich weder das SED-Politbüro noch das DDR-Verteidigungsministerium in Strausberg, schon gar nicht die Führung der Grenztruppen der DDR in Pätz oder die Leitungen der Grenzkommandos ausgedacht. Die Grenzer vorn am Zaun standen am Ende einer Befehlskette, die ihren Ausgang in der Führung des Warschauer Paktes nahm. Deren Oberbefehlshaber hieß übrigens von 1985 bis zur Auflösung im Jahre 1991 Michail Sergejewitsch Gorbatschow. Und eben dieser Gorbatschow schaute am 26. April 1986 am Brandenburger Tor über die Mauer (auf der Westseite sollte ein reichliches Jahr später US-Präsident Ronald Reagan das Gleiche tun und fordern: »Mr. Gorbachev, tear down this wall!«). Gorbatschow schrieb nach seinem Blick über die Mauer ins Gästebuch der Grenztruppen der DDR: »Am Brandenburger Tor kann man sich anschaulich davon überzeugen, wie viel Kraft und Heldenmut der Schutz des ersten sozialistischen Staates auf deutschem Boden vor den Anschlägen des Klassenfeindes erfordern. Die Rechnung der Feinde des Sozialismus darf nicht aufgehen. Der Unterpfand dessen sind das unerschütterliche Bündnis der DDR und der UdSSR sowie das enge Zusammenwirken der Bruderländer im Rahmen des Warschauer Vertrages. Ewiges Andenken an die Grenzsoldaten, die ihr Leben für die sozialistische DDR gegeben haben. Michail Gorbatschow.«

Keine diplomatische Höflichkeit, sondern deutliche Ansage, was man in Moskau von Berlin erwartete. Und konkret sah das so aus, dass jeden Tag, den der Herrgott werden ließ, DDR-Soldaten mit ihrer Kalaschnikow zum Grenzdienst antraten und zuvor von ihren Wachvorgesetzten vergattert wurden. »Der Grenzposten (Dienstgrad und Name von Postenführer und Posten), eingesetzt zum Grenzdienst im Grenzabschnitt der ... Grenzkompanie / im Einsatzabschnitt ... hat die Aufgabe, die Unverletzlichkeit der Staatsgrenze im zugewiesenen Grenzabschnitt zu gewährleisten und den Grenzdienst auf der

Grundlage der Rechtsvorschriften und militärischen Bestimmungen politisch verantwortungsbewusst, initiativreich, wachsam und entschlossen getreu dem Fahneneid durchzuführen! – Vergatterung!« Das hieß im Klartext: Grenzdurchbrüche sind nicht zuzulassen, auch unter Einsatz der Schusswaffe. Und bei Angriffen auf den Posten selbst sollte/durfte/musste er sich mit der Waffe wehren. Gorbatschows Hinweis auf die toten Grenzsoldaten kam nicht von ungefähr. Bei der Ausübung ihres Dienstes kamen zwischen 1949 und 1990 mindestens 26 DDR-Grenzer ums Leben. Das letzte Opfer, Horst Hnidyk, wurde von einem fahnenflüchtigen Sowjetsoldaten am 3. August 1989 erschossen ...

Zu Beginn der siebziger Jahre begann die DDR die sowjetischen Erdminen durch Selbstschussanlagen SM 70 zu ersetzen. Grenzerchef Baumgarten räumte ein, »dass durch die freundwärtige Anbringung der SM 70 am vorderen Metallgitterzaun der Eindruck entstehen konnte, die Minensperren richteten sich ausschließlich gegen Grenzverletzer aus Richtung DDR«. Nun, dieser Eindruck war nicht unbegründet.

Auf 447 Kilometern wurden etwa 71 000 SM 70 installiert. Dort hingen sie bis zu ihrer 1984 von Honecker angeordneten vollständigen Demontage. Für den Abbau gab es verschiedene Argumente, die eher schwachen Gründe waren die hohen Wartungskosten und die Fehlauslösungen. 99,7 Prozent der Detonationen wurden von Wildtieren ausgelöst. Grenzerchef Baumgarten bewertete bereits zu Beginn der achtziger Jahre diese Grenzsicherungsanlagen »sowohl aus politischer Sicht als auch vom konstruktiven und optischen Aufbau her als unzweckmäßig«. Vor allem aus politischer Sicht entschloss sich die DDR zur Abrüstung dieser Waffe.

Nach dem Untergang der DDR – und nun komme ich als Anwalt ins Spiel – ging die Justiz strafrechtlich gegen Angehörige der Grenztruppen vor. Sie griff sich »Täter«, »Anstifter« und »Gehilfen«, die ganze Behelfskette bis hinauf zum Politbüro.

Dabei machte sich die westdeutsche Justiz nicht selten die Unwissenheit der Ostdeutschen zunutze. Schon bei der polizeilichen Vernehmung von beschuldigten Ex-Grenzern, welche in der Regel ohne juristischen Beistand erfolgte, wurden diese gefragt, ob sie denn nicht gewusst hätten, dass beim Einsatz der Schusswaffe auch Menschen hätten sterben können. Was für eine dämliche, aber hinterfotzige Frage! Ehrlich und aufrichtig, wie Ostdeutsche in der Regel sind, antworten sie darauf natürlich mit Ja. In ihrer Gutgläubigkeit und Naivität ahnten sie nicht einmal, dass das Gericht daraus einen Tötungsvorsatz machen würde. Sie hatten nämlich mit dieser Aussage bestätigt, den Tod eines Menschen billigend in Kauf genommen zu haben. Juristisch hieß dies »bedingter Vorsatz«.

Rechtsanwalt Frank Osterloh, mit dem ich bis zu seinem frühen Ableben 2003 auch in dieser Strafsache zusammengearbeitet habe, vertrat viele Mandanten, die einst in den Grenztruppen ihre Wehrpflicht abgeleistet oder als Berufsmilitärs gedient hatten. Frank nahm auch rechtswissenschaftlich zu diesen Vorgängen Stellung und verwies auf die im Einigungsvertrag fixierte Verabredung: »Unter strikter Beachtung

der in Sicherheitsfragen eingeschränkten Souveränität der DDR hat die Alt-BRD im Einigungsvertrag anerkannt, dass die DDR ihre Strafrechtsordnung nach
ihrem Rechtsverständnis gestaltete und durch die
Schaffung von Strafgewalt für das vereinte Deutschland auch das frühere Hoheitsgebiet der DDR die
Strafrechtsordnung der dann untergegangenen DDR
rückwirkend rechtmäßig nicht geändert werden
kann und nicht geändert wird.«

Daran hielten sich jedoch die Gerichte nicht, der
Einigungsvertrag wurde gebrochen.

Zudem: Bundeskanzler Kohl, darauf verwies mein
Kanzleikollege Frank Osterloh wiederholt, »hatte völ-
kerrechtlich verbindlich gegenüber der Sowjetunion
für die BRD die Verpflichtung übernommen, DDR-
Bürger wegen ihrer hoheitlichen Tätigkeit in der DDR
strafrechtlich nicht zu verfolgen. Diese Verpflichtung
wurde im Vertrag vom 9. November 1990 über gute
Nachbarschaft, Partnerschaft und Zusammenarbeit
zwischen der BRD und der UdSSR (BGBl. II 1991 1991,
S. 702) völkerrechtlich fixiert.« In der Präambel dieses
Vertrages erklärten beide Seiten den Wunsch, mit der
Vergangenheit endgültig abzuschließen und durch
die Verständigung und Versöhnung einen Beitrag zur
Überwindung der Trennung Europas zu leisten. Os-
terlohs Kommentar, den ich teile: »Diese bis dahin
erste völkerrechtliche Verpflichtung des vereinten
Deutschlands sollte das historisch begründete Misstrauen der UdSSR zerstreuen, das vereinte Deutschland könnte geneigt sein, die Chance einer Rache
an früheren DDR-Bürgern durch Strafverfolgung zu
nutzen.«

Dieses Misstrauen in Moskau war, wie wir erlebten, begründet.

Der Vertrag hat nichts genutzt.

Der von mir sehr geschätzte Egon Bahr wurde zum 1. Politbüro-Prozess als Zeuge geladen. Der Bundesminister a. D. war ein gewiefter und erfolgreicher Außenpolitiker, in den sechziger Jahren begründete er die strategische Politik vom »Wandel durch Annäherung«. Mehr »Wandel« als das Ende des Ostblocks, dessen Zeuge wir wurden, war nicht drin. Dieser kluge, anständige, ehrliche Mann erklärte am 15. Mai 1997 dem Landgericht Berlin eben diese Zusammenhänge und eingegangenen Verpflichtungen. Doch das Gericht ignorierte in seinem Urteil den juristischen Kern von Bahrs Ausführungen – weil dessen Beachtung eine Verurteilung der Angeklagten verhindert hätte. Getreu der Lessingschen Losung hieß es: »Tut nichts! Der Jude wird verbrannt!«

Man tat genau das, wovor viele gewarnt hatten. Etwa Dr. Ernst Gottfried Mahrenholz, Vizepräsident des Bundesverfassungsgerichts.

In der *Neuen Justiz* 1/1992 hatte er nahezu hellseherisch prophezeit: »Eine über viele Jahre sich hinziehende ›Aufarbeitung‹ der Vergangenheit durch Strafverfolgung wird in den neuen Bundesländern am Anfang begrüßt werden, insbesondere von den Opfern des DDR-Systems, sie könnte im Laufe der Zeit aber als Belastung empfunden werden, als permanente Diskriminierung eines Teils Deutschland und dem Zusammenfinden der deutschen Bevölkerung eher im Wege stehen. Dann wird kein Raum mehr bleiben für eine historische, politische, moralische

Aufarbeitung. Hüten wir uns davor, das schneidige Schwert der Strafrechtspflege, die Notwendigkeit ihres Gebrauchs zu überschätzen. Es kann nicht heilen und nicht verbinden. Weder einen Menschen noch das Volk. Es trennt.«

Mitte der neunziger Jahre übernahm ich die Vertretung von einem der drei Männer, die vom Landgericht Schwerin wegen versuchten Totschlags angeklagt worden waren. Walter L. war der Hauptangeklagte. Zwischen Erhebung der Anklage und dem ersten Verhandlungstermin vergingen vier Jahre, was juristisch unmöglich und menschlich unzumutbar war. Vier Jahre lang schwebte das Damoklesschwert über diesen Personen. Wie belastend solche Ungewissheit ist, können vermutlich nur Menschen nachvollziehen, die solches selbst erfahren haben. Diese Warterei zermürbt, macht manchen sogar krank.

Die Angeklagten wurden beschuldigt, im Frühjahr vor 23 Jahren Michael Gartenschläger an der Grenze erschossen zu haben. Der *Spiegel* hatte den Prozess mit den markigen Worten angekündigt: »Einer der spektakulärsten deutsch-deutschen Todesfälle kommt vor Gericht. Die Anklage zeigt, dass DDR-Verbrechen allenfalls noch mit juristischer Kreativität zu bewältigen sind.«

Der *Spiegel* war an diesem Fall nicht ganz unbeteiligt, wenngleich das Engagement noch in der Zeit des Scheckbuch-Journalismus erfolgt war und heute, nach Claas Relotius, in dieser Form kaum mehr vorstellbar ist. Das Nachrichtenmagazin hatte Gartenschläger 12 000 DM für eine an der DDR-Grenze demontierte SM 70 gezahlt und als Bonusmaterial noch dessen Lebensgeschichte bekommen. Eine weitere SM 70 verkaufte Gartenschläger für 3000 DM an die »Arbeitsgemeinschaft 13. August e. V.« Offenkundig glaubte er, daraus ein Geschäftsmodell machen zu können, denn bereits eine Woche später, in der Nacht zum 1. Mai 1976, wollte er eine dritte SM 70 vom DDR-Grenzzaun abschrauben. Dabei wurde er erschossen. Und nun standen die »Mordschützen« am Pranger.

Gartenschläger stammte aus Strausberg, verließ 1958 nach der 8. Klasse die Schule, begann eine Lehre als Autoschlosser und fuhr, wie viele Jugendliche damals, ins naheliegende Westberlin. Kino, *Bravo*, Rock'n'Roll, Gründung eines Fanclubs für Ted Herold – kein damals ungewöhnliches Teenagerleben. Nach einer Kontaktanzeige in der Münchner *Bravo* bekamen er und seine Clique erstmals Kontakt mit der Polizei. Harmlos das Ganze bis dahin. Ernst wurde es, als am 13. August 1961 Westberlin dicht gemacht wurde. Aus Wut darüber pinselten die Halbstarken Losungen wie »SED – Nee«, »Heute rot, morgen tot« und »Freie Wahlen« an Häuserwände in Strausberg und steckten eine Scheune der LPG »Einheit« an. So landeten die Brandstifter Gartenschläger und seine Freunde im September 1961 vorm Kadi. Wegen »staatsgefährdender Propaganda und Hetze« wurden die fünf zu Haftstrafen zwischen sechs und 15 Jahren verurteilt. Völlig überzogen, keineswegs entschuldbar, allenfalls erklärbar mit der kritischen innenpolitischen Lage nach dem Mauerbau. Gartenschläger beantragte nach neun Jahren Haft die Entlassung aus der DDR-Staatsbürgerschaft und reiste im Mai 1971 aus. Danach wurde er von Hamburg aus als Fluchthelfer aktiv. Mit seinem roten Opel schleuste er sechs Ostdeutsche über die Grenze. Er »schmuggelte auch mal einen Rumänen nach Jugoslawien oder organisierte einen heimlichen Pass-Wechsel in Libyen«, wie der *Spiegel* wusste. Und eben in diesem Nachrichtenmagazin wollte er im November 1975 auch von den SM 70 gelesen haben. »Vor allem ein Satz blieb bei ihm hängen: Wie die Selbstschussautomaten im einzelnen funktionieren, ›weiß der Bundesgrenzschutz bis heute nicht genau‹. Für ihn ein klarer Fall: ›Wenn die so'n Ding brauchen und nicht haben, wirst du denen eben so'n Ding besorgen.‹«

Und nachdem er »so'n Ding« besorgt und die Presse darüber berichtet hatte, erhielt er Post von der Arbeitsgemeinschaft 13. August e. V. »mit der Bitte, gegen ein ordentliches Honorar eine weitere Selbstschussanlage abzubauen. Noch in der Nacht des gleichen Tages zog er los – und knipste nur 200 Meter vom ersten Tatort entfernt eine zweite SM 70 vom Zaun.« Soweit der *Spiegel*.

Beim dritten Diebstahl-Versuch wurde Gartenschläger bereits an der DDR-Grenze erwartet. Im Sicherungsabschnitt der 12. Grenzkompanie Leisterförde hatte er die beiden SM 70 demontiert, dort – am Grenzknick Wendisch Lieps – wollte er auch die nächste holen. Er wurde dabei begleitet von seinen beiden Freunden Lothar L. und Wolf-Dieter U. Lothar L. hatte er im Brandenburger Knast kennengelernt, der dort ebenfalls einsaß.

Am 29. April 1976 war Gartenschläger jedoch von DDR-Grenzern an der Grenzsäule 231 beobachtet und auch identifiziert worden, als er, kurz vor 15 Uhr, mit dem Feldstecher die Grenzanlagen inspizierte. Beamte des Bundesgrenzschutzes hatten sich Stunden zuvor per Funk ausgetauscht, als sie einen ihnen bekannten BMW 2500 in ihrem Streifen festgestellt hatten. Wahrscheinlich sei der Besitzer wieder unterwegs, um eine weitere SM 70 zu holen, amüsierten sie sich im Äther. Das hatte man jenseits der Grenze mitgehört. Man war auf Ostseite also gewarnt und verstärkte die Grenzsicherung mit Doppelposten. Mit verlässlichen Soldaten: Walter L., Uwe W., Herbert L. und Peter R. (Da damals R. 20 war, wurde gegen ihn vor der Jugendstrafkammer verhandelt.)

Ich vertrat den Leiter des Kommandos jener Ex-Grenzer, die an jedem Tag mit Kulturbeutel zur Verhandlung kamen, weil sie davon ausgehen mussten, noch im Gerichtssaal verhaftet zu werden. Nicht weil sie sich schuldig fühlten, sondern weil es dem Zeitgeist entsprach, als Mörder zu erscheinen.

Gartenschläger hatte als Erster geschossen. Er feuerte mit eine Pistole der spanischen Marke »Star«, Kaliber 9 mm, acht Schuss im Magazin. Darauf hatten die Grenzer mit ihren Maschinenpistolen geantwortet. Ich argumentierte als Verteidiger mit Notwehr. Jeder, auch DDR-Grenzsoldaten, hatten ein Recht auf Leben und damit das Recht sich zu verteidigen, wenn sie angegriffen wurden.

Allerdings, so behauptete die Staatsanwaltschaft, der zweite Feuerstoß auf den bereits getroffenen und wehrlosen Gartenschläger sei das eigentliche Verbrechen gewesen.

Die Gerichtsmediziner hatten bei der damals vorgenommenen Obduktion jedoch festgestellt, dass bereits die ersten Schüsse tödlich gewesen seien. Was gemäß kalter Juristenlogik zu der Schlussfolgerung führte, wenn Gartenschläger nach dem ersten Feuerstoß also bereits so gut wie tot war, konnten ihn auch die nachfolgenden Schüsse nicht mehr umbringen. Deshalb klagte die Staatsanwaltschaft auf versuchte Tötung, nicht auf eine vollendete Tat.

Alles deutete darauf hin, dass das Gericht dieser Vorhaltung der Staatsanwaltschaft folgen würde.

Interessant, so fand ich, waren Gartenschlägers Begleiter. Die beiden sagten als Zeugen aus, dass sie, als die ersten Schüsse fielen, sich aus dem Staube gemacht hätten. Der eine erklärte, dass er mit seiner abgesägten Schrotflinte auf den Scheinwerfer geschossen habe, als ihn der Lichtstrahl erfasste. Daraufhin hätte es die zweite Salve von den DDR-Grenzern gegeben. Er sei der Überzeugung gewesen, dass ihm diese Schüsse gegolten hätten.

Nun stand das ganze Verfahren unter dem Vorhalt, dass die Aktion der Stasi zuzuschreiben gewesen sei. Die habe im Hintergrund die Strippen gezogen und Gartenschläger eine Falle gestellt. Das traf zu. Gartenschlägers Vorhaben galt als Terrorverbrechen. Bereits Vorbereitung und Versuch waren in der DDR strafbewehrt. Für die Abwehr von Terror und anderen Gewaltakten war die Hauptabteilung XXII im MfS zuständig. Und – Stasi oder nicht – auf die Grenzer war geschossen worden! Jeder Mensch hat ein Recht auf Leben und damit auf Notwehr.

Wenn dies also eine Geheimdienstoperation gewesen sei, so meine Überlegung, dann müsste sich doch etwas finden lassen.

Ich nutzte also meine Verbindungen, die ich einst als Innenminister gewonnen hatte, und stieß, wie befürchtet, auf eine Mauer des Schweigens. Die einstigen MfS-Offiziere hatten mehrheitlich inzwischen reichlich schlechte Erfahrungen mit der Justiz und den Medien gesammelt, sammeln müssen, weshalb ihr Mitteilungsbedürfnis äußerst eingeschränkt war. Ich bohrte, ich bettelte, machte mich krumm. Eisiges Schweigen. Niemand wollte mir sagen, ob und in welcher Weise das MfS seine Finger mit im Spiel gehabt hatte. Sie würden niemanden verraten, der mal für sie gearbeitet habe, sagten sie. Schön und gut, erklärte ich demagogisch, dann seien sie verantwortlich, wenn die drei Männer mehrere Jahre einrücken müssten.

Ich gab ihnen eine Woche Zeit, es sich zu überlegen, denn mehr als sieben Tage hatten wir nicht mehr, um Zeugenaussagen infrage zu stellen und damit die Argumentation der Staatsanwaltschaft zu erschüttern.

Nun, meine zweckdienliche Drohung war erfolgreich. Ich bekam die Unterlagen.

Am letzten Verhandlungstag beantragte ich die neuerliche Befragung des Zeugen Lothar L., der damals Gartenschläger begleitet hatte. Als er im Zeugenstand stand, lobte ich den gelernten Maschinenschlosser aus Hamburg für sein gesellschaftliches Engagement zum Beispiel in der Arbeitsgemeinschaft 13. August. Als ich in der DDR noch studierte, habe er bereits gegen die SED-Diktatur gekämpft, wofür ihm Respekt zustünde. Aber wenn er ein derart überzeugter Antikommunist sei, verstünde ich nicht, warum er für einige Silberlinge in Budapest der Stasi

MINISTERRAT

DER DEUTSCHEN DEMOKRATISCHEN REPUBLIK

DER MINISTERPRÄSIDENT

Herrn
Dr. jur.
Peter-Michael Diestel

<u>Berlin</u>

Sehr geehrter Herr Dr. Diestel,

mit dem Beitritt der Deutschen Demokratischen Republik
zur Bundesrepublik Deutschland gemäß Artikel 23 des
Grundgesetzes am 03. Oktober 1990 endet die Tätigkeit
des Ministerrates.
Gemäß Beschluß des Ministerrates vom 26. September 1990
berufe ich Sie mit Wirkung vom 03. Oktober 1990 als

    Stellvertreter des Ministerpräsidenten und
    Minister des Innern

ab.

Für Ihre umsichtige und verantwortungsvolle Arbeit sowie
Ihr hohes persönliches Engagement in Verwirklichung
unseres Regierungsprogrammes zur Vollendung der Einheit
Deutschlands in Frieden und Freiheit danke ich Ihnen
herzlich.

Mit vorzüglicher Hochachtung

Lothar de Maizière

Lothar de Maizière

Berlin, den 03. Oktober 1990

Gartenschlägers Vorhaben und damit seinen Freund verraten hätte?

Sofort brüllte der ganze Saal: Lüge, Lüge! Und die Staatsanwälte riefen: »Herr Verteidiger, das ist eine Unverschämtheit, wie Sie mit dem Zeugen umgehen.«

Ich übergab dem Vorsitzenden Richter die Papiere und sagte: »Entweder sind die Papiere der Staatssicherheit immer falsch und verlogen – oder sie sind immer richtig. Bisher galten sie stets als wahr, wenn man jemandem an die Wäsche wollte. Entscheiden Sie.«

L. war ein klassischer Doppelagent. Er hatte sowohl für den BND (Tarnname »Seidensticker«) als auch als IM »Robby« für die HA XXII des MfS gespitzelt. Wiederholt hatte er sich mit seinen Führungsoffizieren in Prag und in Budapest getroffen. 1987 schloss das MfS jedoch die Akte des IM »Robby«, der war ihnen zum Sicherheitsrisiko geworden, ein Abenteurer, der nicht zu steuern war. Trotzdem wollte das MfS ihn nicht verraten, sie verschwiegen seinen Namen, auch wenn er nur zeitweise und halbherzig für sie tätig geworden war.

Die Sitzung wurde unterbrochen – und nach einer Woche das Urteil verkündet. Das Gericht sprach die Grenzer frei, weil »das Verhalten der Angeklagten durch Notwehr gemäß § 32 StGB oder zumindest durch die Annahme einer Notwehrlage (Putativnotwehr) gerechtfertigt« war. Putatativnotwehr meint, dass ein Täter von einem vermeintlichen rechtswidrigen Angriff auf sich ausgeht. Die als Täter angeklagten Grenzsoldaten hatten das Feuer auf Gartenschläger eröffnet, nachdem dieser mit seiner Pistole auf sie geschossen hatte. Und einer von Gartenschlägers flüchtenden Begleitern hatte mit seiner abgesägten Schrotflinte ebenfalls geschossen.

Während und nach dem Verfahren wurde ich von mehreren Blättern als *Advocatus Diaboli* bezeichnet, als Anwalt des Teufels. Dagegen wollte ich juristisch vorgehen. Doch mein Freund und Medienanwalt in Hamburg sagte: Nee, Peter, das machen wir nicht. Du hast doch bei der Befragung des Zeugen L. ganz bewusst seine Haltung eingenommen, um ihn schließlich vorzuführen. Das ist das klassische Charakteristikum eines Advocatus Diaboli. »Mehr Anerkennung kann man als Rechtsanwalt nicht bekommen.«

Nach längerem Nachdenken stimmte ich ihm zu.

Der erzwungene Freispruch wurde unterschiedlich kommentiert. In einer Publikation der Konrad-Adenauer-Stiftung vom September 2006 wurde die »Tötung des Widerstandskämpfers Michael Gartenschläger« und das Verfahren vorm Schweriner Landgericht behandelt. Darin wurde selbst die Staatsanwaltschaft attackiert, obwohl diese Haftstrafen zwischen drei und dreieinhalb Jahren gefordert hatte. Allein dies stellte eine »Verharmlosung der Tat« dar. Aber der eigentliche Skandal sei die Erklärung des Staatsanwalts Hans-Christian P. gewesen, »auch ein Unrechtsstaat habe das Recht, sich zu wehren«. Ein »Recht des Staates auf Selbstbehauptung« hätte der Bundesgerichtshof 1956 zur Begründung benutzt, als er das Urteil gegen Bonhoeffers Richter wegen Beihilfe zum Mord aufhob. (Az 1 StR 50/56). Und Autor Roman Grafe weiter: »Im April 2001 bestätigt der Bundesgerichtshof den Freispruch im Fall Gartenschläger (Az 4 StR 410/00). ›Offensichtlich unbegründet‹ sei der

Revisionsantrag [...], da die Nachprüfung des Urteils ›keinen Rechtsfehler ergeben‹ habe.«

Mich verwunderte die Perfidie, mit der hier eine gedankliche Linie vom Dritten Reich in die DDR gezogen wurde, von der weißen Linie auf der Rampe in Auschwitz bis hin zum Auschwitz der Seelen. Und das im Gewande eines gepflegten demokratischen Antifaschismus, nämlich in der Kritik an den Entscheidungen des BGH von 1956 und 2001, die den Dienern von Diktaturen Recht gaben. Dabei sieht auch jeder Nicht-Laie, dass es sich hier um zwei völlig verschiedene Paar Schuhe handelte.

Gartenschlägers Ende machte mich sehr nachdenklich. Er hatte ein System bekämpft, das zu bekämpfen durchaus verständlich war. Aber rechtfertigte es jedes Mittel, auch den Einsatz der Schusswaffe? In dieser Hinsicht war er nicht anders als die, die er aus eben diesem Grunde hasste. Und eigentlich hatte ihn sein »Freund« auf dem Gewissen, der Judas, der ihn verraten hatte. Nicht jene, die – wenngleich mit Absicht und Auftrag dorthin befohlen worden – auf ihn schossen. Er sollte festgenommen, nicht getötet werden, doch die Warnung bestand: Er ist bewaffnet. Und dann eröffnete er als Erster das Feuer ...

Was blieb noch in Erinnerung? Der Vorsitzende Richter H., der mit großer Sensibilität und Klugheit und in wahrlicher Unabhängigkeit das Verfahren führte. Und Oberstaatsanwalt P., der vernünftig und anständig argumentierte. Ich habe zwar das Verfahren gewonnen, aber es war ein kollektiver Sieg der Rechtsstaatlichkeit und des Strafverfahrensrechts, an dem alle beteiligten Juristen ihren Anteil hatten.

Unterschiedliche Anschauungen
trennen uns nicht

Ich traf Diestel das erste Mal in den siebziger Jahren im Fahrstuhl des Interhotels Neptun in Warnemünde. Er kam von einer Feier und ich von einem Treffen mit Freunden, an meiner Seite war der erste Mann des Komsomol aus der Sowjetunion Ewgenij Tjaschelnikow. Aus der kurzen Unterhaltung zu vorgerückter Stunde blieb mir in Erinnerung, dass er in Prora zur Welt kam, wo sein Vater Offizier der NVA war, weil ich selbst dort einen zweijährigen Militärdienst geleistet hatte. Wir sahen uns nie wieder. Nach den Märzwahlen 1990 tauchte er auf dem Bildschirm auf, und ich erkannte ihn wieder. Die Ereignisse hatten uns inzwischen zu politischen Gegnern werden lassen. Aufhorchen ließ mich, dass er als Innenminister zu Erich Honecker in dessen Asyl in Beelitz fuhr. Das war mutig. Nicht einmal Weggefährten des Ex-SED-Generalsekretärs wagten sich das. Diestel setzte damit ein souveränes Zeichen der Toleranz und der Mitmenschlichkeit, das in jener Zeit selten war und zu der bis in die heutige Zeit nur wenig Politiker fähig sind.

Einige Monate später trafen wir uns zufällig bei einem gemeinsamen Freund. Der Mediziner Heinz Wuschech hatte viele Bekannte und Freunde, darunter auch den Fraktionsvorsitzenden der CDU im Brandenburger Landtag und den im vereinten Deutschland juristisch verfolgten Ex-Staatsratsvorsitzenden. Mir imponierte, dass Diestel, obgleich im anderen politischen Lager stehend, seine DDR-Wurzeln nicht leugnete. Mehr noch: Als Rechtsanwalt stellte er sich schützend vor die Gescholtenen der Nation, die Mitarbeiter des Ministeriums für Staatssicherheit. Viele von ihnen waren inzwischen seine Mandanten. Regelmäßig lud Diestel auf sein Anwesen in Zislow, auch mich. Er führte in lockerer Runde Politiker, bekannte Künstler und Sportler aus der DDR zusammen. Unvergessen blieben mir die Begegnungen mit Stefan Heym, Kurt Maetzig, Wolfgang Kohlhaase und seiner Frau Emöke Pösteny vom Fernsehballett, Herbert Köfer, die Puhdys und auch zu Lothar Bisky, Lothar de Maizière und Egon Bahr. PMD fand Wege, sie alle – ob Ost oder West – zusammenzubringen. Heute sind auch wir gute Freunde, was mir vor Jahrzehnten unvorstellbar schien. Unterschiedliche Anschauungen trennen uns nicht. Gespräche über unsere gegenteiligen Positionen führen uns enger zusammen. Es ist gut, dass es ihn gibt, den politischen Christen-Menschen Peter-Michael Diestel.

Egon Krenz, Staatsratsvorsitzender a. D.
und ehemaliger Generalsekretär des ZK der SED,
wegen »Totschlags« zu sechseinhalb Jahren Haft verurteilt,
von denen er vier Jahre absaß

16. Kapitel

Der schönste Fußballpräsident der Welt

1994 beschloss ich, mich aus der Politik zurückzuziehen. Ich wollte mich fortan ganz auf meine Anwaltstätigkeit konzentrieren. Der Rückzug wurde mir, nicht unerwartet, von einigen als Feigheit ausgelegt. »Immer, wenn es brenzlig für ihn wird, macht er sich aus dem Staub«, hieß es im November 1994 im *Focus*, »um woanders wieder aufzutauchen.«

Nun, im Jahr 5 der deutschen Einheit wurde mir nichts »brenzlig«. Meine Anwaltskanzlei lief bestens. Und Fußball interessierte mich schon immer. Darum war ich überhaupt nicht abgeneigt, als der Manager vom FC Hansa Rostock zu mir kam und anfragte, ob ich mir vorstellen könne, Präsident des Fußballklubs zu werden. Gerd Kische war Nationalspieler der DDR und mit der Mannschaft 1976 auch Olympiasieger geworden. Und im berühmten Spiel gegen die DFB-Auswahl bei der WM in der Bundesrepublik stellte der Verteidiger Kische seinen Gegenspieler Heinz Flohe sagenhaft kalt und sicherte damit den 1:0-Sieg der DDR. Und dabei war Flohe ein exzellenter Stürmer, der allein dadurch unsterblich ist, weil er das 1000. Länderspieltor für die DFB-Auswahl erzielte.

Kisches beste Tage lagen bereits hinter ihm. Nach der Wende hatte er als Präsident den FC Hansa übernommen, der 1992 aus der Bundesliga abstieg. Inzwischen nannte er sich Club-Manager und suchten für den hoch verschuldeten Zweitligisten einen neuen Präsidenten, der einerseits Ruhe in den Verein und andererseits den neuerlichen Aufstieg bringen würde. Gerd, den ich seit Jahren kannte und mochte, war nicht der erste Vertreter eines ostdeutschen Fußballvereins, der bei mir anklopfte. Auch Dresden und Leipzig hatten bereits angefragt. Überall im Osten ging es mit dem Sport bergab. Nicht nur im Fußball war ersichtlich, dass die Trauben ziemlich hoch hingen und Leitern nicht zur Verfügung standen. Das DDR-Sportsystem mit seiner systematischen Talentesuche, die bereits im Kindergarten begann, mit den Kinder- und Jugendsportschulen, mit unzähligen Betriebssportvereinen war bis auf Reste verschwunden.

Also hoffte man auch in Rostock, mit neuen Gesichtern in der Chefetage die Misere zu beenden. Sie, so wünschte man, würden nicht nur frischen Wind, sondern vor allem wichtige Kontakte zur Wirtschaft, zum Showbiz, zur Politik, zur bürgerlichen Gesellschaft herstellen. Fußball war zwar für ein Massenpublikum, aber um »oben« mitzuspielen, das hatte man auch schon in den Ostklubs erkannt, brauchte man nicht nur eine gute Mannschaft und exzellente Spieler, sondern vornehmlich auch einen guten Ruf. Oder wie es neudeutsch hieß: standing. Dann würde auch das Geld kommen, ohne das ein Fußballklub nicht existieren konnte.

Ein Profifußballklub war ein Wirtschaftsunternehmen. Allerdings, und das machte ich auch bei meiner Antrittsrede als Präsident deutlich, sollte sich bei uns nicht alles nur um Prämien, Provisionen und PKW drehen. Zunächst und in erster Linie gehe es um den Sport. Und da sollten wir auf unsere eigene Kraft vertrauen. Wir werden, wie in der DDR gewohnt, ein System der Talentefindung und -förderung entwickeln, den eigenen Kaderstamm aufbauen, gefühlvoll – das betonte ich – gefühlvoll einige Talente verkaufen und mit den Einnahmen den Verein sukzessive sanieren. Schritt um Schritt sollte das geschehen.

In der Außenwirkung mussten wir dafür sorgen, dass die gewalttätigen Hooligans und rechten Ultras vom Stadion ferngehalten oder durch Fanbetreuer zumindest neutralisiert wurden. Wir brauchten keine Schlägereien vor und schon gar nicht in den Stadien. Die extreme Gewaltbereitschaft war ein zentrales Problem in jenen neunziger Jahren.

Der Verein hatte kaum Geld, aber ein gutes Verhältnis zum DFB. Ich reiste dort mit der Masche: Wir sind zwar arm, aber nicht dumm. Dadurch bekamen wir oft Ausnahmeregelungen zugestanden. Denn die Auflagen der obersten Fußballbehörde waren streng. Sitze und Überdachungen, Flutlicht und Fluchtwege, Versorgung und Toiletten, Sicherheit und Verkehrsanbindung ... Alles war vorgeschrieben, doch von uns finanziell nicht alles auf einmal zu bewältigen.

Reiner Calmund, der Manager bei Bayer Leverkusen, wollte Stefan Beinlich kaufen. Die Werksmannschaft des Chemiekonzerns hatte gewiss Kohle ohne Ende, dachte ich mir, und der dicke Calli war in der Fußballszene eine wichtige Größe. Bei einem lukrativen Spielerverkauf wären wir einen entscheidenden Schritt weiter. Er kam nach Zislow, wir saßen in meiner Küche, nachdem wir das Mobiliar verrückt hatten, sonst wäre er nicht hinter den Tisch gekommen. Wir begannen beim Essen über die Summen zu reden. Ich startete bei zweieinhalb Millionen. Das Ende vom Feilschen: Als ich bei über sechs Millionen war, willigte Calli ein, wuchtete sich in die Höhe und ging. Daewoo, den südkoreanischen Autokonzern, gewann ich als Sponsor. Der zahlte mehr als Opel. Daewoo baute nach meinem Empfinden nicht sonderlich schöne Autos, aber war sehr großzügig.

Später las ich in Calmunds Erinnerungen über diesen Abend in Zislow, er habe sich mit mir auf einem stinkigen Bauernhof irgendwo in Mecklenburg bei schlechtem Essen und noch schlechterem Wein getroffen. Doch er habe sich nicht über den Tisch ziehen lassen. Das wäre, mit Verlaub, selbst mir kaum möglich gewesen, obwohl ich damals beim Bankdrücken locker noch 200 Kilogramm schaffte.

Auf dem »stinkigen Bauernhof« waren auch einmal die Puhdys und Silly zu Gast, es muss Himmelfahrt oder eine Geburtstagsfeier gewesen sein, denn ich erinnere mich, dass auch Stefan Heym, Egon Krenz und andere bekannte Gesichter zugegen waren. Und nicht mehr ganz nüchtern, aus der sprichwörtlichen Schnapslaune heraus, wurde die Idee einer Vereinshymne geboren. Beide Bands verpflichteten sich, sie zu schreiben, und Tamara Danz sollte sie singen. So einen Kracher, wie 1998 Nina Hagen für Eisern Union hinlegte: »Wir aus dem Osten geh'n immer nach vorn / Schulter an Schulter für Eisern Union.« Unsere Hymne sollte ostdeutsches Selbstbewusstsein signalisieren, bodenständig sein und ermutigen. »Wer lässt sich nicht vom Westen kaufen? / Eisern Union, Eisern Union.« Doch Silly taten sich damit schwer. Die Puhdys waren schneller. Dieter Birr hatte eine Hymne komponiert, die mir schon deshalb gefiel, weil ein Vers so ging:

»Wer hat den schönsten Fußballpräsidenten auf
    der Welt – FC Hansa ohoho
Wer hat den besten Torwart, der die Bälle alle
    hält – FC Hansa ohoho
Wer hat die größten Fans die rufen laut bei jedem
    Tor – FC Hansa ohoho
Wer lässt die Gegner beten wenn alle singen im
    Chor
FC Hansa du bist so genial
FC Hansa wir lieben dich total
Auch wenn du mal daneben schießt
Wir sind für dich da – FC Hansa – FC Hansa«

Nach und nach kam auch die Prominenz aus vielen Bereichen und auch aus anderen Bundesländern zu uns. Bei uns bekam man nicht Fingerfood mit Chichi in der VIP-Lounge wie überall, sondern Bockwurst mit Salat in den Katakomben. Künstler, Unternehmer, Politiker begegneten sich nicht bei Sekt und Sushi, sondern tranken Bier aus der Pulle. Wir wollten nicht mehr hermachen, als wir tatsächlich bieten konnten.

Das Konzept funktionierte, wir erfuhren mehr und mehr Zuspruch.

Gemeinsam holten wir Frank Pagelsdorf als Trainer vom FC Union nach Rostock, und obgleich wir in die Saison 1994/95 ohne Ambitionen gestartet waren, schaffte wir Platz 1 in der 2. Bundesliga und damit den Wiederaufstieg. Da Dresden abstieg, waren wir die einzige Mannschaft des Ostens in der höchsten deutschen Spielklasse. Diese Saison war gewaltig, sie endete mit Platz 6 in der Tabelle. Wir zogen sogar den Bayern die Lederhosen aus, was dazu führte, dass Uli Hoeneß kein Wort mit mir wechselte. Vielleicht gab es auch andere Gründe, weshalb der erfolgsverwöhnte Bayern-Manager mit der Gurkentruppe aus dem Osten und deren Präsidenten nicht reden wollte.

In einem Heimspiel gegen den FC St. Pauli hatte es heftige Ausschreitungen gegeben, worauf wir eine Platzsperre bekamen. Glück im Unglück: Wir mussten im Berliner Olympiastadion spielen – und hatten über 58000 Zuschauer. Das waren mehr als zwei Mal so viele, wie ins Rostocker Ostseestadion passten. Zuschauerrekord für den Verein und Indiz für den wachsenden Zuspruch für den »Leuchtturm des Ostens«, als der wir in der Bundesliga galten. Am Ende der Saison landeten wir auf Platz 15 und vermieden um Haaresbreite den Abstieg in die 2. Liga. Bereits zuvor hatte ich beschlossen, von meinem Amt als Präsident zurückzutreten. Ein Unternehmen mit 30 Millionen D-Mark Umsatz konnte man nicht so nebenbei und auf ehrenamtlicher Basis führen. Das verlangte nach 24-stündigem Einsatz und hätte zwangsläufig die Aufgabe meines Berufes erfordert.

Aber genau das wollte ich nicht. Bei aller Liebe zum Fußball: Dieser Preis erschien mir dann doch ein wenig zu hoch. Hinzu kam der über Monate geführte Kleinkrieg, den ich seit Jahresbeginn im Hansa-Vorstand führte. Trainer Pagelsdorf schien mir nicht in der Lage, die laufende Saison 1996/97 erfolgreich zu beenden, es drohte der neuerliche Abstieg. Pagelsdorf, der agil und quirlig bei uns gestartet war, schien mir Ehrgeiz und Biss verloren zu haben. Doch der Aufsichtsrat lehnte seine Entlassung ab, er sollte bleiben. Also ging ich. Der *Spiegel* vom 31. März 1997, der die Ankündigung meines Rücktritts vermeldete, hatte natürlich eine andere Erklärung: »Mit dem sportlichen Niedergang des Vereins erlitt auch sein Image zunehmend Schaden – und die Aussicht, demnächst bei Hansa-Spielen in der zweiten Bundesliga nach Unterhaching statt zu Bayern München fahren zu müssen, hätte dem an die erste Klasse gewöhnten Diestel nicht sonderlich behagt.« Natürlich, ich wollte den FC Hansa Rostock erstklassig und gewinnen sehen.

In den nachfolgenden vier, fünf Spielzeiten wurden ständig neue Trainer verpflichtet – Ewald Lienen, Friedhelm Funkel und Armin Veh – man kam aber nicht mehr über die Ränge zwölf bis 15 hinaus und bangte in jeder Saison um den Klassenerhalt. 2005 ging es dann in die 2. Liga, 2007 stieg man wieder auf, 2008 wieder ab, 2010 rutschte man in die 3. Liga … Da ist der Verein noch heute.

Als ehemaliger Präsident fahre ich gelegentlich von Zislow nach Rostock, um mir ein Heimspiel anzuschauen. Mit einer gewissen Wehmut denke ich an die Jahre zurück, als sich im alten Stadion die deutsche Prominenz begegnete. Hansa hatte, wie vielleicht noch Bayern München, eine übers ganze Land verteilte Fan-Basis. Trotz Drittklassigkeit zählt Hansa noch immer etwa 13 000 Vereinsmitglieder und gehört damit zu den größten Sportvereinen in Deutschland. Und man sah großartigen Fußball. Inzwischen kenne ich kaum noch einen von den Spielern persönlich, auch niemand von der Führung. 2000 wurde die Vereinshymne durch eine neue ersetzt. Die heißt jetzt: »Hansa forever«. Das sagt schon alles.

Das Kapitel ist für mich abgeschlossen.

Nach meinem Weggang setzte der Größenwahn ein. Meine Nachfolger wollten sich offenkundig ein Denkmal setzen. Sie ließen ein riesengroßes Stadion bauen, was zur Verödung und Verschuldung von Hansa führte. Auf den Rängen verlieren sich nur noch wenige Tausend Zuschauer. Es gibt 29 000 überdachte Sitzplätze – zu viele für drittklassige Spiele, zu wenige für Länderspiele des DFB, weil dort mindestens 40 000 Menschen im Stadion Platz finden müssen. Im Internat für den Fußballnachwuchs sind jetzt Bäcker und Frisöre und dergleichen untergebracht, damit es nicht leer steht.

Hier zeigt sich das Problem, das viele ostdeutsche Unternehmer hatten. Nach den ersten Erfolgen wurden sie größenwahnsinnig. Sie expandierten, bauten sich neue Produktionshallen, kauften sich fette Autos zum Repräsentieren (»Es geht voran!«), verschuldeten sich, dann liefen die Geschäfte nicht mehr so gut, die Banken stellten die Kredite fällig, Insolvenz und aus die Maus. Man darf den Hals nie zu voll nehmen, sollte bescheiden bleiben und sich Schritt um Schritt entwickeln. Diese Lehre konservativen Wirtschaftens wurde in den Wind geschlagen. Nicht nur im Osten, weltweit. Aber hier bei uns schlug es besonders zu Buche.

Der seit Jahren andauernde Niedergang des ostdeutschen Fußballs ist nach meiner Wahrnehmung selbst verschuldet. Keine Demut, aber viel Protz. Die Bodenhaftung ging verloren, indem man abhob und so agierte wie die Vereine im Westen. Vielleicht ist Union Berlin eine Ausnahme, aber eine Schwalbe macht bekanntlich noch keinen Sommer. Auch wenn viele Ostdeutsche gleich mir den Eisernen die Daumen drücken, werden sie sich vermutlich nur eine Saison oben halten können. (Ich täusche mich gern in meiner Prognose.) Wenn sie klug wirtschaften, kein Stadion bauen, halten sie in diesem einen Jahr genügend Geld zusammen, um in den nächsten Jahren die Mannschaft damit weiter zu entwickeln und einen stabilen erstklassigen Kader aufzubauen, um sich dauerhaft oben festzusetzen. Nicht nur Geld schießt Tore, sondern auch Leidenschaft.

Wir brauchen hunderte Großmäuler wie ihn

Natürlich war Diestel ein Holzer auch auf dem Rasen. Raubeinig mähte er auf dem Fußballplatz in der Nähe von Leipzigs Connewitzer Kreuz jeden nieder, der sich ihm in den Weg stellte. Vorzugsweise Journalistenstudenten, denn die Jura-Studenten pflegten eine eigene Mannschaft zu bilden, wenn Sport im Stundenplan stand. Wir sahen uns nach anderthalb Jahrzehnten wieder, als im Sommer 1992 er und Gysi eine ostdeutsche Sammlungsbewegung aus der Taufe heben wollten, vom ostdeutschen *Neuen Deutschland* als »Gystel-Bewegung«, von der westdeutschen *Zeit* als »Lobby der Verlierer« bezeichnet. Diestel erkannte mich und erkundigte sich besorgt nach meinem Schlüsselbein, das er glaubte beim Fußball in Leipzig gebrochen zu haben. Ich konnte ihn beruhigen: Der zersplitterte Knochen hatte einem anderen Kommilitonen gehört. Nun sorgte er sich mit fast siebzig anderen Prominenten um die gebrochenen ostdeutschen Seelen. »Die Hälfte der Ostdeutschen ist von der Politik ausgeschlossen. Dem muss ein Riegel vorgeschoben werden«, wetterte er bei der Taufe des »Komitees für Gerechtigkeit«. Trotz notwendigem Thema kam die Sache so wenig ins Laufen wie Jahre später die Sammlungsbewegung »Aufstehen«. Nirgendwo schlug aus dem Funken eine Flamme. Die Forderung nach Aufmerksamkeit und Beachtung der Ostdeutschen, statt sie ständig zu belehren, drang nicht durch. Und dabei war und ist Diestel ein lautstarker wie begnadeter Dialektiker. Er sei entschieden gegen alle Versuche einer Gleichsetzung der »beiden Diktaturen in Deutschland«, den er in den »pseudowissen-schaftlichen Vergleichen« zu sehen meinte, wie er in einem Streitgespräch mit Lafontaine erklärte. »Eine solche Bewertung ist bewusst darauf aus, das Nazi-System, welches von Anfang an verbrecherisch war, das von Anfang an aggressiv war – erst gegen das eigene Volk und dann gegen die Nachbarvölker –, zu bagatellisieren und Schuld zu minimieren. Weil es die Leichenberge in der DDR nicht gab, die das Hit-lerreich auftürmte, erfand man das ›Auschwitz der Seelen‹. Was für eine Verhöhnung der Opfer, der Mil-lionen Vergasten, Erschlagenen, Gehenkten, Erschos-senen, Ertränkten. Ich habe in der DDR gelernt, dass man keine Menschen umbringt, ich bin humanistisch erzogen worden. Die Intentionen, mit denen dieser Staat gegründet wurde, waren antirassistisch, anti-militaristisch, antifaschistisch. Ich habe eine Poly-technische Oberschule besucht. Da war kein Lehrer, der mir gesagt hätte, die Russen sind schlecht, weil sie 1945 bis nach Berlin marschiert sind und einen Teil Deutschlands besetzt haben, die hier lebenden Juden, die Araber oder Zigeuner gehören nicht zu Deutsch-land, und Ausländer nehmen uns nur die Arbeit weg. Wir haben Solidarität mit den Vietnamesen geübt, als Krieg in ihrem Land war, wir haben Griechen aufgenommen, die nach dem faschistischen Putsch 1967 aus dem Land flohen, und sechs Jahre später die Chilenen. Wir haben verwundete Palästinenser ge-pflegt und Afrikaner ausgebildet, damit sie sich in ihrer Heimat eine Zukunft aufbauen konnten … Das ist doch alles Käse, wenn heute behauptet wird, in der DDR habe Fremdenfeindlichkeit geherrscht. Die wildgewordenen Spießer, die heute mit Pegida und AfD auf die Straße und gegen Asylbewerber zu Felde ziehen, sind nicht so, weil sie in der DDR lebten, sondern weil sie scheißende Angst haben, dass ihnen ihr bisschen Wohlstand verloren gehen könnte. Das ist nicht die Furcht vor den Fremden, sondern vor ihrer eigenen Zukunft, die ungewiss ist. Diese Furcht hat nun wahrlich nichts mit der DDR-Vergangenheit zu tun.«

Ja, Diestel ist auch ein Großmaul. Aber wenn es um die Richtigstellung von Ansichten, um die Zurückweisung von Unwahrheiten geht, kann man den Mund nicht weit genug aufreißen. Von solchen Typen wie Diestel brauchten wir Hunderte, damit der Osten gehört wird.

Frank Schumann, Verleger und gemeinsam mit Diestel
von 1974 bis 1978 Student
an der Leipziger Karl-Marx-Universität

17. Kapitel

Vorwärts und nichts vergessen

Der deutsche Außenminister, der nichts dafür kann,
dass er wie ein Pennäler wirkt, weilte im Juli 2019
in Italien. Die Behauptung, sein Hauptaugenmerk
gelte mehr seiner Kleidung denn seiner politischen
Mission, ist gewiss üble Nachrede. Wobei niemand
bestreitet, dass er stets sehr modisch gewandet da-
herkommt. Wie aus dem Ei gepellt, kam es früher
aus dem Volksmund. Doch in diesem Fall hatte er –
wie der Berliner sagt – ein Ei uffn Kopp, als er in
den Florenzer Uffizien ein Bild retournierte, das ein
Wehrmachtsoldat während des Krieges dort entwen-
det hatte. Rückgabe von NS-Raubkunst war der Akt
überschrieben. Die Offiziellen waren tief gerührt und
schauten dennoch ein wenig indigniert beiseite. Der
deutsche Politiker trug zu seiner schwarzen Krawatte
ein maßgeschneidertes Hemd in der gleichen Farbe.
Aufgrund seines Alters konnte er es vielleicht nicht
wissen, aber offensichtlich gab es auch niemanden in
seinem Ministerium, der sich daran erinnerte, dass
diese Uniformierung – schwarzes Hemd, schwarzer
Schlips – einst von den italienischen Faschisten ge-

tragen wurde. Deshalb hießen sie auch so: »camicie nere«, Schwarzhemden.

Darum wäre vielleicht der Hinweis an Heiko M. angebracht gewesen, dass es ein wenig unschicklich sei, den italienischen Kulturpolitikern in Florenz so unter die Augen zu treten.

Mit dem Dresscode ist das so eine Sache. Und auch bei anderen Begegnungen auf dem diplomatischen Parkett gibt es Ausrutscher, man muss ja nicht gleich an Trump denken. Ich bin nicht überzeugt, dass es sich in jedem einzelnen Falle auch um einen Fauxpas handelt, eine Art Unschicklichkeit. Vielleicht ist der Tritt in den Fettnapf manchmal auch ein Test. Nicht um festzustellen, wie tief das Gefäß ist, sondern wie weit die Nachsicht oder die Langmut der anderen Seite reicht. Und ob sie die Geschichte vergessen und verdrängt hat wie man selbst.

Im Juli 2019 feierte man in der Normandie die Landung der Alliierten vor 75 Jahren. Die Russen waren nicht dabei. Schließlich hatten sie zwar die Hauptlast der Befreiung Europas getragen und damals wieder und wieder die Errichtung dieser zweiten Front eingefordert in der nicht unbegründeten Annahme, dass dadurch der Krieg verkürzt werden könnte. Das hätte weniger Tote, weniger zerstörte Städte, weniger Verwundete, weniger Opfer auf dem geschundenen Kontinent bedeutet. Und in Auschwitz und in anderen Konzentrations- und Vernichtungslagern wären die Gaskammern und Krematorien früher geschlossen worden. Doch die westlichen Verbündeten ließen sich jahrelang Zeit. Sie lieferten zwar Waffen, Jeeps und Fourage an ihren östlichen Verbündeten, aber eben keine Soldaten. Die USA und Großbritannien entschlossen sich erst dann zum Handeln, als sich abzuzeichnen begann, dass die Russen es vielleicht allein schafften, Nazideutschland zu besiegen.

Man feierte also den D-Day mit einem großen Militärspektakel und Staats- und Regierungschefs aus 16 Staaten. Nur eben ohne den einen. Diese Peinlichkeit wurde nur noch von den deutschen Medien übertroffen, die – wie die *Zeit* – titelten: »Der Tag, der die Wende brachte«.

Nun sind wir Ostdeutschen ohnehin wendegeschädigt. Der im Herbst 1989 von Egon Krenz geprägte Begriff für die von ihm veranlasste politische Kurskorrektur ist hierzulande belastet, mindestens aber umstritten. Schon wegen der Urheberschaft. Im Zusammenhang jedoch mit dem Verlauf des Weltkrieges »die Wende« an den Ärmelkanal zu verlegen spricht nicht für historisches Wissen. Oder eben für eine andere Absicht. Deshalb meinte ich ja, dass nicht jeder Fauxpas auch ein unbeabsichtigter Ausrutscher ist.

Das gehört nun zu den nicht interpretierbaren Fakten: Die Kriegswende erfolgte vor Moskau, Stalingrad und bei Kursk, als die bis dahin siegreiche deutsche Wehrmacht von der Roten Armee gestoppt und dann zurückgetrieben wurde. Mein Vater war im Kessel von Stalingrad und ging mit seinem Vorgesetzten, Generalfeldmarschall Paulus, in die Gefangenschaft. Für ihn war der Krieg vorbei, der real noch zwei Jahre dauern sollte. Er hatte am eigenen Leibe erfahren, was es bedeutete, gegen die Maxime des deutschen Reichskanzlers gehandelt zu haben. »Nie gegen

Russland«, soll er selbst auf dem Sterbebett noch gesagt haben. Bismarcks Konterfei, ich schrieb es bereits, findet sich auf einem Fensterbild in meinem Jagdhaus. Dort befindet es sich nicht grundlos.

Meinem Vater, der damals schon einige Jahre nicht mehr unter uns weilte, schrieb ich einen Brief. Ich hielt Zwiesprache mit ihm, wie ich es mit meinem Herrgott zu tun pflege. Ich möchte diese Zeilen an das Ende meines Buches setzen. Erstens weil mein lebenskluger Vater die wohl wichtigste Bezugsperson in meinem Leben war, der ich vieles zu danken habe, vornehmlich die Fähigkeit, aufrecht und anständig durchs Leben zu gehen. Zweitens weil ich nun selbst mich einem Alter nähere, in welchem man reinen Tisch zu machen beginnt. Es ist, ohne blasphemisch erscheinen zu wollen, gleichsam mein persönliches Vaterunser.

»Mein lieber Vater,

als wir noch in Warnemünde / Hohe Düne wohnten, hatte ich den Wunsch, gesund 65 Jahre alt zu werden, um mal in den Westen fahren zu können. Oder mit einem Schiff auf die Ostsee hinaus, mit so einem großen, wie sie immer an der Ostmole vorbeifuhren. Hinein und hinaus. Ohne uns. Wir saßen auf der Mole und angelten Schollen, Makrelen und Knurrhähne. Mein Hintern tut mir noch heute weh, wenn ich daran denke, wie Du ihn mir versohlt hast, weil ich einmal den Knurrhähnen Korken an die Stacheln gesteckt habe und sie so nicht mehr abtauchen konnten – abtauchen in die Welt des tiefen Wassers, in die Freiheit, die ihnen gehörte. Das war Tierquälerei.

So etwas tut man keinem Lebewesen an: ihm die Freiheit zu rauben. Ähnlich empfand ich später für mich und für die Menschen, die um mich herum lebten. Wir waren in einer unerträglichen Art und Weise eingesperrt. Das war Menschenquälerei.

Wie konnte man nur auf die Idee kommen, 17 Millionen Menschen auf 108 000 Quadratkilometern einzusperren?

Heute weiß ich darüber einiges mehr und möchte hierzu gern etwas sagen. Denn leider tun die heute Mächtigen in diesem Lande so, als hätten wir Ostdeutschen uns dieses tragische wie komische System selbst gewählt. Es wird dabei tunlichst vergessen, dass in Teheran und in Jalta die künftigen Siegermächte festgelegt haben, dass ein Teil der Deutschen nach dem Krieg unter dem Einfluss der Sowjetunion, also in einer kommunistischen Diktatur zu leben hatte. Wir haben uns das nicht ausgesucht, sondern haben für alle Deutschen – auch für die mit dem Glück der ›westlichen Geburt‹ – das Kreuz des Kommunismus getragen. Denn eigentlich war es das Kreuz des Faschismus, die Last des von uns Deutschen losgetretenen und barbarisch geführten Krieges. Wir Ostdeutsche allein zahlten die Zeche, die alle Deutschen zwischen 1933 und 1945 gemacht hatten.

Die Ostdeutschen haben dann ganz allein mutig und couragiert dieses Kreuz abgeworfen, die Krallen des Kommunismus geöffnet und die furchtbare Mauer eingetreten. Nicht Frau Bohley oder Frau Lengsfeld und schon gar nicht Herr Gauck. Es waren die Ostdeutschen, und fast alle waren dabei.

Deine Ratschläge, lieber Vati, denen ich nachgekommen bin, haben mich stets weitergebracht. Du hast mir geraten, nicht Offizier zu werden, wie es in unserer Mecklenburger Gutsbesitzerfamilie üblich war, und auch nicht in die SED zu gehen. Beides wäre mit der Aufgabe meiner Weltanschauung und meines Glaubens verbunden gewesen. Diesen Weg der Anpassung bin ich nie gegangen, und ich werde ihn auch niemals gehen!

Meine Disziplin hat sich zwar verbessert, ist aber noch immer nicht meine starke Seite. Meine Lust, unerforschte und weite Wege zu gehen, habe ich ausgelebt. Dabei bin ich gelegentlich mit dem Kopf an die eine oder andere Wand gestoßen.

Nachdem ich alle denkbaren und in der DDR möglichen Qualifikationen absolviert hatte und immer – irgendwie und irgendwo – vorneweg marschiert bin, haben die Genossen stets gesagt: ›Herr Diestel – Sie nicht!‹ Dies führte letztlich dazu, dass ich aktiv wurde. Erst in Kirchenkreisen in Leipzig, dann in einer Partei, die ich selbst mitbegründet habe.

Bei den Bauern in der Agrar-Industrie-Vereinigung in Delitzsch habe ich mich eigentlich sehr wohl gefühlt. Dort hatte ich aber auch festgestellt, dass der Riss quer durch die gesamte Gesellschaft ging, ich war nicht der einzige, der sich ausgegrenzt und gedemütigt fühlte. Der Unmut wurde sowohl von den Genossen wie auch von Mitgliedern der anderen Blockparteien geteilt: Sie alle wollten das System verändern.

So viele Bürgerrechtler, wie es hinterher gewesen sein wollten, gab es überhaupt nicht. Zu den Montagsdemonstrationen im Herbst '89 gingen Menschen wie meine Frau, meine Kinder und ich. Es gingen Parteilose und Parteimitglieder, Gottgläubige und Gottlose. In jener Zeit kam mir gelegentlich der aberwitzige Gedanke, dass das Volk eigentlich eingesperrt gehörte für die mitunter ironischen und lustigen Plakate und Sprüche. Damals wurde den politischen Widersachern, die noch immer mächtig waren, mit menschlichem Maß und Witz und Toleranz entgegengetreten.

Es ist gut, dass in der Zeit der friedlichen Demonstrationen in Ostdeutschland und in der Zeit der Wiedervereinigung die Laternen zum Ausleuchten der Straßen und nicht zum Aufhängen von Menschen genutzt wurden. Wenn sich heute viele darüber mokieren – insbesondere bei Theologen erscheint mir dies unverständlich –, so will ich hierzu sagen, dass ich den Frieden in dieser Zeit immer als das größte Glück empfunden habe.

Lieber Vater, der Weg in die Politik war für mich folgerichtig, aber in gewisser Weise auch ein Ausrutscher.

Als unser Volk am 18. März 1990 das erste Mal seit 1933 frei ein Parlament wählen durfte, hat es Deinen Sohn an die zweite Stelle des Staates verschlagen. An die erste Stelle hat man einen ehemaligen Bratscher und exzellenten Juristen gestellt, den ich zuerst für spröde und kauzig hielt. Er hat sich bei den Gesprächen zu der ›Allianz für Deutschland‹ in der Berliner Pücklerstraße gelegentlich beim Kanzler über mich beschwert, weil ich ihn und seine Partei öffentlich infrage gestellt und gelegentlich auch mit deftigen

Worten bezeichnet hatte. Später haben wir uns dann wechselseitig die Flanken gedeckt. Lothar de Maizière wurde für mich ein guter Freund. Inhaltlich hatte ich immer die Unterstützung von meinem Vorturner, auch wenn es ihm bisweilen schwerfiel, wie etwa am 13. September 1990, als die DSU gemeinsam mit der SPD gegen mich zu putschen versuchte. Lothar war der Klügste im Kabinett, und ich habe es immer als große Ehre empfunden, wenn ich die Arbeit der Regierung in seiner Abwesenheit als Vizepremier leiten durfte.

Helmut Kohl und Lothar de Maizière waren die Helden, Wolfgang Schäuble das Hirn der Wiedervereinigung unseres Vaterlandes. Bundeskanzler Dr. Kohl und Schäuble haben den Dank und die Anerkennung dafür erfahren. Lothar de Maizière hat dagegen nicht einmal die niedrigste Stufe des Bundesverdienstkreuzes erhalten. Das trägt inzwischen fast jeder, der in der Volkskammer für die deutsche Einheit gestimmt hat. Lothar de Maizière ist Ehrenbürger in seiner ostdeutschen Geburtsstadt Nordhausen.

Sich um die deutsche Einheit verdient gemacht zu haben ist das Edelste und Löblichste, was es in der deutschen Politik anzuerkennen gilt. Es ist zum Totlachen, aber eigentlich traurig, welche Pappnasen inzwischen dafür verantwortlich gemacht werden und mit höchsten Ehrenämtern und Würdigungen bedacht werden. Offenkundig hält man es für angemessen, Lothar de Maizière und die letzte DDR-Regierung davon auszunehmen und sie unverändert auszugrenzen.

Der Westen stellt sich unverändert so dar, als habe er sich mit sich selbst vereinigt. Und weil diese Vorstellung so abwegig ist, erscheint vielen altbundesdeutschen Politikern immer noch die deutsche Einheit als ihr Sieg über den Osten. Zu den Siegesfeiern bin ich noch nie eingeladen worden, was ich verschmerzen kann. Das heißt, einmal lud man mich doch ein, aber vermutlich irrtümlich. Ich saß in Dresden in der letzten Reihe, wo unsereiner eben hingehörte. Aber schon die erste Rede veranlasste mich, diesen Platz zu räumen, wodurch ich eine sehr nette Mitarbeiterin des Bundeskanzleramtes kennenlernte, was mich mehr als entschädigte. Aber das, lieber Vati, wollte ich Dir gar nicht erzählen.

Ich erinnere mich noch sehr genau an Deine Anrufe, als Du mit Entsetzen auf die irren Unterstellungen in der Presse reagiert hast, mit denen Dein Sohn bisweilen überzogen wurde. Die Anschuldigungen haben Dich sehr aufgeregt, ich musste Dich immer beruhigen. Du hast den Schwachsinn nie geglaubt, wir waren uns stets einig, dass diese Leute nicht ganz dicht sind, die solche Lügen in die Welt setzten. Aber Mühe machte es doch. Ich habe weit über hundert presserechtliche Verfahren in eigener Sache führen müssen. Das kostete nicht nur Nerven, und manche Blödheit kriegte man trotz Prozessgewinns nicht aus der Welt.

Allerdings lernte ich in diesen Verfahren auch viel für meine eigene Anwaltstätigkeit. Und Geld habe ich dabei auch noch verdient.

Das Lachen ist mir dabei zeitweise schwer gefallen. Ich habe mir jedoch nichts anmerken lassen, wenn ich getroffen wurde. Beim Weinen hat mich nie einer erwischt, dafür ist der Wald um Zislow viel zu groß und tief.

Ich hatte Dir seinerzeit versprochen, die mir anvertrauten Offiziere und Mannschaften der Volkspolizei und der anderen bewaffneten Organe anständig zu behandeln. Respektvoll und anständig, denn sie hatten freiwillig ihre Waffen und damit die Macht hergegeben. Das tat ich als Minister, und das tue ich noch heute als Einzelkämpfer in meinem Beruf als Rechtsanwalt.

Meine höchste Auszeichnung, die ich bekam, war die Anerkennung vieler Menschen und die Bekanntschaft mit Zeitgenossen, die mir Freunde wurden. Viele von ihnen leben inzwischen nicht mehr. Und manche hätte ich ohne die Wiedervereinigung nie persönlich kennenlernen können. Das betrachte ich als großes Geschenk. Ich lebe glücklich und gesund auf meinem Anwesen und begrüße sie gern in der Mecklenburger Seenplatte. Dennoch, lieber Vati, bin ich müde geworden. Da geht es mir wie Dir in Deinen letzten Lebensjahren. Alles erscheint einem wie das Fernsehprogramm im Sommer: nur noch Wiederholungen. (Dabei bleibt bei mir in der Regel der Fernseher kalt, und die Zusteller müssen sich auch nicht meinetwegen in die Langenstücken Hufe mühen, um mir eine Tageszeitung zu bringen.) Es langweilt und es nervt zugleich, diese stets gleichen Spiele auf der politischen Bühne zu besichtigen. Wenn es nicht so bitter wäre, könnte man sich über die kurzen Schlüsse amüsieren, die man beispielsweise aus dem Erstarken einer rechtsextremen Par-

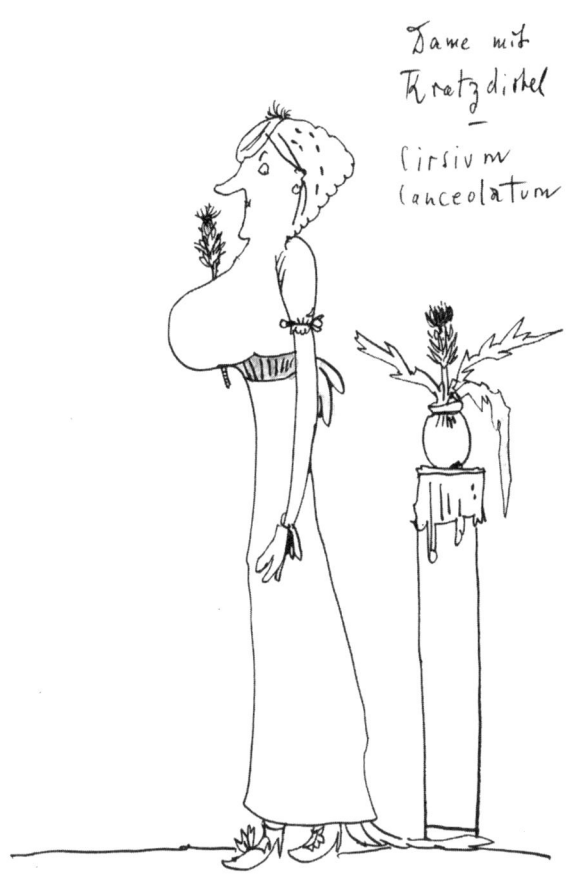

Dame mit Kratzdistel – Cirsium lanceolatum

tei zieht. Die finde besonderen Zuspruch im Osten, weil sie Ostalgie verbreite. Weil sie an die Erfahrungen anknüpfe, die die Ostdeutschen in der DDR gemacht hätten. Aber nie stellt einer die Frage, woher das kommt? Keiner richtet als Antwort an die Adresse der etablierten Parteien den Vorwurf: Ihr habt seit dreißig Jahren jämmerlich versagt. Ihr zeigt, von westdeutschen Strategen gesteuert, den Ostdeutschen seit dreißig Jahren mit Penetranz, dass sie eigentlich Deutsche 2. Klasse sind. Dass sie dankbar sein sollten, vom Westen beglückt worden zu sein. Nun muss man trotz fortgesetzter Kränkung nicht gleich AfD wählen, die auch nur ein Westprodukt ist, aber eine bessere Marketingstrategie im Osten fährt. Und die, die ihnen ihre Stimme geben, haben mehrheitlich mit Rechtsextremisten und Neonazis so wenig am Hut wie die meisten Westdeutschen. Die wollen denen da oben nur einen Denkzettel verpassen. Doch reicht dessen Wirkung über den Wahltag hinaus? Und: Könnten dadurch nicht Mehrheiten entstehen, die niemand in unserem vereinten Vaterland will, weil sie den Charakter unserer Gesellschaft gravierend veränderten? Allein diese Sorge hält mich ab, meiner Müdigkeit nachzugeben und endgültig zu verstummen, lieber Vater. ›Und führe uns nicht in Versuchung, / sondern erlöse uns von dem Bösen‹, heißt es im ›Vaterunser‹. Dafür, so meine ich, müssen wir schon selber sorgen. So hast Du mich erzogen, und das bin ich Dir schuldig. So lange Leben in mir ist.

Dein Sohn Peter-Michael
Im Sommer 2019«

Personenregister

Dank

Ich bedanke mich bei Karsten Hintzmann, Thomas Roloff und Frank Schumann und allen geduldigen Menschen, denen ich wehgetan habe und die mich dies nicht wissen ließen. Und den anderen danke ich auch.

Peter-Michael Diestel, August 2019

Was geschah nach dem Einigungsvertrag? Ostdeutschland in der Analyse

Matthias Krauß
Die große Freiheit ist es nicht geworden
Was sich für die Ostdeutschen seit der Wende verschlechtert hat

256 Seiten, brosch.
14,99 €
ISBN 978-3-360-01346-0

E-Book 11,99 €
ISBN 978-3-360-50160-8

Der Osten wurde nach 1989 zum Armenhaus Deutschlands, das bis heute alimentiert werden muss, hoch verschuldet ist und nur wenig mehr als die Hälfte dessen erwirtschaftet, was er verbraucht. In den zehn Jahren vor der Wende wurden in Ostdeutschland mehr als eine Million Kinder mehr geboren als in den zehn Jahren danach. Das und der Wegzug der Jugend versetzte der Sozialstruktur Ostdeutschlands Schläge, von denen sie sich bis heute nicht erholt hat. Der Nachteil des »Ossis« vererbt sich auf seine Kinder, sie haben erwiesenermaßen geringere Chancen im Berufsleben als Gleichaltrige aus den alten Ländern. Die ausgezahlte Durchschnittsrente liegt unterhalb der gültigen Armutsgrenze. Umfragen, die suggestiv den Optimismus trimmen, tragen zur Verdrossenheit und einem Gefühl der Ungleichheit, der Ungerechtigkeit bei, das sich auch im Hass auf Migranten entlädt. Dieser Befund regte den Autor an, ausnahmsweise nicht die Frage zu stellen, was sich für die Ostdeutschen verbessert hat (natürlich gab es Verbesserungen), sondern was sich für sie messbar verschlechtert hat.

Als Russland noch Sowjetunion hieß: Egon Krenz über das schwierige Verhältnis zweier Staaten

Egon Krenz
Wir und die Russen
Die Beziehungen zwischen
Berlin und Moskau
im Herbst '89

304 Seiten, brosch.
mit Abbildungen
16,99 €
ISBN 978-3-360-01888-5

E-Book 12,99 €
ISBN 978-3-360-51045-7

Lange bevor Gorbatschow von den Zuspätkommenden sprach, die das Leben strafen würde, zeigten sich Risse zwischen sowjetischer und DDR-Führung. Was lief angesichts der 89er Ereignisse hinter den Kulissen zwischen Berlin, Bonn und Moskau? Die DDR war zwar ein souveräner Staat, hier standen aber eine halbe Million Sowjetsoldaten. Sie griffen nicht ein. Warum? Die DDR-Führung hatte sie gebeten: Bleibt in den Kasernen! Erstmals berichtet das damalige DDR-Staatsoberhaupt, Egon Krenz, über die Absprachen mit Moskau. Zum 30. Jahrestag des Ereignisses rekonstruiert Egon Krenz die vielfältigen Vorgänge, die damals zwischen den politischen Akteuren abliefen, korrigiert Legenden und belegt mit Fakten, wie es dazu kam, dass aus dem Kalten Krieg kein heißer Krieg wurde. Der Mauerfall, der nunmehr 30 Jahre zurückliegt, leitete das Ende des Ostblocks ein. Aber die Grenzöffnung, die Egon Krenz mit verantwortete, hatte eine Vorgeschichte.

Das Neue Berlin –
eine Marke der Eulenspiegel Verlagsgruppe Buchverlage

ISBN 978-3-360-01338-5

4. (korrigierte) Auflage 2019
© Eulenspiegel Verlagsgruppe Buchverlage GmbH, Berlin
Alle Rechte der Verbreitung vorbehalten.
Ohne ausdrückliche Genehmigung des Verlages ist nicht gestattet, dieses Werk oder Teile daraus auf fotomechanischem Weg zu vervielfältigen oder in Datenbanken aufzunehmen.

Umschlaggestaltung: Verlag,
unter Verwendung eines Fotos von Susann Welscher
Druck und Bindung: buchdruckerei.de, Berlin

www.eulenspiegel.com